二〇二一年度國家古籍整理出版專項經費資助項目

九部經解

春秋直解

〔明〕郝敬 撰
馬清源 點校

長江出版傳媒
崇文書局

圖書在版編目（CIP）數據

春秋直解 /（明）郝敬撰 ；馬清源點校. -- 武漢 :
崇文書局，2022.12
（九部經解）
ISBN 978-7-5403-7122-7

Ⅰ. ①春… Ⅱ. ①郝… ②馬… Ⅲ. ①《春秋》—研
究 Ⅳ. ①K225.04

中國國家版本館CIP數據核字（2023）第021356號

出 品 人　韓　敏
選題策劃　李豔麗
責任編輯　陳金鑫
責任校對　董　穎
責任印刷　李佳超

春秋直解

出版發行　長江出版傳媒　崇文書局
地　　址　武漢市雄楚大街268號C座11層
電　　話　(027)87677133　郵政編碼　430070
印　　刷　湖北新華印務有限公司
開　　本　880mm×1230mm　1/32
印　　張　14.125
字　　數　330千
版　　次　2022年12月第1版
印　　次　2022年12月第1次印刷
定　　價　108.00圓

（如發現印裝品質問題，影響閱讀，由本社負責調換）

點校説明

一

郝敬（一五五八—一六三九），字仲輿，號楚望，明湖廣京山（今湖北省京山市）人，明末著名經學家。「幼稱神童，性跅弛」（《明史》卷二八八《文苑四·郝敬傳》），一度入獄，後折節讀書。萬曆十六年（一五八八）中舉，十七年中進士，曾任縉雲、永嘉知縣，後官禮科給事中、户科給事中。爲官勇於任事、直言敢諫，萬曆二十六年（一五九八）至二十七年（一五九九），郝敬於户科給事中任上，不到一年時間即連上十二道奏疏，涉及核軍餉、罷朝鮮兵（時值倭寇侵朝鮮）、屯田墾田、行錢法、劾宦官、劾首輔諸事，漸引萬曆帝之怒，加之得罪首輔，考核被評「浮躁」，降宜興縣丞。後任江陰知縣，不肯同流合污，考核又被評爲「下下等」，於是棄官歸里，居家三十餘年，閉門著書。

所著有《九經解》一百七十五卷：《周易正解》二十卷《讀易》一卷、《尚書辨解》十卷《讀書》一卷、《毛詩原解》三十六卷《讀詩》一卷、《春秋直解》十五卷《讀春秋》一卷、《禮記通解》二十二卷《讀禮記》一卷、《周禮完解》十二卷《讀周禮》一卷、《儀禮節解》十七卷《讀儀禮》一卷、《論語詳解》二十卷《讀論語》一卷、《孟子説解》十四卷《讀孟子》一卷。其餘著作編爲《山草堂集》内外編二十八種。

《九經解》是郝敬最重要的代表性經學著作，一人於九經均有解，《（光緒）京山縣志》稱其爲「通儒」，認爲「先生經學幾與孔安國、鄭康成埒名矣」！（《（光緒）京山縣志》卷一三）雖不免有過譽鄉邦人士之嫌，但郝敬確爲明末一位較罕見的貫通諸經的學者，其經學於明末清初也一度頗具影響力。清初黄宗羲《明儒學案》盛贊郝敬「五經之外，《儀禮》《周禮》《論》《孟》各著爲解，疏通證明，一洗訓詁之氣。明代窮經之士，先生實爲巨擘」（《明儒學案》卷五五）。當時無論是私人著作還是官修《欽定五經傳説彙纂》等書，引用郝敬《九經解》的情況都很普遍。不過清代中期以後學風丕變，郝敬以意解經的做法則飽受批評，乾隆時《四庫全書》於其著作一無所收，僅存目而已。館臣對其評價也甚低，如「然好恃其聰明，臆爲創論」（《周易正解》提要），「無不以私意穿鑿」（《尚書辨解》提要），「皆漫無根據，不足信也」（《史記瑣瑣》提要）等。清末皮錫瑞《經學歷史》也説郝敬「多憑臆説」。兩相對比，可謂天壤之别。

二

《春秋直解》爲《九經解》之一，全書十五卷，另有《讀春秋》一卷，可看作是郝敬解《春秋》

之「綱領」。正文除僖公部分因卷帙較大分爲兩卷外，其餘諸公每公一卷，卷十四、十五爲《春秋非左》二卷，專論《左傳》之失。《四庫全書》存目，《提要》云：「末二卷題曰『非左』，凡三百三十餘條，皆摘《傳》文之紕繆。其中如費伯城郎，駁《左氏》『非公命不書』之誤，其説甚辨；公爲天王請糴於四國，不書者，諱之也，其説亦有理。凡此之類，不可謂非《左氏》諍臣。至於曲筆深文，務求瑕釁，如『論賓媚人稱五霸』一條，不信杜預豕韋、昆吾之説，必以宋襄、楚莊足其數，而謂五霸之名非其時所應有，如此之類，則不免好爲議論矣。」（《四庫全書總目》卷三〇《經部・春秋類存目一・春秋直解十五卷》）雖對該書的評價有褒有貶，但考慮到《提要》對郝敬其他各書基本持否定態度，對《春秋直解》的評價，已屬不錯。

《直解》正文體例，先列《春秋》經文，經文大致以《左傳》所附爲准，《公羊》《穀梁》經文有異者注於經文後，另間附釋音、釋地名之小注。經文後不附《左傳》《公羊傳》《穀梁傳》與《胡傳》此「四傳」的任何一傳文，而是徑附郝敬之「直解」。所謂「直解」，可看做是不取原有任何傳文，直接從經文出發的解釋。從書前《讀春秋》亦可以清晰地看出，郝敬對「四傳」均不滿意，他認爲「《左氏》摭拾遺文，闕略未備，可據纔半耳」，爲「周、秦間人僞撰，不足盡信也」；《公羊傳》《穀梁傳》「襲《左》而加例」，「疏鏬鹵莽，而《公羊》尤甚」；《胡傳》更是「襲三傳而加鑿」。正因爲四傳存在上述問題，以致《春秋》學「幾成覆射」。郝敬批評「今之學《春秋》者，皆以經説三傳，非以三傳説經也」，因此特別主張「舍三傳而知《春秋》」。

傳統《春秋》學，有其特定的解經方式，如《公羊傳》《穀梁傳》重微言大義，重「一字褒貶」，在解經技術上强調「條例」（亦稱「凡例」）這一方法；東漢以後興起的《左傳》學，雖然重事實，但在具體解經過程中，也一度吸收了《公》《穀》「條例」式的解經方式；《胡傳》激於金人入侵尤其是靖康之耻的慘痛現實，特重華夷之辨。而郝敬則對上述《春秋》學傳統解經方式幾乎予以全盤否定。他認爲：「《春秋》無深刻隱語，無種種凡例；不以文字爲褒貶，不以官爵名氏爲貴賤；未嘗可五霸，未嘗貴盟會，未嘗與齊、晉，未嘗黜秦、楚、吳、越爲夷狄。此其犖犖不然之大者。」（《讀春秋》）因此，郝敬特別强調讀《春秋》時，應「勿主諸傳先入一字，但平心觀理」，即跳過傳文，直接從《春秋》本經出發，從而直探「聖人之情」，一切「艱深隱僻」之説，「皆世儒之臆説也」。如郝敬在解經中，即否定「時月日例」這一傳統《春秋》學解經「條例」，不止一次强調經文所載之事或日或不日均「非例」，僅是「因舊史」而已。

郝敬的這種讀《春秋》、解《春秋》方式，在摒棄先儒解《春秋》過於附會之處確有其積極意義。但如此解經，相當於盡棄《春秋》學傳統，一方面不可能做到，郝敬在解經過程中仍需參用三傳甚至《胡傳》；另一方面，郝敬所謂「平心觀理」的解經方式，事實上等同於以己意解經，很容易走向另外一個極端，使《春秋直解》幾乎成爲四傳之外的「郝傳」，故難免後人對其有「多憑臆見」之譏。

三

此外不得不提的是，《直解》解經另一重要特點是不以楚爲夷狄。楚於諸侯之中最早僭號爲王，不尊王室，禮俗不與華夏同，且多次攻滅中原諸國，因此《春秋》貶楚、以楚爲夷狄是「四傳」乃至歷代治《春秋》者幾無異議之事。不過，明時湖廣地區春秋時正屬楚，郝敬作爲楚地之人，如何處理《春秋》以楚爲夷狄與自身地域文化認同之間的矛盾，成爲其在解《春秋》時不得不面對的重要問題。對此，郝敬主要有如下做法：

首先，郝敬針對傳統上將楚看作夷狄與楚之所作所爲有很大關聯這一現實問題，並不否認楚有諸如僭王號、攻伐中原諸侯國等爲惡之事。但他同時指出，當時中原諸侯行多類此，甚至有過之而無不及，故由此來認定楚爲夷狄是有失偏頗的。具體做法上，他將楚與齊、晉尤其是晉之所作所爲作一對比，認爲：

> 楚雖僭號，未能得諸侯，而晉朝諸侯百有餘年；楚未有加于周，而晉召王、徵兵，奔走其卿士、逼殺其大夫；楚未受諸侯之貢，而諸侯于晉有歲幣，有徵發，入朝稽顙，驅脅叱使，莫敢不諾。晉之惡什倍楚。故《春秋》所惡莫如晉！（《讀春秋》）
>
> 《春秋》未嘗與齊、晉，未嘗詘楚，三國皆不寧侯也。楚稱王而齊、晉不稱王，楚僭名而齊、

晉僭實也。《春秋》于楚生稱子而没其王，死不書葬而没其謚，如此而已矣。（《直解》卷五）

其次，郝敬還試圖從地理位置、歷史上否認楚爲夷狄。他認爲「九州幅隕，西有秦、南有楚，東有吴、越，其君皆神明之後，其地皆天府神州。……《禹貢》九州之地，皆諸夏也。」（《讀春秋》）「楚上世爲文王師，受封先齊、魯，都郢，即今歸州，去中原纔千里，而南蠻遠在炎徼北向之外，楚宅南方侯服之中……斥爲蠻荒，則五服缺一面，而中原無南土矣，豈《春秋》之義？」（《直解》卷六）也就是説，楚乃周王室先於齊、魯所封的諸侯國，無論是從地理方位還是封國起源來説，均非蠻夷。郝敬還認爲，《春秋》經文偶稱其爲「荆」，僅是沿襲古稱而已，而稱楚爲蠻夷之説，起自漢司馬遷《史記·楚世家》，非《春秋》本義。只不過後世解《春秋》者，出於「謏霸」的需要，而將「服楚」作爲霸者「攘夷」功績之一，進而不得不將楚、吴等國看作是所攘之「夷」。而實際上「《春秋》惡吴、楚爲王，非惡其爲夷狄也。」（《直解》卷三）

除此之外，郝敬還提出了一個幾乎是石破天驚的看法：「孔子豈惟不擯楚，生平所欲有爲者正惟楚！」這一主張，是歷來治《春秋》者幾乎從未有人言及，甚至可謂駭人聽聞之論。郝敬指出，《禮記·檀弓上》記有子之言：「昔者夫子失魯司寇，將之荆，蓋先之以子夏，又申之以冉有。」據此，是孔子確曾有意入楚。另據《左傳·哀公六年》記載，孔子也曾讚頌「楚昭王知大道矣，其不失國也，宜哉！」《史記·孔子世家》亦載楚昭王亦有意「以書社地七百里封孔子」。是郝敬所論，非空口無憑，亦有經典依據。

不過實際上，孔子之時已爲春秋末期，楚已漸掃夷狄之習，與春秋早期已有不同。傳統《春秋》學尤其是《公羊》學認爲，華夏與夷狄並非截然有别，判斷夷狄與否更多的是看重文化認同、行事風格而非種族、血緣。華夏諸國若行攻伐之事、不遵周禮，就會降而被稱之爲「夷狄」。反之，「夷狄」也有可能因其所爲而被漸進褒獎以免於「夷狄」之譏。如莊公二十三年，經書「荆人來聘」，《公羊傳》即認爲「荆何以稱人？始能聘也。」何休解釋道：「《春秋》王魯，因其始來聘，明夷狄能慕王化、修聘禮、受正朔者當進之，故使稱人也。」先前莊公十年只稱楚爲「荆」，至此稱「荆人」，原因是楚「慕王化、修聘禮、受正朔」，故「進之」。由此可見，夷狄與華夏本非截然有别，而可相互轉换。正如梁啓超所言：「且《春秋》之號彝（通「夷」，下同）狄也，與後世特異。後世之號彝狄，謂其地與其種族；《春秋》之號彝狄，謂其政俗與其行事。不明此義，則江漢之南，文王舊治之地，汧雍之間，西京宅都之所，以云『中國』，孰中於是？而楚秦之爲彝狄，何以稱焉？」（《春秋中国夷狄辨序》）

平心而論，《春秋》稱楚爲夷狄，是與當時的情况相符合的。以周王室所封之諸侯而被當時中原諸國看作夷狄，很大程度上是源自當時楚地未經大規模開發、禮樂制度不與中原諸國同且僭號、多次攻伐他國的歷史現實。因此，即便後世楚地被納入華夏地理範疇，但《春秋》所載作爲特定時期的歷史遺存，無法否定也無需做出新的解釋。郝敬費心爲楚擺脱夷狄的身份，却未指出夷狄與華夏能互相轉化這一關鍵問題，不能不説是一種缺憾。

四

《春秋直解》只有一種刻本，即由其子郝千秋、郝千石刻於萬曆四十四年（一六一六）之本（《九經解》之一），正文刻有簡單斷句。不過該版現存多種印本，目前所見，《續修四庫全書》影印之復旦大學圖書館藏本、《四庫存目叢書》影印之中國科學院圖書館藏本、哈佛大學哈佛燕京圖書館藏本、日本國立國會圖書館藏本等印本彼此略有不同，或每次刷印，均有修改。就《春秋直解》而言，除卷十四《非左序》前後改動較大及其他卷正文偶有幾處删改外，其餘修改多係個别文字的小小改動，於所要表達的核心意思並無大的影響。目前所見，諸印本中以《續修四庫全書》影印之本刷印最早，但就其版面來看，亦有少數剜改情況，可能並非最早印本。本次點校，以早印之《續修四庫全書》影印本爲底本，校以後印之哈佛燕京圖書館藏本（校勘記中簡稱「後印本」），兩者不同，出校勘記説明，庶以助讀者略明《直解》前後修改之迹。

點校之時，除遵循古籍點校通行原則外，根據本書實際情況，大致還遵循以下原則：

（一）《直解》所論，多據《左傳》，然亦偶有與《左傳》所記不合之處，或郝敬誤記，遇此種情況則簡單出校説明。

（二）《直解》引書，多意引、節引，點校時，均已復覈原書。凡引文與原文小小有異而不影響文意的（如虚詞有無、節引等情況），不出校；與原文差異較大的酌出校説明。

（三）引號之使用以分明層次、便於理解爲宗旨，不强一律。如屬郝敬意引而起訖明顯者，一般不加引號；部分地方加引號有助於區分引文起止、便於讀者理解的，則酌加引號；節引仍加引號。

（四）「春秋」二字特指《春秋》一書時，加書名號，其他情況不加書名號。「傳」特指《左傳》時，加書名號，泛指傳文時，不加書名號。

（五）所附釋音、釋地、標三傳經文異同之小注，根據不同情況，標點較爲靈活。如在正文句中，注文句末一般不加標點。

（六）明顯的版刻誤字與混用字，如「己、已、巳」，「穀、榖」，「戊、戌」，「郤、卻」之類，徑改不出校。

（七）原刻初印本中有不少墨釘「■」，或係脱字，或爲删除衍字後所致，後印本已經做了部分剜改修訂。如前後印本不同，整理時出校説明；前後印本相同的，仍保留「■」。

（八）經文斷句以郝敬理解爲準。

限於學識水平，點校或有疏誤之處，敬請讀者不吝批評指正。

點校者　馬清源

二〇二一年二月

目録

春秋直解

京山郝敬著　男千秋千石校刻

讀春秋

《春秋》一書，千古不决之疑案也。非《春秋》可疑，世儒疑之也。仲尼原筆之舊史不傳矣，《左氏》遮〔一〕拾遺文，闕略未備，可據纔半耳，其於聖人不言之情，茫乎昧乎。《公》《穀》襲《左》而加例，胡氏襲三傳而加鑿。吁嗟！《春秋》幾成覆射矣。

《春秋》，魯史之提綱也。仲尼憂五霸之亂，借魯史標題見義，其所難言與所欲言之情仍具舊史。自舊史亡，聖意遂晦，後儒揣摩之説興而《春秋》不可讀矣。惟《左氏》及見舊史，然薈蕞其事而不領略其義，開後人附會之端。《公羊》《穀梁》因《左》爲短長耳，非能與《左》方駕也。

六經之文，惟《春秋》最爲明顯，所書皆五霸、諸侯、大夫盟會戰伐之事，開卷知其爲亂蹟，而世儒以爲隱諱之文，何與？子曰：「巧言、令色、足恭，匿怨而友其人，左丘明耻之，丘亦耻之。吾

〔一〕「遮」，後印本同，疑作「摭」。

人之於人，誰毀誰譽？斯民也，三代所以直道而行。」此《春秋》底本，自後儒以褒貶論而底本壞。子曰：「天下有道，禮樂征伐自天子出；天下無道，禮樂征伐自諸侯出。天下有道，政不在大夫。天下有道，庶人不議。」此《春秋》格局，自後儒以字例合而格局壞。子曰：「予欲無言。天何言哉？四時行焉，百物生焉。」「二三子以我爲隱，吾無隱乎爾。吾無行而不與二三子者，是丘也。」此《春秋》宗旨，自後儒視爲深文隱語，覺仲尼胸中直是一片荆棘田地，而宗旨壞。經此三壞，《春秋》於是乎不可讀矣。夫《春秋》無深刻隱語，無種種凡例，不以文字爲褒貶，不以官爵、名氏爲貴賤，未嘗可五霸，未嘗貴盟會，未嘗與齊、晉，未嘗黜秦、楚、吴、越爲夷狄。此其犖犖不然之大者。今欲讀《春秋》，勿主諸傳先入一字，但平心觀理，聖人之情自見。明白易簡者，聖人之情；其艱深隱僻，皆世儒之臆説也。

今之學《春秋》者，皆以經説三傳，非以三傳説經也。知有三傳不知有經，苟無三傳是并無經矣。因三傳以重《春秋》，非知《春秋》者也。舍三傳而知《春秋》，不可一日無者，乃爲真知《春秋》。

《春秋》三傳首《左》，昔人謂爲左丘明作，司馬遷、杜預信之。愚按：左丘明爲魯太史，孔子因其史作《春秋》，而丘明又爲《春秋》作傳，不知孔子教之作耶？抑丘明自作耶？若孔子自爲含糊不了之語，倩人作傳以明，何異於乞鄰而予者？果爾，此傳既受旨於仲尼，《公羊》《穀梁》何緣再作？若丘明以意自作，當時親見夫子，其説亦自不可易，就使聖意深遠，何至抵捂太甚？今詳《傳》中斷例叙事，種種迂謬，反有借義於《公》《穀》者，豈親見仲尼者乎？先儒謂仲尼素王、丘明素臣，以其經傳相輔也。今有經無傳者半矣，疑者闕而無考，誕者謬而不經，誤者迕而不合，豈其出丘明手而疏戾若此乎？竊意此《傳》周秦間人僞撰，不足盡信也。

子云「巧言、令色、足恭，匿怨友其人」，此五霸之事也；又云「左丘明耻之，丘亦耻之」，此因魯史作《春秋》也。故謂左丘明爲魯史官或然，謂《左傳》即左丘明所作魯史則非也。察其精神，全在藻繪，於聖人作經之意都未領略，只如後世新進辭人，借玄晏先生求名而已。《公》《穀》輩以爲此書真出左丘明手，揣摩起例，至使明白易簡之旨，釀爲争訟之端，而聖人忠厚之意，反成險刻瑣碎之書，皆由於信《左》過耳。

仲尼筆削之舊史作自丘明者，不可復見矣。古史削竹記事，文不能多，然定不如經文之簡。經特標其要領，而巔末具在舊史，原非棄舊史不用也。如棄舊史不用，則經所書纔什一，而所遺者什九，令後世何所取徵乎？惟舊史亡後，人以雕礱之辭補綴別典，參以臆見，妄起凡例。後世誤信爲左丘明，一切依憑，依憑不合，牽强附會，而聖人之情遂晦矣。使舊史若在，因目求綱，是非自見，何紛然覆射之有？

《左傳》如出丘明手，則凡經文所書事，未有不詳者，有闕，未有不知者。今經有闕而不知，有事而無考，豈見而知之者與？其非左丘明作無疑也。愚嘗摘取其誣，別爲《非左》，以俟後之君子參焉。至於《公》《穀》，疏罅鹵莽，而《公羊》尤甚。《胡傳》爲宋經筵作，亦胡氏之《春秋》耳，識者自辨。

《左傳》或出三晉辭人之手，故其説往往右晉。譽重耳五臣，不啻口出；誇晉功業，無異三王。

子孫世受諸侯朝貢，卿大夫招權納賄、貪淫敗禮，皆鋪張其事，恬不以爲怪。世儒遂謂《春秋》尊晉、仲尼獎霸，承迷至今，皆《左傳》誤之也。

司馬遷序《史記》述董仲舒之言曰：「孔子知言之不用，道之不行也，是非二百四十二年之中，以爲儀表，貶天子，退諸侯，討大夫，以達王事。」果若斯，《春秋》者脩怨雪憤之書耳。此馬遷私志，而以裁度《春秋》，可乎？大抵六經當漢初，學者未識指歸，馬遷於《春秋》守《左》，仲舒守《公羊》，今《左》《公羊》具在，於《春秋》若何？齊人滅紀以爲復讐，衛輒拒父以爲大誼，許止弑父以爲孝子，漢儒説《春秋》類此矣。遷《史》一書，紕漏不可枚舉，其言烏足據乎？

凡國史以垂戒爲義，故孟子曰：「晉之《乘》，楚之《檮杌》，魯之《春秋》，一也。」一者，義也。孔子曰：「其義丘竊取之。」竊取，垂戒之義也。史垂戒而仲尼竊取之，何也？史多修飾，是非不明，聖人核其實，明是非之蹟，寄憂時之情，故曰「竊取」，非詭語〔一〕也。

《春秋》無例，但據史所記事之有慨於心者，提而書之。公道難揜，是非自見，時或創出新義。如正月稱王、王稱天、鄭棄其師、天王狩於河陽之類，與凡或書或不書，隨宜化裁，非例也，餘多因舊史隱括成文。而世儒僞起凡例，如云桓無王，定無日，秦楚吴越夷狄無君臣、無大夫，夷狄不月，卑國不日，君弑賊不討不書葬，外事不告不書，凡書敗詐，同盟書名，譏世卿，譏遂事，伯討，責備

〔一〕「詭語」，後印本作「謙讓」。

賢者，書爵、書名、書人、書氏，諸如此類，不可枚舉。要皆後人强設，非仲尼有明訓也。及其不合，則又曰「美惡不嫌同辭」，又曰「有變例」「有特筆」。然則仲尼乃滑稽之雄，而《春秋》爲譸張幻語，豈聖人作經之意〔一〕哉？嗟夫！古今雖隔，聖凡同心，善者必可喜，惡者必可惡。讀其事而人有喜心，即仲尼亦喜之可知；讀其事而人有惡心，即仲尼亦惡之可知。何必問例也！

《春秋》不爲一家作，故自大夫以下事不書；《春秋》不爲忠臣孝子作，故賢人君子事不書；《春秋》不爲聖帝明王作，故善政顯績不書。凡獎藉誇詡之辭、動庸寵利之事，皆非《春秋》之義，世儒未達。《春秋》之義在不言，直其事而是非自見。時或辭有抑揚，而聖言温厚精約，微顯各中天則。雖意旨不露，而無深刻隱語，但平心細玩，蒼素了然。若謂字褒字貶以行賞罰，此後儒妄説，仲尼斷斷無是也。

孟子曰：「《春秋》，天子之事。」謂《春秋》所記禮樂征伐自諸侯出，皆僭天子之事者也，故曰：「天子討而不伐，諸侯伐而不討。」五霸摟諸侯以伐諸侯，三王之罪人，所以《春秋》爲天子之事作也，豈謂仲尼以天子事自用云乎？後儒緣飾仲尼素王，誣以命德討罪，謂其以匹夫竊二百四十二年南面之權，真對癡人説夢也。

子曰：「能以禮讓爲國乎，何有？不能以禮讓爲國，如禮何？」故子路一言過任，夫子哂之，况

〔一〕「意」，後印本作「義」。

以匹夫行天子之事，褒貶當世公侯卿大夫，而曰「吾以撥亂反正」，是何異披蓑救火，竊簡牘而寫法律也？筆扎空言，妄稱命討，此後世磔鼠詰猫戲謔之文，豈聖人經世之典？

讀《春秋》而後知聖人之不得已也。亂臣賊子、滔天之惡，必致慎致詳，惟明惟允，然後直之。稍涉微曖，則委蛇含容，寧從其疑。至如諸傳所記貪淫奢僭、非禮猥瑣之事，一切不書，誠不忍盡言毛舉，使世道民風多受垢累也。第存其征伐盟會、弑逆僭竊之蹟，以寄其憂亂之情。然辭旨平易，不露圭角，愚每伏而讀，至廢卷流涕，而歎聖人天地之心，博大寬仁之至也。其言曰：「知我罪我，其惟《春秋》。」嗟乎！千載而下，其誰知之？

仲尼嘗曰：「惡稱人之惡者，惡居下流而訕上者。」子貢亦曰：「惡訐以爲直者。」聖賢用心，仁厚忠敬如此。《春秋》之作，豈肯自犯其所惡哉？是以義直而情婉，法嚴而禮恭，憂深而辭遜。是故魯隱公之死，仲翬弑之也，而書「公薨」；桓公死于齊，彭生殺之也，書「薨于齊」；昭公出奔，季孫意如逐之也，書「孫于齊」；文姜、敬嬴、穆姜之淫惡，亦書「夫人」、書「小君」，死亦書「薨」；季友酖殺其兄叔牙，書「公子牙卒」；慶父殺子般，書「子般卒」；齊桓公殺哀姜，以屍歸魯，書「夫人薨，喪至自齊」；襄仲弑嗣君，書「子卒」，逐君母，書「夫人姜氏歸于齊」；季武子弑嗣君，書「子野卒」。凡此皆魯事之惡，曲爲之諱者。周惠王之見逐于五大夫也；鄭莊公之射王中肩也；王子帶召戎伐王，火其東門也；周大夫王叔、伯輿争政而晉趙盾聽訟也；周殺大夫萇弘以謝晉趙鞅也：此類諱而不書。晉重耳召襄王于踐土，不書；再召至温，書「狩」。凡此皆天王之醜，曲爲之諱者。莒僕弑父，不書「僕」而書「莒」；晉欒書、中行偃弑君，不書「偃」而書「晉」；鄭子駟弑君髡頑，書「卒于鄵」；莒展輿弑父密州，不書「展輿」而書「莒人」；楚子圍弑其君麇，齊人弑其君陽生以謝吴，而皆書「卒」；鄭祭仲，衛黔牟、孫林父、甯殖，北燕大夫逐君，皆書「君出奔」。凡此皆外事之疑而從輕者。《春秋》僭國三：魯僭禮，楚僭號，晉僭權。魯用八佾、郊禘、大雩、大蒐、兩觀、世室，皆微舉其事而不直書；楚武王始稱王，晉襄公徵諸侯入朝，晉悼公命諸侯朝貢之數，齊頃公欲王晉，魯、鄭之君入晉稽首，皆不書。至于伯、子、男稱公、侯，一切因之而不改。此類又何恕也？是以《春秋》雖法嚴義正，而委蛇忠厚又如此，蓋教天下萬世以臣子事君父之禮與士君子處世立言之法，所謂修辭之誠，出于是非臧否之外者也。他如晉趙盾、鄭歸生、許世子未操刃而書「弑君」，晉申生、宋痤自縊死而書「殺子」，蓋由學者不信經而信傳，以爲《春秋》責備之嚴。不知聖人推見至隱，皆道其實耳，豈有已甚之辭？而世儒謂《春秋》爲刑書，至比附吹求，不遺餘力。果爾，則《春秋》慘礉刻剥，爲韓、商之祖矣。

孟子曰：「王者之迹熄而《詩》亡，《詩》亡然後《春秋》作。」《春秋》與《詩》，相爲終始也。《詩》有美刺，西周之事；《春秋》有是非，東周之事也。《詩》之美刺，其目在《序》；《春秋》之是非，其目在史。《序》存而史則亡矣，史亡而《傳》略可知也。《序》直而《詩》婉，史詳而《春秋》約。故《詩》以無美刺爲美刺，《春秋》以無是非爲是非。可與言《詩》，斯可與言《春秋》，世儒未知《詩》，烏知《春秋》乎？

孟子曰：「世衰道微，邪説暴行又〔一〕作，臣弑其君者有之，子弑其父者有之，孔子懼，作《春秋》。」今讀其書，無非弑君賊父、叛臣亡子、喪師覆國、干名犯紀之事，與盟會争戰、送死弔災奔走之禮，其間偶有所取，亦就事差别，非喜譚樂道也。若世儒説《春秋》讚頌五霸而已，始似夫子喜而作，何懼之有？

諸傳譚桓、文，何津津然也？二君以篡弑得國，即有震世之功，仲尼不齒，况生平全倚詐力，爲名教罪人。學仲尼者稱之，大旨悖矣，他尚何言！今檢《春秋》所書桓、文之事，其誰爲仲尼所取者乎？使仲尼而有取于五霸，不言「罪我」矣。

齊、晉與楚争功，假尊周爲虚名，易曉也。儒者以尊周諛齊、晉，抑楚，驅諸侯以事盟主，則是仲尼亦鶻突遷就，教天下假也。開詐力之門，啓奸雄之漸，烏乎可？其謬起于「攘夷尊周」一語，千載耳食，習而不察。

世儒説《春秋》，舍尊周攘夷茫然無據，故不得不稱頌五霸。稱五霸，故不得不奬齊、晉。奬齊、晉，故不得不抑魯、衛諸國，使之承奉。承奉無名，故不得不以與楚争功爲攘夷、爲尊周，以諸侯奔走服從爲有禮，以盟會徵召爲當然，以囚執諸侯、辱王臣、殺行人、滅國併地爲伯討。一部《春秋》，止爲五霸頌功德而已。嗚呼！聖人之情，悒鬱千載，是誰之咎？

〔一〕「又」，《孟子》原文作「有」，二字通。

嗟夫！王迹熄矣，孔子作《春秋》以繼《詩》。明王熄，是即孔子尊周也。若謂孔子不能尊周，而藉詐力之桓、文以尊周，謬也。謂桓、文尊周，孔子懼天下後世不知而作《春秋》以表章之，尤謬之謬也。

昔人云「帝降爲王，王降爲霸」，孟氏亦以五霸與三王較，故世儒謂霸未易訾也。夫王降爲霸，霸假爲王，是乃《春秋》所由作，而世儒更以《春秋》爲獎霸，其若之何？意謂春秋所不即爲七王者，五霸之力，謂五霸若在，周室不滅。夫周之東遷，無異杞、宋矣，有桓、文不興，無桓、文亦不滅，何加損也？桓、文上下五十餘年，五霸共二百四十餘年，而東周存者又二百年，此無霸不滅之明效也。七國之從横，五霸盟會開之；七王之兼併，五霸滅國導之；赧王稽首獻地，五霸挾天子侮王室先之。有五霸自有七王，若《春秋》獎五霸，則從横之徒皆行《春秋》之志者矣，然則《春秋》不爲蘇秦、張儀作俑乎？苟仲尼之志行，《春秋》之法伸，則自無五霸，又安得有七王與嬴秦之禍？而世儒不思也。

諸侯友邦各君，列爵雖五，而皆統于王，比肩事一人，無自相臣之禮。王室卑，五霸争主諸侯，亂也，孔子憂之，作《春秋》。儒者謂天下無王，姑以諸侯與齊、晉，使主之而不亂。嗚呼！何能一日而不亂也哉！無故而令諸侯俛首事之，討曰「伯討」，盟曰「主盟」，執其君、殺其臣、滅其國、分其土，使諸侯不敢言。不然者，仲尼削其爵，書其名，譏之、貶之。是仲尼爲齊、晉資斧而率天下以亂也。誰爲此言？《左》作俑，《公》《穀》襲之，司馬遷、董仲舒輩和之，轉相傳述，至于今二千餘年，牢不可破，《春秋》不明久矣，獨賴孟氏七篇在耳。

明王在上，天下有道，小國事大國，亦莫不有禮焉，非謂諸侯可無禮于齊、晉也。惟是挾詐用强，稱霸主、假盟會，連結而攻之，要脅而朝之，則大亂之道矣。仲尼豈教諸侯以此事齊、晉乎？或曰：「古之王者置方伯統諸侯，是方伯尊于諸侯也。」夫有天子而後有方伯，無天子而行方伯之事，是自爲天子也。五霸者，皆自爲天子者也。謂方伯得專征伐，亦後儒之臆説，非仲尼有是言也，仲尼惟曰「禮樂征伐自天子出」而已矣。

仁義可爲而不可襲也。唐、虞君臣讓而燕子噲襲之，夷、齊兄弟讓而吴光襲之，伊尹攝政而莽、操襲之，文王爲西伯而小白、重耳襲之。後之君子，高唐、虞、夷、齊而討燕噲、吴光，進伊尹而誅莽、操。孔子作《春秋》，師文王而獎桓、文，其可乎？然則《春秋》未嘗與桓、文明矣。未嘗與桓、文，則何以有尊盟主、稱伯討、進齊晉諸凡例乎？儒者之説《春秋》，奸雄之走狗也。

「尊周」二字，齊小白之陰符也。若晉重耳，命周如臣僕，何周之能尊？世儒謂桓、文攘楚即所以尊周，夫周之不尊，非楚爲之，十二諸侯誰知有周者？以攘楚望齊、晉，猶以燕伐燕也。《春秋》于楚，生正其爵而稱子，死没其謚而不書葬，如此而已，未嘗擯其爲夷狄，教齊、晉攘之也。

尊五霸，頌桓、文，此當世時人之見，仲尼所以難言，而寓志于魯史也。惟其罪五霸，惡桓、文，《春秋》所以作也。苟尊五霸，頌桓、文，何必《春秋》哉？五霸何憂不尊，桓、文何憂無名，而仲尼更爲此書潤色、褒大之，無謂也。學者明乎此，則《春秋》之義，瞭然指掌，何隱謎卜度之有？然則尊魯又何也？非尊魯也，《春秋》魯史也，魯史自尊魯。魯後周公，而諸侯之僭莫如魯，因魯史自尊而尊之，直也。以魯之臣，脩明魯史；因周公之子孫，申明周公之法度。《春秋》微意，不過如此，初無隱謎可卜度也。俗儒謂無隱不足以貴《春秋》，陋也。

說者謂《春秋》有隱，後儒不及知。然則近仲尼者其知之，近仲尼莫如孟子，孟子曰：「仲尼之徒，無道桓、文之事者。」又曰：「五霸者，三王之罪人。」又曰：「春秋無義戰。」孟子之言《春秋》若此，其明且直矣。然則《春秋》之義可知，而《春秋》之于五霸亦可知。奈何誣仲尼獎五霸、《春秋》尊盟主乎？諸傳揣摩，所以不可信也。

五霸之亂莫甚于晉、楚，《春秋》所惡莫甚于晉。晉自重耳以詐力興，其子孫强梁驕恣，惟楚爲其所忌，故始託于秦，後引吳、越自助，皆爲楚也。世儒貴霸尊晉，遂詆楚爲夷，而楚實非夷也。謂晉擯楚，不與盟會。楚自不會，非晉能擯也。齊猶託尊王之名，晉則公然自爲也。故《春秋》之事半晉，《春秋》所惡莫如晉。楚雖僭號，未能得諸侯，而晉朝諸侯百有餘年。楚未有加于周，而晉召王徵兵，奔走其卿士，逼殺其大夫。楚未受諸侯之貢，而諸侯于晉，有歲幣、有徵發，入朝稽顙，驅脅叱使，莫敢不諾。晉之惡什倍楚，故《春秋》所惡莫如晉。

夷、夏，天地自然之限也。西周之亡也以戎，故《春秋》慎之，如戎伐周、侵齊、侵魯、侵曹，狄滅衛、滅邢，長狄、赤白狄、陸渾戎、蠻子之類，明書于策，此乃所以遠夷狄也。至于九州幅隕，西有秦，南有楚，東有吳、越，其君皆神明之後，其地皆天府神州，而世儒一切擯爲夷狄，謂不可與同盟會。然則北有燕，與盟會尤少，亦夷狄矣。如是則四隅盡翦棄，僅餘中原一撮土，仲尼何苦自窘蹙如此？兩君相見，有先王之禮，諸侯不王而日殺牲塗血以相盟會，是《春秋》所惡也。與者何榮？不與者何辱？仲尼豈以此分夷夏之貴賤乎？後儒妄説耳。

《禹貢》九州之地，皆諸夏也。秦、楚、吴、越居九州地之三，儻盡翦爲夷狄，則天不足九野，而地不滿九州，《禹貢》爲虚文而《春秋》爲殘局矣，仲尼何乃爲此乎？世儒既謂楚爲夷，謂攘楚爲霸，又謂楚與齊、晉并稱五霸，是自背其説也。謂楚僭王、陵諸姬，無所逃罪；謂爲夷狄，則楚未服也。楚爲夷，則江漢、襄鄧、淮汝、徐沛間皆夷矣。秦漢以來，真人輩出，大半楚産，仲尼雖不前知，豈其舉東南半壁盡割棄之？甚無謂也。

吴、越當楚東南，去中原稍遠，然而冠裳文字與中國同。唐、虞以來，東南爲文明之區久矣，是故禹朝諸侯于會稽，舜南巡狩至于蒼梧之野，是自古通朝聘也。殷商之季，周泰伯、仲雍亡適吴，吴人樂其德而歸之，是習知有仁賢也。《春秋》時言游爲聖門高弟，吴季札來聘，熟諳先代故典，閎覽辯博，賢于子産、叔向輩，是素知有文獻也。《禹貢》五服，東西南北各五千里，舜葬蒼梧，禹葬會稽，皆在五服之内。殷、周盛時，無減虞、夏，惟幽、厲中衰，或數十年不朝天子，而友邦聘問、南北往來如故也。儻自洪荒未通中國，若所謂斷髮文身、鳥語鴃舌，則舜、禹何以往？泰伯何以興？吴札豈其神慧，一朝傾蓋通敏乃爾？不然必矣。司馬遷作《吴世家》，謂吴自闔閭始通中國，猶醒者晏起而問夜未央，醉夢之言耳。六經以三、五爲法，《春秋》之局不小于四代，豈守衰周補苴之天下，而設棘籬于堂宇間以自蹙也〔一〕？世儒耳食遷《史》，附和攘夷之陋説。悲夫！仲尼之志，千載而下無知己矣。

孔子豈惟不擯楚，生平所欲有爲者正惟楚。按魯定公十二年，孔子罷司寇去魯，至哀公十一年返魯，在外十有四年，而居陳、蔡者强半。陳、蔡小國耳，晉、楚、吴交争之，其君臣流離，朝不及夕，孔子奚取焉？蓋二國楚屬，往來頻數，意常在楚也。是時齊將絶、晉將分，諸姬惟衛，而國小政亂，不可有爲。諸侯地廣民衆，無如楚。故《檀弓》記有子之言曰：「夫子失魯司寇，將之荆，先之以子夏，申之以冉有。」其故可知也。及楚昭王使人聘孔子，陳、蔡大夫沮之，子貢適楚，昭王以兵來迎，欲封孔子書社地七百里，子西不可而昭王遂卒。向使昭王不死，孔子其能舍楚乎？今按《論語》記孔子遇狂接、遇沮溺丈人，皆由楚往來陳、蔡間事，聖人之志，千載如見，世儒謂爲擯楚，真無稽之言。

何謂五霸？或曰夏昆吾，商大彭、豕韋，周齊桓、晉文，此因孟子言「三王罪人」，牽夏、商附會耳。孟子謂「五霸，桓、文爲盛」〔二〕，是明指桓、文先後同世諸侯，故或以爲齊桓、宋襄、晉文、秦穆、楚莊五君。今按宋襄摧頽不振，不足稱霸；秦穆未預盟會，不在五列。據《春秋》始末，蓋二百四十二年間五强國無王者耳。隱公初年，周室東遷，鄭莊公始射天子、專征伐，是霸之始也；閔、僖之間，齊繼之，晉又繼之；成、襄以來，楚繼之；昭、定以來，吴繼之；至哀、定間，齊絶，晉分，

〔一〕「也」，後印本作「邪」。
〔二〕按《孟子》載孟子所言作「五霸，桓公爲盛」。

吴亡，而《春秋》終，五霸畢矣。故五霸者，終始《春秋》者也。

《春秋》善善惡惡，渾然深厚而不傷苛刻，是非臧否較如指掌而不費勘量。元惡大憝，雖極指摘，而有疑必從其輕；小過細眚，不事吹求，而陰謀必見其隱。心苟不正，即震世之功，人所艷慕不齒；理有可原，即湮滅之事，人所遺忘必録。可否不模棱，而不以筆舌恣訕謗；聞見不詳瑣，而不以省約廢法戒。立經世之準，亦備涉世之方；盡天理之極，亦近人情之至。其文質而忠，其義簡而備，其情直而婉，其法平而恕。不剛不柔，不亢不屈，《春秋》之義也。

人情者，聖王之田，故聖人不爲已甚。王者無命討，聖人無是非，則大亂滋而名教壞。苟屑屑然刻核以爲是非，則人不堪而世滋擾。故臣弑君、子弑父、諸侯僭天子、大夫僭諸侯，《春秋》録之，以稽世變、防天下，而示之嚴也。小過不舉、有疑必闕，以諧人情、安天下，而示之寬也。如世儒説《春秋》，吹求洗索，不遺餘力，則棄灰之刑矣。

《春秋》之志，在平康熙皞、萬物得所，而不樂聞世有亂事、見世有亂人，故君父之惡囁嚅不忍出口，弑逆之事踟躕似不欲言，是聖人之仁也。然而亂臣賊子，罪狀暴于簡策，風裁凛乎百世，三綱正、五常敘，是《春秋》之義也。天時地紀，内夏外夷，國賦民税，水火災祥，有典有則，是其禮也。五霸陰謀，奸雄隱慝，雖百年往事，如見肺肝，是非明，賢否定，危行言遜而人不以爲罪，是其智也。及乎修辭陳事，標本撮要，一洗史氏糅綴之習，二《典》三《謨》不得與之較忠質，是其信也。其辭韻風旨，温厚深永，反覆味之而不窮，左右折之而皆合，苞孕含毓，可舉千百言約之一字，亦可據一字敷榮爲千百言，經緯自然，是其文也。上下纔二百餘年，興亡之故，賢否得失之林，禮樂刑政，規模畢具，是其經濟也。言多而是非不以己，事陳而可否不預設，其法森然，其旨淵然，六通四達，不爲城府，五霸之功利，二十餘國之争戰，如蚉飛螘聚，謀臣勇士，奔競馳逐，掀揭震感之氣，以無可無不可之量，睨而視之，塩然如飄風過影，是其局量也。兼斯數者，可以觀《春秋》矣。

世儒稱胡安國解《春秋》，每事必求處分，苟徒書其事，則是附之長大息而已。此言非也。夫理無典要，義無適莫，賢否治亂，道之經也；其轉移變化，相時而動，治之權也。經可以豫定，權不可以先設。今言五霸壞王章，諸侯僭天子，此經之不正，可與天下後世明言之者也；至于易霸而爲王，反亂而爲治，化篡賊而爲忠厚，攜禮樂征伐而還之天子，此轉移之權，難與天下後世明言之者也。夫子曰：「苟有用我，期月而已可也，三年有成。」如問其所以可、所以成，仲尼亦不能預設也。今日設之，明日用之，即仲尼不能，而況世儒設之，使仲尼用之乎？此胡氏所以穿鑿模擬，爲《春秋》之畫餅也。夫治亂生于人心，人心不正，則大亂不止，是非不明，則人心不正，《春秋》者，明是非反經以正人心而已也。五霸之震耀于功利也，諸侯大夫之僭侈也，君臣父子之相夷也，禮樂征伐之專擅也，舉世皆醉而不知其非也，聖人直以告天下後世，使愚夫知其不可而後權可用也。故曰：「君子反經而已，經正則庶民興，庶民興斯無邪慝。」此孟氏之言也，非愚之臆説也。千載而知《春秋》，孟氏一人而已矣。

《春秋》有是非而未嘗是非，所以爲直道而行，千古如大路也。是故無往不適之謂路，適一鄉一邑之謂徑，一入一塞之謂山蹊，天理人情之極，則自無所取而不當，無所折而不中。《春秋》據理正辭，以待天下後世人之取裁，蓋萬裁而萬合。《左》得之而爲《左》，合也；《公》《穀》得之而爲《公》《穀》，合也；未嘗褒貶而謂之褒貶焉，亦合也；未嘗名字而謂之名字焉，亦合也；未嘗命討而謂之命討焉，亦合也。然直道而行，誰毀誰譽，見爲褒貶而聖人實無褒貶，見爲名字而聖人實未嘗名字，見爲命討而聖人實未嘗命討，此其所以爲《春秋》也，非聖人不能作也。

凡《春秋》于攻戰之事，第書某國伐某國，不詳勝敗，何也？《春秋》不義攻戰，不問勝不勝也。凡盟會，第書會某人盟某地，不言其故，何也？《春秋》不信盟會，不問爲何事也。凡大夫見殺，第書殺，不詳有罪無罪，何也？《春秋》重戮大臣，不問何罪也。大抵《春秋》于時事無樂道之者，若其詳，舊史具矣。

《春秋》稱王以天，何也？無二天，無二王也。天王不稱周，何也？天下皆周也。十二公不稱魯，何也？内魯也。凡稱天王不以謚號，何也？天下知有王，不分爲王某也。外諸侯稱國，何也？各君也。稱諸侯亦不以謚號，何也？國知有君，不分爲君某也。卿以下則書姓氏名字、爵，何也？各官之義也。家事不書，家臣不列，何也？天下非家事也。王葬必謚，諸侯卒必名必爵，葬必謚，何也？各成其終也。此《春秋》正名之大略也。

《春秋》詳略多因舊史，或舊史佚之，或舊史載而聖人諱之，非例也。所書大抵皆亂略，或彼善于此，參差隨宜，亦非例也。如春稱王，王稱天，書與不書之類，皆所謂義也。義者隨宜，例者偏主，聖人比義不比例。

或曰：「《春秋》無褒貶，何以明大義？」夫《春秋》所以明大義者，其文甚著，不在褒貶也。如諸侯不知有周，而書「春，王正月」，所以明一統也。東周不振而稱王繫之天，所以明至尊也。凡弑君父則必書，攻伐則必書，相盟會則必書，殺大臣則必書，凡《春秋》所書無盛德事，所以明亂跡也。垂戒之義，彰彰若斯，故曰：「楚之《檮杌》，魯之《春秋》，一也。」《檮杌》，天下之至惡也，其何事于褒貶而後見乎？

世儒不知《春秋》，始于視仲尼太高，疑仲尼太深也。夫聖人立經垂訓，將使愚不肖共曉，豈其竄端匿跡，傲天下後世以所不知？使天下後世有不知，奚貴爲經也？世儒謂無隱不足以貴《春秋》，而不知明白易簡，正聖人所貴與天下萬世共見者也。司馬遷謂《春秋》隱諱之文不可以書見，今其文辭具在，是欲爲隱諱者乎？有不可以書見者乎？是非之心，人皆有之，聖人與人同耳。今不求于人心之是非，而求于諸傳之凡例，舍的然可據之心不信，而謂聖人有不見之隱，豈不誤哉？嗟夫！讀《春秋》而能盡洗其龐雜之説，千古一快也。

何謂「春秋」？曰：「魯史錯舉四時以表年耳，仲尼則奉天時而無私也。」世變有古今，王霸有升降，人事有得失，聖人有是非，皆天也。猶日月之有晝夜，四時之有寒燠，所以爲「春秋」也。

《春秋》紀年止二百四十二年，不已狹乎？蓋東遷以前，文、武、周公之澤在，則文、武、周公之事，不敢干也。東遷以後，文、武之迹熄，天下無王，二百四十二年，以爲多矣。上不敢逼文、武、周公，是聖人之恭也。後之學《春秋》者，自任無前，僭也；有天子而亦爲《春秋》，治亂不分，昏也。僭且昏，烏知《春秋》？

南宋諸儒，自謂窮理明經，而其于《春秋》貿貿爾。邵雍作《皇極經世》，以五霸配帝王，以《易》《詩》《書》《春秋》牽强湊合，不成義理。至謂夫子作《春秋》推尊晉文，此背理傷道之言，不可以爲訓。今且列之學官，使人誦法，賈生所謂可痛哭流涕者也。

嗟夫！使《春秋》淺率無味，一覽而盡，何以爲聖人之書？使深刻隱晦，終于不可解，何以爲聖人之書？其必有至當歸一之論矣。覩諸傳之紛拏，而覺《春秋》之難，罷諸傳，虚心觀理，而後知《春秋》之易。中道而立，能者從之。

讀《春秋》，取《傳》中事經所不書者以質諸所書者，意亦可見。今人徒見其所書，不見其所不書，則并其所書者亦蔽于偏見耳。故有非名而不書者，如周殺萇弘謝晉之類；有没其功而不書者，如齊人城郟之類；有黜其榮而不書者，如命小白、重耳爲侯伯之類；有僭而不書者，如楚不書葬之類。宜書而不書，其故皆可知已。

善觀《春秋》者，見聖人精神心術；不善觀《春秋》者，見聖人名法科條。夫名法科條，非所以爲經也。

世儒解《春秋》，但借作椸架，信自己鋪張，及其不似，曰「聊以裨世教云爾」。《春秋》自裨世教，何假鋪張？及其迂濶難行，反以累經，是故可憎耳。

帝王之治因乎民心，《春秋》不賞而勸，不怒而威，不動而敬，不言而信，不顯其刑之教也。因心于民，藏天下于天下，《春秋》之義也。

言之無文，行之不遠，雖典謨訓誥，不廢文也。世史敘事，代口鋪張，都非實録，夫子嘗曰「文勝質則史」。惟《春秋》之文，標旨撮要，簡當精切，爲萬世史學傳信之宗。

春秋直解卷一

郝敬　習〔一〕

隱公

隱公名息姑，惠公子，在位十一年。

元年

《春秋》紀年不以周以魯，何也？《春秋》魯史也。始隱公元年，何也？或曰：「此平王四十九年，周東遷之始也。」孟軻曰：「臣弑其君，子弑其父，孔子懼，作《春秋》。」隱公以國讓桓而桓弑之，是無君之始也。周之亡也，平王黨外戚，率犬戎，弑幽王而得國，是無父之始也。説者謂周東遷未亡也，夫周之東，何以異於杞、宋乎？苟東遷可存周，則杞、宋亦可存夏、商矣，是周亡之始也。夏、商亡，湯、武興，周亡，二百餘年明王不作，是無王之始也。三桓專魯，萌孽于隱、桓之際，是魯衰之始也。

〔一〕「習」，後印本作「解」，下同。

《春秋》之亂由五霸，五霸始鄭，而齊繼之，晉、楚、吳又繼之。隱公初年，鄭莊公始挾天子，摟諸侯，擅征伐，射王，幽母，殺弟，是霸之始也。孟子云：「《詩》亡然後《春秋》作。」《詩》有美刺，《春秋》有是非，相終始也。是時天子不觀風，廟朝無制作，是《詩》亡之始也。凡此七者，《春秋》所以始也。其取于魯史，何也？魯，周公之胤、文王之昭也，周禮在魯，猶夏、商之禮在杞、宋也。其或繼周者，魯不亦爲杞、宋乎？或曰：「《春秋》，天子之事，若何以與魯？」仲尼曰：「非我與也，昔者成王嘗以天子禮尊周公矣，子孫行其禮、奏其樂，自謂不與列辟同。我魯民也，焉得而詘之？惟國史在，我不没其實而已。斯民也，三代所以直道而行，誰毁誰譽？我不敢預焉爾。」〔一〕

春，王正政月。

王正月，何也？元年，魯年；正月，則王之正月也。國以君紀年，魯史用魯年。春首書「王」，使普天同日，知共主也。正月謂之王，何也？周正月也。月以寅爲正，周正建子，則是王之正月也。正月稱王而春不王，何也？王以建子改正，天不以王正改時，四時之春，三代不能易也。不能易而王正月爲春，何也？三代各以所改之正爲歲，則各以所改之月爲時，周之正月，是即周之春也。然則冬可以爲春乎？曰：「不可。」不可而書之，何也？曰：「乃所以爲《春秋》也。」是故孔子曰：「吾

〔一〕按此非盡爲孔子所言原話。

之於人也，誰毀誰譽？斯民也，三代所以直道而行。」《春秋》之義也。胡安國謂用夏時冠周月，非也。如用夏時，必以建寅爲正乃可，不然必「王正月」上冠以冬乃可。夫聖人既憂天下無王矣，而又改王之正朔乎？然則子云「行夏時」，何也？曰：「此聖人之志也。」《春秋》，聖人不得志所爲也，志行夏時而不敢用夏正，是聖人之慎重也。胡安國用夏時，是後儒之妄作也，開卷第一義而大旨已乖矣。一代正朔可率意而改，又何怪乎擅褒貶、制命討，肆言無忌，以誣吾仲尼也！然正月有王、有不王，何也？王者，筆削之新義；不王者，猶魯史之舊文也。《春秋》有義無例，以例是後儒之《春秋》，非仲尼之《春秋》也。仲尼之《春秋》，易簡也；後儒之《春秋》，隱僻也。元年正月，不書公即位，何也？隱攝也，不朝正，不行即位，史無書，故經亦不書也。或曰：「成隱之讓也。」夫隱之讓，非待不書即位而成也。

三月，公及邾儀父甫盟于蔑。凡「邾」，《公》皆作「邾婁」。蔑，魯地，《公》《穀》作「昧」。

儀父，邾君字也。魯稱公，邾稱字，史尊内也。仲尼脩《春秋》而欲爲褒貶，則五等之名，宜首正矣。二十餘國公侯之稱，苟非僭王，不革其舊，則仲尼未嘗數數然也。故夫《春秋》者，聖人遜默謹言之書也，因舊史芟繁存要，使其辭明事顯。歷録焉如日星麗天，有目共見；委蛇焉如江河行地，游者自知。二百四十二年之是非，以俟諸千萬世人心之公論焉耳，豈區區書名、書字，曰「某賢，吾褒之；某不肖，吾貶之」之謂哉？至於言有微婉，意有抑揚，因時取裁，而非爲例也，隨事見義而不求同也。論《春秋》

者，惟例惟同，所以惡於鑿也。

夏，五月，鄭伯克段于鄢偃。

段，鄭莊公母弟也。母姜夫人愛之，鄭伯惡之，段以鄢叛，鄭伯攻而克之，遂幽其母。不稱弟，不弟也。鄭伯亦不兄，路人之謂也。

秋，七月，天王使宰咺暄上聲**來歸惠公、仲子之賵**鳳。

宰，官名；咺，人名。車馬送死曰賵。魯惠公元妃孟子，死而無子。繼室以聲子、仲子。仲子生而有夫人之瑞，惠公愛焉，生桓公，幼。聲子生隱公而長。惠公卒，隱攝，將以及桓，而仲子尚在。平王助惠公葬，及仲子，則信以爲諸侯之妻與諸侯之母，明以諸侯與其子矣，隱不讓焉得？雖然，以天子而下賵諸侯之妾，未死而豫凶事，皆非禮也，非待名宰而後見也。

九月，及宋人盟于宿。

魯及也，凡内稱不備。君子曰：「諸侯講信脩睦，交於鄰國，先王之教也；刑牲歃血，要鬼神爲質，市井駔儈之禮也。」以爲信乎？《春秋》何歲不盟，而信者誰與？《詩》云：「君子屢盟，亂是用長。君子信盜，亂是用暴。」《書》云：「民興胥漸，泯泯棼棼，罔中于信，以覆詛盟。」故盟也者，盜賊之事，而苗民之俗也。凡《春秋》書盟，皆惡之。

冬，十有二月，祭債**伯來。**

祭伯，王卿士。來魯也，無王命，私交也。舊史亡其事，不可考，後多倣此。

公子益師卒。

内貴戚之卿。卒，重大臣也。不日，因舊史，非例也。後多倣此。

二年〇春，公會戎于潛魯地。

書「戎」，戎之也。會戎，耻也。

夏，五月，莒人入向。

以兵入也。莒子娶于向，向姜不安莒而歸，莒人入向，非奉討而以師入人國，亂也。

無駭帥師入極。「駭」，《穀》作「侅」。

無駭，魯大夫，展氏。極，近魯小國也。

秋，八月，庚辰，公及戎盟于唐魯地。

九月，紀裂繻須**來逆女。**「裂繻」，《公》《穀》作「履綸」。〇**冬，十月，伯姬歸于紀。**

紀，㚟姓之國。裂繻，紀卿也。紀侯娶于魯，使其卿來迎。迨莊公四年，紀亡，伯姬死，魯無婚姻之誼，此誌其歸也。

紀子伯、莒子盟于密莒地。「伯」，《左》作「帛」。

紀子伯，闕文也。《左傳》改「伯」從「帛」，以爲紀大夫裂繻字。《春秋》不以大夫先諸侯可知也。

十有二月，乙卯，夫人子氏薨。

子氏，桓公母仲子也。稱「夫人薨」，貴之。何以不書葬？君母死，赴于諸侯，以君母葬。桓未立，不成葬，不書。

鄭人伐衛。

此五霸專征伐之始。師出無名，伐國無罪，亂道也。孟子曰：「春秋無義戰。」凡書侵、書伐、書圍、書入、書滅、書取，皆惡之，說者多爲之目，鑿也。

三年〇春，王二月，己巳，日有食之。

凡日食書，誌變也。不朔，史闕也。後多倣此。

三月，庚戌，天王崩。

崇高而墜曰崩，終《春秋》十二王，書崩、書葬者，周來告，魯往會也。書崩不書葬者，周來告，魯不往也。崩、葬俱不書者，周不告，魯亦不往也。平王崩，魯不會，故不書葬。禮，天子崩，諸侯爲三年喪，同軌畢會。周公之後不能守禮，而諸侯可知已。

夏，四月，辛卯，君氏卒。「君」，《公》《穀》作「尹」。

君氏，隱公母聲子也。稱「君氏」，從子也；不稱薨，以別于子氏，成隱之讓也。子讓子則母讓母，無兩君則不得兩薨，禮也。《公羊》改「君」爲「尹」，謂周卿士尹氏，魯主之，譏世卿。非也。夫世卿不啻詳矣，三桓世魯，六卿世晉，齊世高、國，宋世華、向，衛世孫、甯，何事于尹氏？

秋，武氏子來求賻。

武氏子，周大夫武氏之子也。平王喪，魯不會，故來責賻，書「求」，諱也。天子崩，諸侯不至，嗣王煢煢在疚，而使人徵賻，皆非禮也。或曰：「大夫武氏子在喪者自求也。」若是，則家事不書。

然無王命，何也？嗣王諒闇也。使大夫子，何也？春秋大夫世官，父在子預政，如齊慶舍之類，非古也。桓五年，天王使仍叔之子來聘，亦大夫子也。書，皆非之。

八月，庚辰，宋公和卒。

宋穆公卒，舍其子馮而立兄之子與夷，是爲殤公，子馮奔鄭。禮，諸侯卒曰薨，史臣尊内，於外諸侯稱卒。日不日、名不名，因舊史，非例也。或卒或不卒，告則書，不告則否也。

冬，十有二月，齊侯、鄭伯盟于石門齊地。

《春秋》，魯史也。魯與諸侯盟宜書，外諸侯相盟，魯不與，亦書。故《春秋》非獨魯史也，他倣此。

癸未，葬宋穆公。「穆」，《公》《穀》作「繆」，後同。

凡外諸侯書葬，魯送也。凡葬稱謚，葬而後謚也。質死者生平而爲之謚，觀謚而生平可考也。

四年○春，王二月，莒人伐杞，取牟婁杞邑。

諸侯土宇，夫有所受之，有過則削，有罪則移，自天子出。諸侯而相兼併，亂也，故凡伐國取地，書。

戊申，衛州吁弑其君完。「州」，《穀》作「祝」。

州吁，衛莊公之嬖庶子也。莊公卒，子完立，是爲桓公。州吁弑之，書曰「衛州吁弑其君完」，直也。説者謂以國爲氏，削其屬籍，鑿也。

夏，公及宋公遇于清衛地。

相見不備禮曰遇。

宋公、陳侯、蔡人、衛人伐鄭。

州吁懼諸侯之討也，謀于陳、蔡，而以伐鄭媚宋。宋人許之，陳、蔡從之，是三國之師爲保寇爾。

秋，翬帥師會宋公、陳侯、蔡人、衛人伐鄭。

翬，魯大夫羽父，弑隱公于鐘巫者也。三國不得志于鄭，謀再舉，而請于魯，公辭焉，翬以師往。

君子曰：「强不用命，又一州吁也。」

九月，衛人殺州吁于濮陳地。

凡殺弑君者稱人，人皆可殺，無問誰也。凡弑君者見殺不稱爵，賊矣，無問爵也。

冬，十有二月，衛人立晉。

州吁死，國人立公子晉。君子曰：「春秋諸侯之繼世，誰其受命于天子者乎？無事則承考自立，有事惟國人所置，是謂狐埋而狐搰，焉得不亂？」

五年〇春，公矢魚于棠。「矢」，《公》《穀》作「觀」。棠，魯地。

衆漁曰矢魚。書公，誌慢遊也。

夏，四月，葬衛桓公。

宋爵公也，葬書「公」，衛爵侯也，亦書「公」，何也？凡君薨，必序爵正名，以成終也。葬則因臣民私稱，不没其存也。惟僭王則没之，楚、吴、越不書葬，僭王也。

秋，衛師入郕。「郕」，《公》《穀》作「盛」。

初，衛之亂也，郕人侵之，此衛人報怨之師也。諸侯脩怨，是以大亂，儒者貴復讎，豈其然乎？

九月，考仲子之宮。

工成曰考。仲子，桓公母也，隱爲之立廟，將讓桓也。

初獻六羽。

六佾也。舞列曰佾。初獻六，前用八也。天子八，諸侯六，魯八佾獻周公，非也，群公用之，尤非也。仲子庶妾，不可祔于祖，故考其宮，又不可用群廟之舞，故獻六佾。六之是也，若曰「惜乎！獨仲子之宮」云爾。

邾人、鄭人伐宋。

邾人銜宋人之奪其田也，因鄭人伐宋而助之。先邾，惡黨也，宋告援于魯，使者失對，公辭。

螟。

内災也。蟲食苗心曰螟。民事莫大乎歲，災則書，後多倣此。

冬，十有二月，辛巳，公子彄寇平聲**卒。**

臧僖伯卒也。

宋人伐鄭，圍長葛鄭邑**。**

報怨之師也。

六年○春，鄭人來輸平。「輸」，《左》作「渝」。

初，公之爲公子也，與鄭人戰，鄭人執而囚之。及鄭伐宋，宋求援于魯，公弗許，鄭人德之，請輸魯平。八年歸祊，十年伐宋，以二邑與魯，輸也。魯寔貪而曰鄭輸平，微之也。

夏，五月，辛酉，公會齊侯，盟于艾魯地。

齊魯相鄰之國，而世相讐也。凡會盟則書，後多倣此。

秋七月。

《公羊》謂無事，非也。豈有三月無事之國乎？事非要則不書，猶書時，成歲也。

冬，宋人取長葛。《左》作「秋」。

宋圍鄭長葛，經年而後取之。夫宋之甘心于鄭也，以鄭之匿其亡子馮也，背先公及己之恩而謀取其子，殤公於是爲不仁矣。積惡滅身，宜夫！

七年○春，王三月，叔姬歸于紀。

諸侯一娶九女，歸必同時，所以定名分、防偏暱、廣祚胤也。伯姬二年歸紀，叔姬遲之六年後，是廢禮也。叔姬賢，迄紀亡，不失爲婦。

滕侯卒。

外諸侯卒，來赴則書。不名，史佚也。不葬，魯不會也。後倣此。

夏，城中丘。

城書，重守也。夏，失時也。凡興作時，不書。

齊侯使其弟年來聘。

使弟，親魯也。齊、魯相依之國，其能親睦焉，可矣。胡氏謂責齊侯寵其弟，啓諸兒之亂，非也。聖人豈願有國家者終遠兄弟乎？遠兄弟而有天下，聖人不爲也。

秋，公伐邾。

爲宋伐也。元年與邾盟于蔑，無故而渝之，是以君子賤盟。

冬，天王使凡伯來聘，戎伐凡伯于楚丘以歸。

來聘，聘魯也。楚丘，衛地也。衛忘賓旅，使王臣顛越于境内，魯戎同盟而不能問，仲尼所以有左衽之憂也。

八年○春，宋公、衛侯遇于垂衛地。

齊人將平宋、衛于鄭也。

三月，鄭伯使宛來歸祊崩。鄭地。《公》《穀》作「邴」。

初，成王賜周公許，以爲東都湯沐之邑，而近鄭；宣王賜母弟鄭伯祊，以爲祀泰山之邑，而近魯。鄭利許，先歸魯祊，踐輸平之約，其實欲得許也。宛，鄭大夫，不氏，史尊内也，君在臣不族。説者謂爲削之，謬也。後多倣此。

庚寅，我入祊。

受鄭歸也。

夏，六月，己亥，蔡侯考父卒。

蔡赴也。

辛亥，宿男卒。

宿，小國也。

秋，七月，庚午，宋公、齊侯、衛侯盟于瓦屋周地。

鄭讐宋，而衛，宋黨也，齊，鄭黨也。齊平三國，盟于瓦屋，鄭不受盟，以齊人見於王，而以不朝討宋，於是有誉之師。朝王不書，詐也。

八月，葬蔡宣公。

魯送也。

九月，辛卯，公及莒人盟于浮來紀邑。《公》《穀》作「包來」。

諸傳謂書人爲大夫，不盡然也，君、臣、民通謂人。

螟。

冬，十有二月，無駭卒。「駭」，《穀》作「侅」。

内大臣也，公命以其祖字爲展氏。不書展，從君也。

九年〇春，天王使南季來聘。

九年之内，王使三至矣。而公畢世不一朝，仲尼所以致不恝之意也。

三月，癸酉，大雨，震電。庚辰，大雨雪。

三月，夏之正月，雷尚蟄而震電，震電而雨雪，異也。雪平地尺爲大。

挾卒。「挾」，《公》《穀》作「俠」。

内大臣也。説者謂挾不書族，隱攝，不主爵，不賜也。夫隱攝政十有一年矣，盟會侵伐不絶書，何以獨不主爵。無駭之賜展氏，非隱賜與？大夫皆不官、不族，豈其皆未賜，而其君皆攝者與？《傳》〔一〕之無端類此。

夏，城郎。

〔一〕按此處《左傳》無傳，「傳」當指《穀梁傳》。

不時也。

秋，七月。

冬，公會齊侯于防魯地，《公》作「邴」。

謀伐宋也。是時鄭伯爲王卿士，以王命討宋。不書，假也。五霸挾天子、摟諸侯，自鄭莊始。

十年○春，王二月，公會齊侯、鄭伯于中丘。

爲師期也。天下有道，諸侯無事不越國，大夫無事不出境。諸侯東盟西會，而天下紛如矣。儒者侈言盟會，豈仲尼之志？

夏，翬帥師會齊人、鄭人伐宋。

前年伐鄭，今年伐宋，皆翬主之。是役也，公在不書，翬專也。

六月，壬戌，公敗宋師于菅奸。**辛未，取郜**告。**辛巳，取防。**

敗宋不書翬，不與其爲功也。鄭以子馮之故，假王命，以魯伐宋，魯欲得地行，是鄭忿而魯貪耳。

如《傳》言，則三國皆勤王之師，吾誰欺？

秋，宋人、衛人入鄭。○宋人、蔡人、衛人伐戴，鄭伯伐取之。「戴」，《公》《穀》作「載」。

宋以衛伐鄭，報菅之役也。師入而鄭師還，二師進無所薄，退無所歸，乃招蔡人共伐戴。鄭乘其敝，一戰併取之。

冬，十月，壬午，齊人、鄭人入郕。「郕」，《公》作「盛」。

鄭伯以郕人不附己，與齊伐之，討其違王命也。不書王命，假也。先齊，惡黨也。

十有又一年○春，滕侯、薛侯來朝。

魯、滕、薛，皆周東藩也，序爵皆侯也。魯不朝王而受友邦之朝，滕、薛不知有王而知有强鄰，旅見不以爲屈，爭長于人之宇下而不以爲耻。蓋王制不明，諸侯以力相臣，亂也。説者謂諸侯相朝，正也。夫諸侯五年一朝天子，畢世一相朝，今畢世不王，而歲唯大國之朝也，正乎哉？

夏，公會鄭伯于時來。《公》《穀》「夏」下有「五月」字。時來，鄭地，《公》《穀》作「祁黎」。

鄭將伐許也。

秋，七月，壬午，公及齊侯、鄭伯入許。

許人無罪，而鄭以諸侯伐之，分其地、逐其君，而《左氏》猶謂鄭伯有禮，豈《春秋》之義？

冬，十有一月，壬辰，公薨。

仲翬弑隱公，而書「公薨」，何也？史文也。史不敢直，而仲尼因之，何也？弑君簒國，行道人知之，且得而匿之？謂公薨，公其薨也與哉？不書葬，何也？桓不治葬，史無書，故經不書也。奚不諱乎？曰：「諱之，而天下後世耳目塗焉，諱之不可。苟天下後世耳目昭然，何必於稱之？」然則不書葬，諱乎？曰：「不葬，而書不葬，則稱之矣。不葬亦不書，言諱而情直矣。故曰明白易簡者，《春秋》之義也。」

春秋直解卷一終

春秋直解卷二

郝敬　習

桓公

桓公名軌，惠公子，隱公弟，在位十八年。

元年○春，王正月，公即位。

凡書即位必正月，何也？禮，嗣君踰年，朝正于廟，即位改元，始成爲君也。若莊、若閔、若僖，國亂不朝正即位，則史無書，非仲尼以意增損，如褒貶之説也。世儒謂桓弑兄，削即位，可矣。

三月，公會鄭伯于垂衛地。

桓公弑兄得國，懼諸侯弗與，鄭伯爲王卿士，求好焉。

鄭伯以璧假許田。

初，鄭以祊歸魯，名爲易許，實輸魯平，以酬狐壤之怨、緩救宋之師，而未敢斷然責償也。于今五年，許不出，鄭亦不請，一旦而責五年之負，何也？桓公氣餒於篡國，情迫於親鄭，鄭持其急而因以爲市，以璧假，要之也。先王之胙土可以璧假乎？《易》曰：「負且乘，致寇至。」經所以微其辭耳。

夏，四月，丁未，公及鄭伯盟于越鄭地。

許田歸鄭而後得鄭盟，盟鄭而桓之位始定。《春秋》之事，同盟則爲諸侯，雖有弑君篡國，得盟則已。五霸會盟，所以得罪于三王也。

秋，大水。

内災。

冬，十月。

二年○春，王正月，戊申，宋督弑其君與夷及其大夫孔父。

宋自子馮奔鄭，殤公構鄭，十年而十一戰，孔父爲之司馬，國人怨焉。子馮在鄭，内私華督，齊、魯、陳三國外助之，十年而後發難，亦已晚矣。書弑君及大夫，直也。説者區區名字、官爵，云「桓無王，此書王正之」，鑿也。

滕子來朝。

桓公簒弑而小國朝之，世道可知已。滕侯稱子，魯子之也。近魯而小，魯人卑之。

三月，公會齊侯、陳侯、鄭伯于稷，以成宋亂。

宋督之弑殤公也，以子馮爲金注，而外倚四國之助也。殤公死，四國至，子馮入而華督相矣。書「成宋亂」，從臾之辭也。教人臣子謀人君父以爲市，四君其弗爲人君父者乎？卒也襄公死無知，桓公死彭生，陳侯死五父，鄭伯死，繼體相殘，天道所爲還也。

夏，四月，取郜告大鼎于宋。戊申，納于大泰廟。

宋之賂器也，周公其享諸？

秋，七月，杞侯來朝。《公》《穀》作「紀侯」。

桓公簒國，挾齊、鄭之助，取宋賂，受滕朝，其以震矜于杞，而來朝非志也。滕、杞皆侯也，滕以子來，魯人以爲敬，杞以侯來，魯人以爲不敬，明年討杞。

蔡侯、鄭伯會于鄧鄭地。

始懼楚也。

九月，入杞。

討不敬也。諸侯朝于諸侯，不敬猶討，諸侯不朝天子，其誰討焉？

公及戎盟于唐。

公新立，尋盟也。

冬，公至自唐。

禮，君出比反，皆告於廟。告則史書，後倣此。

三年〇**春，正月，公會齊侯于嬴**齊地。

文姜始議婚也。《傳》謂「遂成昏于齊」，無乃惡而甚之乎？夫其往逆也，猶稱女。春不書王，史文也，而説者謂桓無王，夫《春秋》諸侯其誰有王乎？苟不書王而可懲無王，則二百四十二正皆不書耳。又曰：「元年書王，正桓之罪；二年書王，正宋督；十年書王，以數之盈；十八年書王，以桓之終。」

皆無是而强爲例也。

夏，齊侯、衛侯胥命于蒲衛地。

胥命，相命也，不刑牲、不歃血，結言而退。説者謂仲尼善之。夫善信以義，《春秋》之信，利而已，奚善之有？

六月，公會杞侯于郕。「杞」，《公》作「紀」。「郕」，《公》作「盛」。

杞求成也。

秋，七月，壬辰朔，日有食之，既。

既，盡也。

公子翬如齊逆女○九月，齊侯送姜氏于讙魯地。

諸侯親送女，非禮也。禮，卿送。

公會齊侯于讙。

受姜氏也。

夫人姜氏至自齊。

《春秋》不書常事。嫁娶，常也，文姜之于魯，詒之罹矣，故書。後倣此。

冬，齊侯使其弟年來聘。

問姜氏也。

有年。

凡書災，紀變也。其書祥，蓋幸之。《春秋》，憂亂之書也。

四年〇春，正月，公狩于郎。

先王之于田，以講武也。春田，夏苗，秋蒐，冬狩，非時不舉；祭祀燕享，非正不殺；山林丘藪，非地不焚。行此謂之禮，易此謂之禽荒。狩于郎，荒也。

夏，天王使宰渠伯糾來聘。

桓公弑君得國，身逋天討，王使慇懃下問，何以爲紀法之宗？非必名宰，始見其失。

五年〇春，正月，甲戌，己丑，陳侯鮑卒。

陳侯有疾，其弟佗弑太子免自立，甲戌亂作，越十有六日己丑，陳侯卒。《春秋》于弑君無不書者，「戌」下當有闕文。諸傳謂爲再赴、爲傳疑、爲包舉，謬也。

夏，齊侯、鄭伯如紀。

謀襲紀也。後此十七年，齊遂滅紀。

天王使仍叔之子來聘。「仍」，《穀》作「任」。

王使一歲再問，而魯無一往乎？曰：「往矣。」何以不書？諸侯不朝，以陪臣報，不足録也。仍叔之子，大夫子之未爵者。

葬陳桓公。

城祝丘。

魯城也，齊將襲紀故。

秋，蔡人、衛人、陳人從王伐鄭。

鄭伯爲王卿士，王奪之政，遂不朝。王以三國之師討，雖其甚哉，子之於父，大杖則走，臣不當爾邪？乃使陪臣拒戰，矢集王肩，仲尼所謂「是可忍也，孰不可忍」。首三國，罪其不効也。不書敗，諱也。王不稱天，傷至尊之卑也。

大雩于。

吁嗟禱雨曰雩。雩，禮也；大雩，非禮也。惟王稱大，天子大雩于上帝，諸侯雩于境內山川，魯大雩，僭也。昔者成王尊周公，祀以王禮，非謂百神之祀皆可僭也。周之衰也，諸侯亡等，而禮由周公之子孫先壞之事多不可枚舉。國惡不可直陳，借舊史書事表義，如旱書「大雩」，失時書「大閱」，六羽書「初獻」，牛災書「不郊」，千古有直道，是非指諸掌矣。

螽《公》作「螺」。

內災也。

冬，州公如曹。

州，小國。如曹，大去其國也，其詳不可考。

六年〇春，正月，寔來。

州公來魯也。寔來，大來也。歸曰大歸，去曰大去，來曰寔來，終之也。不書州公，承如曹也。

如曹，寓也；來魯，寔也。

夏，四月，公會紀侯于成魯地。《穀》作「郕」。

紀有齊難，諂于魯，以二姬故。

秋，八月，壬午，大閱。

大閱，天子所以簡車徒也。魯大閱，非禮也。八月，不時也，仲冬乃閱。

蔡人殺陳佗。

誅賊之辭，陳賊而蔡人殺之，人皆可殺之也。

九月，丁卯，子同生。

魯莊公始生，文姜之子也。國君生子不書，此書，何也？雄狐亂倫，人言莊公非桓子也。夫文姜歸魯，於今三年矣，《詩》云：「采苓采苓，首陽之巔。人之爲言，苟亦無然。」〔一〕故詳誌其始生月日，以折群疑。戢訕謗，表世系，正國統，明慎忠厚之至也。

冬，紀侯來朝。

紀因魯請于王，求平于齊，公告不能。

七年〇春，二月，己亥，焚咸丘魯地。

焚林而田，非禮也。天子不合圍，諸侯不掩群，古之制也。

夏，穀伯綏來朝，鄧侯吾離來朝。

皆近楚小國，失地奔魯也。書名，史文也。是年不書秋、冬，闕也。説者謂仲尼削二時以見天王

〔一〕按此句出《詩·唐風·采苓》，原文「人之爲言」後接「苟亦無信」，「苟亦無然」接下句「舍旃舍旃」後。此或郝敬節引，或其誤記。

之不能用刑，猶「桓無王」之迂説也。

八年○春，正月，己卯，烝。

周正月，仲冬也。仲冬，烝時也。時不書，此書，何也？周正唯改歲頒朔之類，郊廟大事猶順四時之正也。周衰禮廢，錯亂無章，未冬烝或徂冬烝，惟此爲時，而五月又烝，書以著再舉之失。

天王使家父來聘。

八年而王聘三至矣。

夏，五月，丁丑，烝。

周正月烝，則四月禘矣。五月莫春，猶用冬祭，慢也。四時之祭，冬烝夏禴，禴薄，烝備物，夏烝非禮也。《公羊》謂之「譏亟」，夫五月一祭，猶謂亟乎？禮，三月一祭。

秋，伐邾。

冬，十月，雨（去聲）**雪。**

仲秋雨雪，異也。

祭債公來，遂逆王后于紀。

桓王娶于紀，使魯爲主。禮，天子與諸侯昏，同姓諸侯主，王室卑而此禮存，猶之媒妁耳。常事何以書？紀患齊，因魯託于王，爲紀書也。

九年○春，紀季姜歸于京師。

魯主也。

夏，四月。○秋，七月。

冬，曹伯使其世子射亦姑來朝。

來朝，史尊內也。曹伯病而使世子來，懼魯也。比歸，曹伯卒。孟子云：「天下無道，小役大，弱役彊。」君子不盡人之情，不奪人之親，甚魯也。

十年○春，王正月，庚申，曹伯終生卒。○夏，五月，葬曹桓公。

秋，公會衛侯于桃丘，弗遇。衛地。
衛將與齊、鄭伐魯，公求好焉，衛人辭。

冬，十有二月，丙午，齊侯、衛侯、鄭伯來戰于郎。魯地。
初，齊有戎難，鄭帥諸侯之師救之。魯爲齊餼，以周班後鄭，鄭伯怒，以齊、衛伐魯。

十有一年○春，正月，齊人、衛人、鄭人盟于惡曹。
備魯也。

夏，五月，癸未，鄭伯寤生卒。○秋，七月，葬鄭莊公。

九月，宋人執鄭祭仲。突歸于鄭，鄭忽出奔衛。
鄭世子忽，鄧出也；突，宋出也。宋人執鄭祭仲，與之盟，而立突，忽出奔衛。

柔會宋公、陳侯、蔡叔，盟于折。○公會宋公于夫鍾郕地。《公》作「童」。○冬，十有二月，公會宋公于闞魯地。

宋既納突而多責賂，突患之，求平于魯，魯四月内與宋會者三。

十有二年〇春，正月。〇夏，六月，壬寅，公會杞侯、莒子，盟于曲池魯地。「杞」，《公》作「紀」。「曲池」，《公》作「毆蛇」。

平杞、莒也。

秋，七月，丁亥，公會宋人、燕人，盟于穀丘宋地。

平宋、鄭也。

八月，壬辰，陳侯躍卒。〇公會宋公于虛宋地。《公》作「郯」。

冬，十有一月，公會宋公于龜宋地。

以鄭之故，踰年六會，而宋不可。

丙戌，公會鄭伯，盟于武父鄭地。

魯遂即鄭。鄭伯，突也。

丙戌，衛侯晉卒。

衛宣公納子婦而殺二子，天下之大惡也。其卒也，猶稱諸侯，一字之貶安在？

十有二月，及鄭師伐宋，丁未，戰于宋。

魯、鄭失利。

十有三年○春，二月，公會紀侯、鄭伯。己巳，及齊侯、宋公、衛侯、燕人戰，齊師、宋師、衛師、燕師敗績。

魯、鄭再伐宋，紀人助之，宋連齊、衛、燕，四國之師拒之而敗。是役也，紀切齒齊人，勠力，所以勝也，故内主紀而外主齊。鄭則定，而紀之禍深矣。

三月，葬衛宣公。

宣公之未葬也，衛朔越紼而從戎，非禮也。

夏，大水。○秋，七月。○冬，十月。

十有四年○春，正月，公會鄭伯于曹。

備宋也。

無冰。

恒燠也。

夏，五。鄭伯使其弟語來盟。「語」，《穀》作「禦」。

脩曹之會也。「夏，五」，不月，闕文也。史闕乎？非也。仲尼筆削史而獨存「夏，五」爲闕疑？迂矣。蓋傳寫之漏，世儒詫奇，可爲莞爾。

秋，八月，壬申，御廩災。

御廩，粢盛之藏也。火曰災。

乙亥，嘗。

周八月，仲夏也。夏嘗，先時也。御廪災三日耳，粢盛不潔，不可以祭。

冬，十有二月，丁巳，齊侯禄父卒。

宋人以齊人、蔡人、衛人、陳人伐鄭。

報怨之師也。齊有新喪而孤預外事，非禮也。

十有五年〇春，二月，天王使家父來求車。

車、服，天子所以庸也。求車于諸侯，非禮也。

三月，乙未，天王崩。

桓王也。

夏，四月，己巳，葬齊僖公。

五月，鄭伯突出奔蔡。

突謀殺祭仲見逐，不書逐，非名也，後多倣此。

鄭世子忽復歸于鄭。

是爲昭公。突終有鄭，故稱「伯」；忽未定，故稱「世子」。《春秋》之義，道其實而是非可知也。

許叔入于許。

初，鄭之入許也，許男奔衛。鄭伯使人監許叔，居許東鄙。鄭亂，許叔乃入。

公會齊侯于艾。「艾」，《公》作「鄗」，《穀》作「蒿」。

謀定許也。

邾人、牟人、葛人來朝。

天子喪，諸侯不奔而相朝，非禮也。

秋，九月，鄭伯突入于櫟歷。鄭邑。

鄭二君矣，突遂以有鄭，是爲厲公。

冬，十有一月，公會宋公、衛侯、陳侯于袲侈。宋地，伐鄭。「宋公」上，《公》有「齊侯」。

定突也。宋始納突，旋舍突而黨忽。魯始平宋，復黨鄭而攻宋。挾私忿而構人兄弟，紛紛不定，于今四年矣。忽、突相持，而宋、魯又助突攻忽，親怨罔極，唯利是視。《春秋》之事，君子不欲觀之也。

十有六年〇春，正月，公會宋公、蔡侯、衛侯于曹。

夏，四月，公會宋公、衛侯、陳侯、蔡侯伐鄭。

再定突也。諸侯多與突者，忽所以不免矣。

秋，七月，公至自伐鄭。

告至，書。

冬，城向。

十有一月，衛侯朔出奔齊。

初，衛朔譖殺二兄，二兄之黨怨之，至是作亂，立公子黔牟，朔奔齊。

十有七年○春，正月，丙辰，公會齊侯、紀侯，盟于黄齊地。

爲紀平齊也。宋之戰，齊人怨紀深矣，盟黄，齊詐也。

二月，丙午，公會邾儀父，盟于趡。「會」，《公》《穀》作「及」。趡，催上聲，魯地。

邾稱字，史文也。

夏，五月，丙午，及齊師戰于奚。《公》闕「夏」字。奚，魯地，《穀》作「郎」。

君子是以知黄之盟詐也。

六月，丁丑，蔡侯封人卒。○秋，八月，蔡季自陳歸于蔡。

蔡桓公弟獻舞也。桓公卒，無嗣，蔡人召而立之。

癸巳，葬蔡桓侯。

凡葬稱公，書「侯」，誤也。胡氏謂以請謚賢蔡季，季不請立而請謚乎？謂季與獻舞二人，非也。

及宋人、衛人伐邾。

魯及也，春盟而冬伐之，君子所以賤盟。

冬，十月朔，日有食之。

十有八年〇春，王正月，公會齊侯于濼禄、洛二音。公與夫人姜氏遂如齊。《公》無「與」字。

夏，四月，丙子，公薨于齊。丁酉，公之喪至自齊。

齊襄公淫女弟，遂殺魯桓公，天下之大惡也。其書法止此，一字之貶安在乎？或曰：「若是則何以明戒？」曰：「不啻戒矣，奚醜詆而可？」

秋，七月。

冬，十有二月，葬我君桓公。

儒者謂君弑賊不討，不書葬，援隱爲例也。夫隱不書葬，以桓不治葬也。桓葬則書，何例之有？例窮，則曰：「外賊難討。」夫義苟討也，弗與共天下，豈以越國遂置之？儒者誣《春秋》類此。

春秋直解卷二終

春秋直解卷三

郝敬　習

莊公

莊公名同，桓公子，在位三十二年。

元年○春，王正月。

不書即位，父死于外，不朝正即位，故無書。

三月，夫人孫遜同于齊。

諸傳謂文姜留齊，非也。「公之喪至自齊」，則夫人歸矣，歸而復有齊之行，避也。與君同出而不同入，彭生死而姜生，國人詫之，故避也。書「孫」，微辭也。説者謂削姜氏，貶也。夫與其削姜氏，無寧削夫人乎？《春秋》之義無此。

夏，單善伯送王姬。「送」，《公羊》作「逆」。

單伯，周卿士也。王姬嫁于齊，王使單伯來送，魯主也。嗟夫！一抔之土未乾，枕戈之恨方始，而乃墨衰絰，與不共天之人効執柯之役，築親迎之館，往則送之，喪則服之，是怨賊爲腹心，而淫母殺父爲生死肉骨之感矣。昔申侯以犬戎殺幽王，而平王爲之遣戍，齊諸兒以淫惡殺魯桓公，而莊公爲之主婚，此一王一侯者，其空桑之子與？

秋，築王姬之館于外。

爲齊築也。于外，避喪也。知避喪之爲禮，而不知忘父讐之非禮，猶放飯而問齒決也。

冬，十月，乙亥，陳侯林卒。

王使榮叔來錫桓公命。

桓公弑兄得國，生逋天討，艷妻誨淫，身死名辱。在位十八年不一朝王，而王使慇懃，存則問之，死則錫之，天命有德，豈濫若斯？何必削天乃見其失矣。

王姬歸于齊。

自魯歸也。

齊師遷紀郱平、**鄑**兹、**郚**吾。

三邑皆紀也。諸侯有罪，惟天子六師移之，紀罪伊何，而齊擅遷其民、兼其土？明王不作，弱肉而强食也。

二年〇春，王二月，葬陳莊公。

夏，公子慶父帥師伐於餘丘。

於餘丘，邾邑也。慶父，公庶兄也。帥師，專也，凡無君之惡成于專。然亦書「公子」，《春秋》未嘗貶大夫，而况天子、諸侯乎？

秋，七月，齊王姬卒。

《記》曰：「齊王姬卒，魯莊公爲之服大功。」釋殺父之怨而喪讐人之妻，禮與？

冬，十有二月，夫人姜氏會齊侯于禚酌。齊地。《公》作「郜」，後同。

姜氏長惡不悛，閫外之行，十八年間不絕書。而莊公爲子，無幹蠱之孝，無幾諫之言，敝笱出入，宣淫道路，何以齊其家？無忝秉禮之國哉？詩人所爲賦《猗嗟》也。

乙酉，宋公馮卒。

三年○春，王正月，溺會齊師伐衛。

溺，魯大夫。會齊伐衛，黨讐人伐兄弟也。書「會」，惡專也。伐鄭由翬，伐郲由慶父，伐衛由溺，魯政下逮，豈待定、哀之季？故《春秋》託始于隱、桓也。

夏，四月，葬宋莊公。

五月，葬桓王。

天子七月葬。卻尸七年，非禮也。

秋，紀季以酅攜**入于齊。**

酅亦紀邑，齊人蠶食，餘一丸土而猶甘心焉。紀季遂以入齊爲附庸，存先祀也。非紀侯志，故曰

「紀季以」。

冬，公次于滑鄭地。《公》《穀》作「郎」。

會鄭謀紀也。國耻未雪，二姬告難，苟義旅一振，則親怨兩酬，乃趦趄不進，信宿而返。書「次」，懦之也。

四年〇春，王二月，夫人姜氏享齊侯于祝丘魯地。

婦人享外諸侯，非禮也。

三月，紀伯姬卒。

魯女也。紀亡，伯姬以憂卒。

夏，齊侯、陳侯、鄭伯遇于垂。

鄭伯，突也。桓公十七年，鄭高渠彌弑忽而立子亹，明年齊襄公殺子亹，鄭人立子儀，子儀立十四年而突弑之。終有鄭國者，突也。

紀侯大去其國。

紀無如齊何矣，義既不臣，力又不敵，女于周而王不能芘，控于魯而魯不能援，故委而去之。嗟夫！魯安得不任其咎矣？夫齊，紀讐，尤魯讐也，紀所恃唯魯，宋之戰，爲魯戰也，紀畏齊而即魯，魯背紀而親齊。紀季何不以酅附魯而甘入于齊乎？亦知魯不足賴矣。及酅入又不免，而棄以去，去將安歸？不聞魯割一席地處之，亦不聞遣一个使存之。伯姬之葬，猶齊葬也。魯人薄而懦，齊人很而貪，《春秋》惡之。説者顧稱齊復九世之讐，且曰「百世可復也」。按史，周夷王殺齊哀侯，紀侯譖之也。譖之者之讐，百世可復，則殺之者之讐，千世復矣。千百世之讐，期于必復，則千百世之世道人心將若何？夫虚舟遊世，達人之度也；白刃報讐，任俠之私也。人世恩怨何常，而一一求復，豈有寧日？則爲之説曰：「國君可，餘人不可。」若是，恩怨視貴賤而祖父有厚薄，愈舛矣。則又曰：「齊人以卜」。夫盗疾主人，非疾之，利其財，不得不殺之，殺無名，不得不託之。苟無辭猶託，而况有辭乎？齊貪紀，託讐耳，何卜之有？善乎仁者之言曰：「敵惠敵怨，不在後嗣。」故伍員之報楚也，夫差之報越也，《春秋》皆不録，而録齊九世之怨乎？如世儒言，高任俠之名、長盗賊之風、縱禽獸之行者爲孝先，滅人宗祀者爲名誼，是《春秋》爲怨毒嚆矢矣。曰：「若是，君父之讐可忘乎？」曰：「烏乎可！臣子之情同，君父之禍異。無罪而殺吾君父，報之在旦夕；旦夕不能，期月；期月不能，三年；三年不能，没齒而已。九世之後，不已晚乎？天子殺其臣，子孫駕禍他人，不已濫乎？《春秋》非遠于人情者，苟質諸人情而可，仲尼亦必曰可矣。」

六月，乙丑，齊侯葬紀伯姬。

薄魯也。

秋，七月。○冬，公及齊人狩于禚。

搏雉兔而忘雄狐，耻也。

五年○春，王正月。

夏，夫人姜氏如齊師。

師者，衆也。君子畏十目，而况三軍之衆乎？所謂人而無耻，不如鼠之有皮者矣。

秋，郳黎來來朝。「郳」，《公》作「倪」。「黎」，《左》作「犂」。

郳，小國。黎來，其君名。

冬，公會齊人、宋人、陳人、蔡人伐衛。

納朔也。

六年〇春，王正月，王人子突救衛。

莊王惡朔而助黔牟，諸侯不從。書「王人救衛」，傷王之微也。

夏，六月，衛侯朔入于衛。

朔入遂放黔牟，殺二公子，王命蔑如矣。

秋，公至自伐衛。〇螟。

冬，齊人來歸衛俘。「俘」，《公》作「寶」。

衛賂也。齊歸，齊主也。稱「俘」，諱也。抗王命黨賊而以狥于貨，故諱。

七年〇春，夫人姜氏會齊侯于防魯地。

夏，四月，辛卯，夜，恒星不見，夜中，星隕尹如雨。《穀》作「辛卯，昔」。

記異也。恒星，常見之星也。

秋，大水，無麥苗。

夏正之五月，無麥又無禾苗，災也。

冬，夫人姜氏會齊侯于穀齊地。

八年〇春，王正月，師次于郎，以俟陳人、蔡人。甲午，治兵《公》作「祠兵」。

將伐郕也。治兵，習伍也。

夏，師及齊師圍郕，郕降于齊師。「郕」，《公》作「成」。

郕，魯同姓。輔讐人而伐兄弟，又不得受功焉，是爲讐人走狗爾。

秋，師還。

春出而秋還，師與〔一〕有無名乎？討賊乎？勤王乎？毒民搆怨耳矣。

冬，十有一月，癸未，齊無知弒其君諸兒。

諸兒之淫惡，君子識其不祥。無知者，其從弟也，先僖公愛之，諸兒絀之，無知遂弒之自立。召忽、管仲以子糾奔魯，鮑叔牙以小白奔郲。

九年〇春，齊人殺無知。

討賊之辭也。

公及齊大夫盟于蔇技。魯地。《公》《穀》作「暨」。

謀納子糾也。

夏，公伐齊，納子糾。齊小白入于齊。《公》《穀》作「納糾」。

既盟而復伐之，小白之黨不從也。書「入」，逆辭也，弑兄得國，故不與蔡季同「歸」。

〔一〕「與」，後印本同，疑作「興」。

秋，七月，丁酉，葬齊襄公。

說者謂君弑賊討而後書葬，無是也，宋萬弑閔公，賊討矣，亦不書葬。

八月，庚申，及齊師戰于乾干**時，我師敗績。○九月，齊人取子糾殺之。**

魯以師納子糾，齊人拒而敗之，因索管仲，魯與之，命殺子糾，魯殺之。卵翼不成，遂翦以謝敵，何其不承權輿也！不書魯殺，諱也。

冬，浚洙殊。

備齊也。

十年○春，王正月，公敗齊師于長勺魯地。

齊伐魯，報乾時之役也。魯人敗之，《傳》曰「凡書敗，詐」〔一〕，《春秋》書敗多矣，非必盡詐也。戰匪信之物，宋襄好信，貽笑千古，亦書敗。不罪戰而罪不信，是操刃而禁其割也，禁其操刃可也。

〔一〕按此非《左傳》原文，係郝敬概括莊十一年傳文「凡師，敵未陳曰敗某師」之杜注「通謂設譎變詐以勝敵」云云而言。

二月，公侵宋。

宋未有隙于魯，魯驕于長勺之勝爾。

三月，宋人遷宿。

宿，小國，閒于宋魯。宋人挾魯怨而遷之，非天子可以廢置人國乎？

夏，六月，齊師、宋師次于郎，公敗宋師于乘丘魯地。

齊、宋報怨之師也。

秋，九月，荆敗蔡師于莘，以蔡侯獻舞歸。「舞」，《穀》作「武」。

息侯以蔡侯無禮于其夫人息嬀，致楚師以敗蔡師。書執蔡侯，甚楚也。書「荆」，史文也。説者曰：「《春秋》夷楚，不與其爲國，故州之」。夫《禹貢》九州而朝者萬國，周一州爲二百一十國，州非小于國也。楚居荆，荆以卑之，吴亦夷，居揚，而何不揚之？袛可笑矣。夫國於天地皆王土，聖人於人皆同類，惟六服之外，大漠窮島，遠不可至，其俗不可習，其地不可任，其民不可臣，其政教不可通，不得不置之，勢耳。若夫襄、鄧、汝、漢，近在侯、綏，《商頌》曰「維女荆楚，居國南鄉」，言至近也。揚越之地、會稽之山、具笠之澤，皆職方内，九貢入焉，正朔加焉，巡狩至焉，朝會同焉，帝王盛時以封賢哲爲藩輔。仲尼一切割爲夷狄，僅僅守一規之中原，曰「此王民、王土耳」，不亦觸蠻之天下也與哉？而禹、湯、文、武，不亦棘端之王也與哉？其説始于漢司馬遷，謂楚故蠻夷，吴自壽夢始通中國。夫壽夢時，春秋之末造矣，九州闢自唐、虞，歷夏、商、周，千有餘歲，豈春秋定、哀前，荆、揚尚爲異域乎？齊桓伐楚，問王祭不共，未嘗詆其爲夷，管仲遣蒙孫通好，宋襄求霸，乞盟于楚。世儒何據，創爲此例？古稱荆蠻，猶魯淮夷，齊萊戎，周之陸渾，晉之赤、白狄，不以累周、晉、齊、魯，奈何以群蠻故，并累吴、楚也？世儒欲諛霸無名，而取諸攘夷，攘夷無名，而取諸服楚，僞起凡例，非《春秋》本義。《春秋》惡吴、楚爲王，非惡其爲夷狄也。

冬，十月，齊師滅譚，譚子奔莒。

初，小白出亡，過譚，譚子不禮焉，反國，又不賀，齊人遂滅譚。夫諸侯失禮于天子，一則貶，再則削，非天子而失禮，罪不抵滅。《春秋》書滅國，自齊桓始，君子所以惡于霸也。

十有一年〇春，王正月。

夏，五月，戊寅，公敗宋師于鄑兹。魯地。

宋脩乘丘之怨也。

秋，宋大水。

外災，弔則書。

冬，王姬歸于齊。

過魯也。齊、魯方搆，故魯不主婚。

十有二年〇春，王三月，紀叔姬歸于酅。

初，紀季以酅入齊，存宗祀也。紀侯大去九年而叔姬復歸，君死不忘先祀，從一之義也。録叔姬，所以甚齊。

夏，四月。

秋，八月，甲午，宋萬弑其君捷及其大夫仇牧。「捷」，《公》作「接」。

乘丘之役，魯俘宋大夫長萬，釋歸。宋公與之博，而婦人在側，萬視婦人而誇魯君美，公斥之，遂弑公，仇牧救之，并殺牧。

冬，十月，宋萬出奔陳。

宋人立公子御説，是爲桓公，賂陳請萬，醢之。凡弑君之賊殺，無不書者，殺人醢，非祥刑，故不書。説者謂君弑賊討而後書葬，宋萬討矣，閔公亦不葬，何也？閔公弑于蒙澤，五族内亂，明年春，齊人徵會于外，不成葬，魯不會，故無書也。暴君父之柩而以討賊，賊不得，將終不葬乎？或曰：「不書，非真不葬。」然則《春秋》之義可言不可行，愈非也。

十有三年○春，齊侯、宋人、陳人、蔡人、邾人會于北杏。「齊侯」，《穀》作「齊人」。北杏，齊地。

齊桓公謀霸，因宋亂召諸侯會于北杏，以是嘗諸侯也。

夏，六月，齊人滅遂。

北杏之會，遂人不至，齊滅之。三年之内，滅國者二，霸之興，小國之害也。

秋，七月。○冬，公會齊侯，盟于柯齊邑。

始及齊平。

十有四年○春，齊人、陳人、曹人伐宋。

宋背北杏之盟也。

夏，單伯會伐宋。

齊以宋亂請于王，王使單伯會師，此王臣受盟之始。重耳襲之，召天子，徵兵畿內，桓作俑也。

秋，七月，荆入蔡。

蔡侯譽息嬀以蠱楚子，楚子滅息取嬀而嬖，更爲伐蔡。《詩》云「豈不爾受，既其女遷」，蔡哀侯之謂乎？

冬，單伯會齊侯、宋公、衛侯、鄭伯于鄄絹。衛地。

宋服也。

十有五年○春，齊侯、宋公、陳侯、衛侯、鄭伯會于鄄。

諸侯從齊也。

夏，夫人姜氏如齊。

諸兒死矣，小白脩内政，而姜猶未改步，則其帷薄亦可知矣，所以卒亦有中冓之禍與？

秋，宋人、齊人、邾人伐郳倪。《公》作「兒」。

郳，宋附庸也。齊爲宋伐，故主宋。

鄭人侵宋。

乘宋之有事于郳也。

冬，十月。

十有六年○春，王正月。○夏，宋人、齊人、衛人伐鄭。

爲宋伐也。

秋，荆伐鄭。

鄭厲公自櫟入鄭，殺子儀，告楚緩，楚人伐之。

冬，十有二月，會齊侯、宋公、陳侯、衛侯、鄭伯、許男、滑伯、滕子，同盟于幽宋地。《公》作「公會」。「許男」下，《公》《穀》有「曹伯」。

齊桓公始霸也。會不列公，内稱不備也。説者謂公不赴，諱之。既書會，何爲不赴？不赴而諱，是貴盟也，《春秋》之義賤盟。是年王使虢公命晉曲沃伯以一軍爲晉侯，此晉之始，不書，《春秋》于晉，亦可知也。

郳子克卒。

凡諸侯卒皆書爵。《穀梁》謂稱子爲進之，迂也。

十有七年〇春，齊人執鄭詹《公》作「瞻」，下同。

鄭大夫也。鄭侵宋，又不朝齊，齊人執之，此霸主執人之始。書，惡之。世儒謂伯討，謬也。

夏，齊人殲于遂。殲音尖，《公》作「瀸」。

齊滅遂，使人戍之，遂人醉戍者酒，盡殺之。

秋，鄭詹自齊逃來。

來魯也。君子遠耻以禮，蒙難以貞，書「逃」，賤之。

冬，多麋。

記異也。

十有八年〇春，王三月，日有食之。

不日、不朔，史闕也。

夏，公追戎于濟上聲西。

戎侵魯也。

秋，有蜮域、或二音。

短狐射人者也。書異。

冬，十月。

十有九年○春，王正月。○夏，四月。

秋，公子結媵印陳人之婦于鄄絹，遂及齊侯、宋公盟。

結以媵人之婦行，涖盟，非誠也，是以有三國之師。諸傳拘一字之例，爲遂事，謬也。

夫人姜氏如莒。

書蕩也。

冬，齊人、宋人、陳人伐我西鄙。

討子結之慢也。稱「鄙」，遠之之辭，不使敵師踐我郊牧及我門關。然則不及乎？曰：「及矣。」聖人終諱之，皆所謂脩辭之誠，游、夏不能贊者也。後多倣此。

二十年○春，王二月，夫人姜氏如莒。

夏，齊大災。

火也。

秋，七月。○冬，齊人伐戎。

說者謂齊桓公攘夷，殆此類與？

二十有一年○春，王正月。○夏，五月，辛酉，鄭伯突卒。

秋，七月，戊戌，夫人姜氏薨。

《春秋》未嘗以字貶人，明矣。文姜之惡，其薨也，猶夫人。《穀梁》謂爲「婦人弗目也」，則奈何他事而又目之？胡氏謂「已爲君母，難于貶也」，則奈何他事而又貶之？是故《春秋》無例。

冬，十有二月，葬鄭厲公。

二十有二年○春，王正月，肆大眚損。《公》作「省」。

聞赦小過者矣，不聞肆大眚。莊公以母喪推恩，未可爲典刑。

癸丑，葬我小君文姜。

陳人殺其公子御寇。「御」，《公》《穀》作「禦」。

陳宣公殺子，書「陳人」，不父也，《傳》不詳所以。

夏，五月。

凡紀時以首月，「夏，五月」，闕文也。

秋，七月，丙申，及齊高傒盟于防。

魯及也。盟高傒，乞婚也，乞婚而以盟，徼大國之寵而忘其讐也。

冬，公如齊納幣。

禮，親迎不親納幣。莊公生于桓六年，今三十有六歲矣，婚，豈其繼室與？始婚不書，而繼室書，爲其偶讐人之子也。

二十有三年○**春，公至自齊。**

祭債**叔來聘。**

周卿士聘魯也。

夏，公如齊觀社。

慢遊也。

公至自齊。○荆人來聘。

楚聘魯也。行人不名，史逸也。凡大國人來，書「聘」，如王人、齊、楚之類。小國來，書「朝」，如杞、滕、薛、穀、鄧、郳、牟、葛人之類。苟《春秋》卑楚，宜比滕、薛，不然，宜無書，今入春秋五十年，書大國之聘，惟楚與齊。説者謂楚不得與齊、魯齒，何居？又謂「書人，所以進之」，苟不進之，宜何書？

公及齊侯遇于穀，蕭叔朝公。

穀，齊地。蕭，魯附庸。叔，其君名。朝公于穀也。

秋，丹桓宮楹。

脩禰廟，將逆齊女也。君子曰：「先公之讐，齊女之父也，丹楹可以慰厥考乎？禮有大于丹楹者。」

冬，十有一月，曹伯射亦姑卒。

十有二月，甲寅，公會齊侯，盟于扈鄭地。

以婚齊之故，再盟、一遇、如齊者三。

二十有四年〇春，王三月，刻桓宮桷。

將見齊女也。君子曰：「先公之讐，齊女之父也，刻桷可以謝厥考乎？事有厲于不刻桷者。」

葬曹莊公。

夏，公如齊逆女。

親迎也。

秋，公至自齊。〇八月，丁丑，夫人姜氏入。

凡婚姻，無故不書。哀姜之歸，自盟而納幣，而遇，而再盟，而親迎，而至，而入，何詳也？忘父讐，耦淫女以賈禍。書「入」，難之也。

戊寅，大夫、宗婦覿，用幣。

宗婦，大夫妻也。夫人歸而大夫與其妻覿，禮也。贄用幣，非禮也，婦贄不過棗、栗、腶脩。

大水。○冬，戎侵曹，曹羈出奔陳，赤歸于曹。

羈、赤，皆曹莊公子。戎逐羈而納赤，是爲僖公。

郭公。《公羊》連上文作「赤歸于曹郭公」。

闕文也，詳「夏，五」。

二十有五年○春，陳侯使女汝叔來聘。

書字，史文也。諸傳謂爲嘉之，大夫書字多矣，豈必盡嘉？

夏，五月，癸丑，衛侯朔卒。

衛朔殺二兄，抗王命，以篡逆得國，其卒也，亦諸侯，《春秋》未嘗褒貶人也。

六月，辛未朔，日有食之，鼓，用牲于社。

陰侵陽，告于社。社，陰主也。伐鼓用牲，是謂巫風。

伯姬歸于杞。

其詳不可考，其莊公之愛子與？當時必有踰禮者，故書。

秋，大水，鼓，用牲于社、于門。

土妻水，秋祀門，皆委巷之禮也。

冬，公子友如陳。

報女叔之聘也。

二十有六年○春，公伐戎。《公》無「春」字。

報濟西之役也。

夏，公至自伐戎。○曹殺其大夫。

不名，史逸也。古者諸侯之大夫皆命于天子，有罪以請，不敢專也；刑不上大夫，近君也；殺大夫必書，慎刑也。有罪無罪，質其事而可知。名不名，非例也。

秋，公會宋人、齊人伐徐。

徐，近魯之國。宋、齊爲魯伐也。

冬，十有二月，癸亥朔，日有食之。

二十有七年○春，公會杞伯姬于洮搖。魯地。

會洮，爲愛女也。諸侯非民事不舉。

夏，六月，公會齊侯、宋公、陳侯、鄭伯，同盟于幽。

陳、鄭從齊也。説者以書「同」爲同尊周，于是而後授之諸侯焉。夫桓何能尊周？同盟與同尊周遠也。且桓不能得諸侯，而待仲尼授之乎？譸張之言也。

秋，公子友如陳，葬原仲。

原仲，季友之友也。朋友死而越國送，私交也，大夫非君命不越境。

冬，杞伯姬來。

婦無外政，出則書。

莒慶來逆叔姬。

莒慶自逆？其爲君逆？不可考矣。

杞伯來朝。

伯姬在魯也。

公會齊侯于城濮衛地。

將伐衛也。是年惠王命齊桓公爲侯伯，不書，《春秋》于齊桓之爲伯可知也。

二十有八年○春，王三月，甲寅，齊人伐衛，衛人及齊人戰，衛人敗績。

齊桓新爲侯伯，王命討子頹之黨，衛人不量敵而與戰，所以敗也。然不書王命，何也？假王命，受賂還，非誠王命也。書「人」，君、大夫、國人，皆人也。説者謂將卑師少，苟將尊師多，非人乎？或曰：「貶也。」王命，何貶之有？

夏，四月，丁未，邾子瑣卒。

秋，荆伐鄭，公會齊人、宋人救鄭。「宋人」下，《公》有「邾婁人」。

説者謂書「救」，爲善之。《春秋》諸侯之相救，猶揚堁而弭塵也，奚善之有？

冬，築郿。「郿」，《公》《穀》作「微」。

病民也。是歲饑。

大無麥禾。○臧孫辰告糴于齊。

無麥又無禾，饑甚也。于冬書，無以卒歲也。

二十有九年○春，新延廄救**。**

加塗曰新。禮，年饑馬不秣。新廄，失務也。

夏，鄭人侵許。○秋，有蜚沸**。**

蝗也。

冬，十有二月，紀叔姬卒。

録無告也，以薄魯。

城諸及防。

饑歲相仍，役不時也。

三十年〇春，王正月。〇夏，師次于成。《左》無「師」字。

齊人伐鄣，魯自備也。

秋，七月，齊人降巷平聲鄣。

鄣，近齊小國。力服曰降。

八月，癸亥，葬紀叔姬。〇九月，庚午朔，日有食之，鼓，用牲于社。〇冬，公及齊侯遇于魯濟沸。

濟水經齊爲齊，經魯爲魯。遇，謀山戎也。山戎病燕。

齊人伐山戎。

齊桓公九合諸侯，不以兵車。戎狄殘王室、滅友邦，蓄縮自保。伐山戎，卷甲千里，懸車束馬無遺力。舍腹心而護手足，霸者所以求名也。

三十有一年○春，築臺于郎。

營不急也。

夏，四月，薛伯卒。○築臺于薛魯地。

周四月，夏二月也，築臺，非時也。

六月，齊侯來獻戎捷。

凡諸侯有四夷功，獻于王，侯國不相遺俘也。濟之遇，齊謀戎于魯，及捷，來遺之俘。書「獻」，史尊内也。

秋，築臺于秦魯地。

作無益，害三時。書，屢也。

冬，不雨。

恒暘也。

三十有二年〇春，城小穀。

魯城也。春城，不時也。不書魯，内稱不備也。《左傳》謂「爲管仲」，夫管仲食于穀，齊地也，而小穀，魯地也，惟魯地不國。

夏，宋公、齊侯遇于梁丘。

梁丘地介曹、郲閒，去齊八百里。宋、齊方睦，桓與宋謀楚而遠爲遇，當時必有資于宋者，故書先宋，然其詳不可考矣。桓之謀諸侯也，自宋始；諸侯之從齊也，宋爲先。故齊、宋親睦，無會不與，蓋齊霸，宋與力焉。

秋，七月，癸巳，公子牙卒。

季友、叔牙、慶父，皆桓公子、莊公弟也。莊公病，哀姜無子，公召季友而屬子般。叔牙謀立慶父，季友酖叔牙，殺之，書「卒」，諱也。

八月，癸亥，公薨于路寢。

君薨必於路寢，禮也。時方内亂，書公薨得正，以明微也。

冬，十月，己未，子般班卒，公子慶父如齊。「己未」，《公》《穀》作「乙未」。

季友立子般，慶父使圉人犖弑之，季友奔陳，慶父立莊公幼子啓方，爲閔公，求好于齊。子般不書弑，季友不書奔，何也？子般賤而未樹也。莊公淫于黨氏女，生般，哀姜之娣生啓方，成風生申。舍申、啓方，屬子般，公之溺愛也。季友芘般殺兄，亦未仁也。如曰公命，何不與諸大夫、國人共立于朝，而即位黨氏以誨禍？是子般未成爲君，季友于先公之託未效也。然慶父以弑般出奔，書「如齊」，何也？從容之辭，見魯不討而齊爲主藏也。聖人于内惡，蓋亦不忍直之。

狄伐邢。

凡戎狄薦居中土，皆有國邑。不書國，書「狄」，以别于諸夏，此《春秋》待夷狄之明法也。

春秋直解卷三終

春秋直解卷四

郝敬　習

閔公

閔公名啓方，莊公庶子，在位二年。

元年〇春，王正月。

不書即位，何也？公時方九歲，强臣牽率以爲君，國亂無朝正即位禮，史無書也。

齊人救邢。

邢有狄難也。此所謂「彼善之師」，亦書「人」，「人」豈貶乎？

夏，六月，辛酉，葬我君莊公。

秋，八月，公及齊侯盟于落姑，季子來歸。「落」，《公》《穀》作「洛」，齊地。

是時慶父在齊，季友在陳，落姑之盟爲立閔公，和慶、季也。季友書歸，慶父不書，何也？外之也。然則予季友乎？非也。季友以託孤不效出奔，其歸也，不能戢武闈之難，又不能討慶父之惡，何爲予之？國亂無主，大臣離散，略志其還，所以魯有季氏也。

冬，齊仲孫來。

齊大夫仲孫湫也。不書使、不名，隱也。國亂無主，齊來覘我，故隱。何以知之？歸而桓公問曰：「魯可取乎？」曰：「不可。」言及慶父，曰：「若何去之？」「君其待之。」則敵情隱可知也。

二年〇春，王正月，齊人遷陽。

陽，小國，齊人偪而遷之。霸之興，小國之害也。

夏，五月，乙酉，吉禘于莊公。

禮，三年喪畢，納主于廟，而後吉祭。莊公喪未兩期，用吉祭，非禮也。禘，帝祭也，三王之始祖皆帝子，春而祫祭始祖所出之帝曰禘。禮，不王不禘，魯禘僭也。然則自閔公始乎？曰：「禘非自閔公始，喪用吉禘自閔公始，因吉以表禘，因事以表義也。」

秋，八月，辛丑，公薨。

慶父通于哀姜，哀姜欲立之，使賊弒公于武闈。書「薨」，諱也。不地，微也。

九月，夫人姜氏孫遜于邾，公子慶父出奔莒。

姜氏書「孫」，諱逃也。慶父書「奔」，諱弒也。淫如姜氏猶稱「夫人」，逆如慶父猶稱「公子」，《春秋》未嘗以字貶也。

冬，齊高子來盟。

公子申，莊公庶子、閔公庶兄，母成風，善事季友，季友立之，是爲僖公。高子來盟，定僖公也。是時，魯無君三年矣，當慶父奔齊，齊桓苟仗義討之，則武闈之難不作，而哀姜之醜不暴于外。乃姑落一盟，從臾賊子，及中冓禍起，舉國奔竄，使高傒來立子申，數哀姜，殺之境外，齊威名立而魯摧踣甚矣。儒者猶謂仲尼喜高傒來，不名書字之例誤之也。

十有二月，狄入衛。

衛自宣公以來，帷薄之醜極已，有夷狄之禍，宜哉！是時齊桓公稱霸，遠伐山戎救燕，而近不能卻狄以全衛，説者猶言安攘，何與？

鄭棄其師。

鄭文公惡高克，使帥師禦狄于河上，久而不召，師潰，克奔陳。君子曰：「行法制命之謂君，有罪不討，而以三軍之衆羈勒一夫，是投鼠以千金之璧也，豈不愚哉？」書曰「鄭棄其師」，顯非之也，故《春秋》無隱。

春秋直解卷四終

春秋直解卷五

郝敬　習

僖公上

僖公名申，莊公庶子，閔公庶兄，在位三十三年。

元年〇春，王正月。

不書即位，國亂損禮也。

齊師、宋師、曹師次于聶北，救邢。《左》作「曹伯」。

齊桓公以三國之師，逗遛不進，狄遂滅邢，君子是以知霸者急人之難之不誠也。仲尼謂「九合諸侯，不以兵車」，夫不以兵車合諸侯可也，不以兵車而亡諸侯，孰如以兵車存之之爲愈也？愛兵車而不愛諸侯，是亡兵車重于亡諸侯也。故曰「管仲之力」，猶曰「管仲之謀」云爾，讀《管子書》而後知聖言之精也。管子者，貪亂爲功、以取爲予者也。

夏六月，邢遷于夷儀。齊師、宋師、曹師城邢。「夷儀」，《公》作「陳儀」。

不書齊遷，不歸齊功也。霸者巧于市恩而精于計獲。苟魯不內亂，無立孤之績；邢、衛、杞不亡，無興滅之恩。救邢而戰，則受敵；不戰而遷，則受功。救之未亡，其德小；而賑之既亡，其施大。避敵而徼功，舍小而取大，仲尼所以不齒桓之存三亡也。

秋，七月，戊辰，夫人姜氏薨于夷齊地，**齊人以歸。**

齊桓公取哀姜于邾，殺之于夷，以尸歸魯，稱「薨」，諱也。

楚人伐鄭。

鄭從齊也。荆書「楚」，史文也。胡氏正名之説，詘楚也，詘楚以伸齊、晉。《春秋》未嘗與齊、晉，未嘗詘楚，三國皆不寧侯也，楚稱王而齊、晉不稱王，楚僭名而齊、晉僭實也。《春秋》于楚生稱子而没其王，死不書葬而没其謚，如此而已矣。

八月，公會齊侯、宋公、鄭伯、曹伯、邾人于檉稱。宋地。《公》作「朾」。

謀楚也。

九月，公敗邾師于偃邾地。《公》作「纓」。

脩哀姜之怨也。

冬，十月，壬午，公子友帥師敗莒師于酈歷。魯地，**獲莒拏**女平聲。「酈」，《公》作「犂」，《穀》作「麗」。

魯請慶父于莒，殺之，莒人來責賂，季友敗之，而獲莒子之弟拏。公賜季友汶陽田及費，季氏之盛自此始。

十有二月，丁巳，夫人氏之喪至自齊。

哀姜之柩也。説者謂不書姜爲貶，夫不書「姜」而書「夫人」，非貶也。姜之不淑，何待于貶乎？君母而死于人手，暴尸境外，臣子恫乎有餘悲，奈何更持深文，似申、商也？

二年〇春，王正月，城楚丘。

魯與諸侯爲衛城也。衛滅于狄，營楚丘以遷，此齊人功而不書齊，何也？康叔故宇已淪爲腥土矣，何功之有？不存之未亡，而遷之既滅，霸者自以爲功，《春秋》之義，貴大公也。

夏，五月，辛巳，葬我小君哀姜。

哀姜之不能小君甚矣，未有以貶之。

虞師、晉師滅下陽虢邑。「下」，《公》《穀》作「夏」。

晉伐虢，以璧、馬假道于虞，虞導晉師入虢，滅下陽。書先虞，戎首也。説者于齊桓之霸也，謂爲安中國，而中國日呑併也；謂爲攘夷狄，而夷狄日侵陵也；謂爲九合諸侯，而晉、楚日横行也；謂爲一匡天下，而小國日顛危也；謂爲尊周室，而王室日卑微也。讀《春秋》而霸者之事若燭照矣。

秋，九月，齊侯、宋公、江人、黄人盟于貫宋地。《公》作「貫澤」。

江、黄，楚與國也。盟江、黄，謀楚也。説者謂人爲大夫，豈江、黄大夫而與齊、宋之君齒乎？可知書「人」之非微矣。

冬，十月，不雨。

秋旱也。

楚人侵鄭。

鄭從齊也。

三年○春，王正月，不雨。○夏，四月，不雨。

自冬至夏，恒暘也。

徐人取舒。○六月，雨。

前此不雨者凡九月。

秋，齊侯、宋公、江人、黄人會于陽穀齊地。

再謀楚也。

冬，公子友如齊涖盟。《穀》作「公子季友」。「涖」，《公》《穀》作「莅」，後同。

公不與陽穀之會，使上卿往受盟。書「涖」，史尊内也。

楚人伐鄭。

四年〇春，王正月，公會齊侯、宋公、陳侯、衛侯、鄭伯、許男、曹伯侵蔡，蔡潰，遂伐楚，次于陘刑。楚地。

齊以諸侯伐楚。蔡，楚與國。侵蔡，致楚也。次于陘，待平也。

夏，許男新臣卒。

《穀梁》謂「許男死于師，不地，内桓師」，非也。蔡近許，許男以病歸，卒。何以知之？宣公九年書「晉侯卒于扈」，成公十三年「曹伯盧卒于師」，襄公十八年「曹伯負芻卒于師」，二十六年「許男甯卒于楚」，昭公二十三年「蔡侯東國卒于楚」，定公四年「杞伯成卒于會」，凡諸侯客死，未有不地者，故許男卒於其國也。

楚屈完來盟于師，盟于召陵。

諸侯之師次于陘，楚使屈完來，師遂退，次于召陵，盟。説者曰「桓公服楚矣，《春秋》與之」，非也。當是時，桓公稱霸二十餘年，諸侯力能抗齊不受盟者，惟秦與楚。秦遠而楚近，楚屈則東諸侯震而齊益張，故桓公拳拳以楚爲事，而心畏楚之强也，不得楚盟，而心畏諸侯輕齊也。故先舉蔡嘗楚以示諸侯，而次于陘。夫次陘，無必進之志矣，何以知其然也？齊果能討楚，于楚使來，當首問其稱王，問其伐鄭，問其虜蔡侯之罪，有辭止，無辭進，服則止，不服則進，此堂堂問罪之師矣。釋此不言，枝梧遠引「包茅不貢」「昭王不復」，是明借以易托之辭，苟求完局，恐逢彼之怒至戰而自損也。守口如瓶，畏敵如虎，奚貴爲討哉？陳師以出，未踐郢國之郊，未覿楚子之面，僅僅屈完一來，遂振旅歸，歸未踰年而楚滅弦矣，踰年，又圍許矣。自召陵一見楚大夫後，同盟有事，未聞楚一介一族從，其桀驁如故也，齊何嘗能服楚而仲尼與之？然則楚不當伐與？曰：「《春秋》諸侯無日不相伐也〔一〕，數諸侯之罪，可伐不但楚，論討罪之權，征伐不在齊。」謂王室不尊乎？無如子頹、叔帶之難，惠、襄之播遷矣，然而非楚也。謂中國不安乎？無如狄滅邢、衛，戎入曹，魯内亂，晉亡虢，鄭伐許，齊滅遂、滅譚、遷陽、降鄣、伐宋與魯、陳之甚矣，非獨楚耳。謂夷猾夏乎？楚本非夷也，管仲讓楚不謂猾夏，而後儒以爲猾夏，謬也。《春秋》以夷猾夏者，莫如狄與戎，齊不能攘而欲攘楚，左也。故孟子曰：「春秋無義戰。仲尼之徒，無道桓、文之事者。」召陵、城濮，皆所謂摟諸侯以伐諸侯，三王之罪人也，仲尼奚取焉？

齊人執陳轅濤塗。「轅」，《公》《穀》作「袁」。

陳轅濤塗語鄭申侯曰：「諸侯之師還，過陳、鄭，陳、鄭病，可給使東循海。」申侯以告齊，齊人執轅濤塗。夫師行而人病之，師可知也。不罪己而責人，否臧凶也。書「執」，以力服也。孟子曰：

〔一〕「也」，原作墨釘，據後印本改。

「以力服人，未有能服人者。」〔一〕《春秋》惡之。

秋，及江人、黄人伐陳。

齊命也，討其誤師。

八月，公至自伐楚。○葬許穆公。「穆」，《公》作「繆」。

冬，十有二月，公孫兹帥師會齊人、宋人、衛人、鄭人、許人、曹人侵陳。「兹」，《公》作「慈」。

再伐也，陳服，乃歸轅濤塗。

五年○春，晉侯殺其世子申生。

晉獻公嬖驪姬，生奚齊，其娣生卓子。世子申生賢，驪姬譖之，遂自縊也。自縊而書「晉侯殺」，猶晉侯殺之也。陳宣公殺太子御寇，書「陳人」，猶陳人也。故《春秋》無例。

〔一〕按《孟子》原文作「以力服人者，非心服也，力不贍也」。

杞伯姬來，朝其子。

歸寧也，因以其子朝。

夏，公孫兹如牟。

其事不可考，《傳》謂「娶焉」。未聞大夫娶而書者，其必有故。

公及齊侯、宋公、陳侯、衛侯、鄭伯、許男、曹伯會王世子于首止衛地。《公》《穀》作「首戴」，後同。

諸侯有事王室，不朝京師，而枉世子于侯國，非禮也。《傳》曰：「惠王欲易世子，立叔帶，桓公合諸侯定之。」〔一〕然則世子無王命，爲私會也。背父植黨，託外援脅内，無父也。桓公不能以忠義匡王，而誘世子，樹私惠，無君也。要君脅父，大亂之道也。及世子立，叔帶以戎伐周，王室再亂，齊爲逋逃主。而説者謂首止定儲，豈其然乎？豈其然乎？

秋，八月，諸侯盟于首止。○鄭伯逃歸，不盟。

〔一〕按此非《左傳》等原文，係約經傳記載而言。

惠王惡諸侯之盟也，召鄭伯從于楚，鄭伯逃歸。君子以是知周未嘗患楚也，而齊、晉彊爲周患之。齊、晉未嘗爲周擯楚也，而世儒彊爲周擯之。

楚人滅弦，弦子奔黄。

弦因江、黄附于齊，楚滅之。

九月，戊申朔，日有食之。

冬，晉人執虞公。

晉再假道于虞伐虢，滅之，還，館于虞，遂滅虞。不書滅虞，虞自滅也。書「執虞公」，惡晉也。

六年〇春，王正月。

夏，公會齊侯、宋公、陳侯、衛侯、曹伯伐鄭，圍新城。

鄭伯逃盟也。

秋，楚人圍許，諸侯遂救許。

楚圍許救鄭也。

冬，公至自伐鄭。

七年〇春，齊人伐鄭。

新城之役，未得志也。

夏，小邾子來朝。《公》作「小邾婁子」，後同。

郳犂來也。書「子」，爵也。説者謂齊桓公始請王爵之，無稽。

鄭殺其大夫申侯。

齊討逃盟，鄭伯殺申侯以説。夫逃盟，非申侯罪而申侯不爲無罪。初，陳轅濤塗之紿齊師也，與申侯謀，申侯遂以告齊，是申侯爲鄭，不如轅濤塗爲陳也。人孰無君而賣友誤國，罪一。齊執濤塗，賞申侯虎牢，夫虎牢，鄭之錫土也，齊焉能奪君之有與臣？申侯亦不請於君受之，罪二。既受之，遂美其城自炫，知有霸主，蔑視其君，罪三。《書》曰：「一人三失，怨豈在明？」宜其及矣。

秋，七月，公會齊侯、宋公、陳世子款、鄭世子華，盟于甯母魯地。《穀》作「寧母」。

謀鄭也。是役也，鄭世子華以鄭叛于齊，管仲辭焉。明年，鄭伯遂受盟。子華由是得罪。

曹伯班卒。「班」，《公》作「般」。**○公子友如齊。○冬，葬曹昭公。**

八年○春，王正月，公會王人、齊侯、宋公、衛侯、許男、曹伯、陳世子款，盟于洮叨。曹地。**鄭伯乞盟。**「陳世子款」下，《公》有「鄭世子華」。

惠王崩，世子患叔帶，告于齊，爲洮之會。鄭伯悔逃，乞盟。

夏，狄伐晉。

狄人滅邢、滅衛、伐晉、滅温，儻所謂猾夏者，非與？齊人皆不能討。而世儒特以伐楚爲攘夷，何居？

秋，七月，禘于大廟，用致夫人。

僖公夫人聲姜也。不書氏，公夫人，不別也，遠則氏以別之。歸魯不書，何也？無故不書。文、哀、出三姜，故詳也。魯禘非禮，五月禘非時，致夫人用禘，是以夫人禘也。諸傳謂祔哀姜，哀姜無祔禮，五年而後祔乎？非也。

冬，十有二月，丁未，天王崩。

按《傳》，惠王崩于去年之冬，世子以叔帶故，秘不發喪，至是始來告。書後期，史文也，經因之，皆所謂無毁譽也。

九年〇春，王正月〔一〕，丁丑，宋公御説悦卒。《公》《穀》「正月」作「三月」，「御」作「禦」。

夏，公會宰周公、齊侯、宋子、衛侯、鄭伯、許男、曹伯于葵丘周地。

定襄王也。宋稱子，襄公在喪也。

秋，七月，乙酉，伯姬卒。

伯姬未歸書卒，其故不可考。

九月，戊辰，諸侯盟于葵丘。

會而後盟也。説者謂此舉爲齊桓公盛事，《春秋》無以予之。

〔一〕按《左傳》所附經文亦作「王三月」。

甲子，晉侯佹詭**諸卒。**「甲子」，《公》作「甲戌」。「佹」，《公》《穀》作「詭」。

冬，晉里克殺其君之子奚齊。「殺」，《公》作「弑」。

晉獻公殺申生，爲奚齊也，身死而奚齊不免焉。慈父之爲愛子計者，宜何如哉？

十年〇春，王正月，公如齊。

朝也。不書至，不告至也。

狄滅温，温子奔衛。

温子，周大夫蘇公。叛王即狄，又不能于狄，狄人滅之。

晉里克弑其君卓及其大夫荀息。「卓」，《公》作「卓子」。

初，申生之死也，獻公以奚齊、卓子屬荀息。君命雖頗，國可無主乎？里克既殺之，立卓子，又殺之。吁，甚矣！

夏，齊侯、許男伐北戎。

北戎之役，不憚再舉。狄蠶食中土而置不問，是舍根本、灌枝葉也。

晉殺其大夫里克。

初，驪姬之亂，公子重耳奔蒲，夷吾奔梁。是歲，王人與齊、秦共立夷吾爲惠公。惠公入，殺里克，討其殺二君與一大夫。仲尼無以非之，胡氏曲爲之辭，書爵之例誤之也。

秋，七月。○冬，大雨雪。「雪」，《公》作「雹」。

十有一年○春，鄭殺其大夫丕丕鄭父。

里克之黨也。

夏，公及夫人姜氏會齊侯于陽穀。

婦人送迎不出門，見兄弟不踰閾。會于陽穀，非禮也。

秋，八月，大雩。

旱禱也。

冬，楚人伐黄。

黄貳于齊也。

十有二年○春，王三月，庚午，日有食之。○夏，楚人滅黄。

黄以齊見滅，而齊人不能救。君子是以知霸力之難恃也。

秋，七月。○冬，十有二月，丁丑，陳侯杵臼卒。「杵」，《公》作「處」。

十有三年○春，狄侵衛。

狄之禍衛，甚矣。世儒猶謂《春秋》有攘夷者。

夏，四月，葬陳宣公。

公會齊侯、宋公、陳侯、衛侯、鄭伯、許男、曹伯于鹹衛地。

子帶召戎伐王，諸侯謀戍周。是時，子帶在齊，桓公主藏，而外與諸侯謀戍。霸者之事如鬼蜮，有虚名而無實意也。

秋，九月，大雩。

夏正七月也。或曰「譏後時」，非也。雩後時，旱既甚矣。

冬，公子友如齊。

十有四年〇春，諸侯城緣陵杞邑。

《左傳》謂「諸侯不書其人，有闕也」，經有闕而《傳》不知，何以輔經？或曰：「舊史闕也。」舊史闕，書「諸侯」，凡書「諸侯」者，皆史闕矣。城緣陵，何也？遷杞也。杞逼于淮夷，齊率諸侯遷之。不書齊，何也？齊既稱伯矣，狄滅邢、滅衛、滅杞三國而齊不能保一。勞諸侯之衆，紛紛改作，齊任功而諸侯憊，是以書「諸侯」也。

夏，六月，季姬及鄫子遇于防，使鄫子來朝。「鄫」，《穀》作「繒」，後同。

《左傳》謂：「鄫季姬歸寧，公怒，止之，以鄫子不朝也。夏，季姬期鄫子于防以朝。」若是，則季姬已爲鄫夫人，何以不書鄫季姬？季姬既室鄫矣，明年九月，又書「季姬歸于鄫」，何也？《公》《穀》謂季姬奔鄫子，成約，使鄫子求娶，如後世公主自擇夫之類。書「來朝」，諱之也。

秋，八月，辛卯，沙鹿崩。

沙鹿，晉地山。崩書，異也。重耳將入，晉、楚争而天下紛紛，儻其兆與？

狄侵鄭。

冬，蔡侯肸欣入聲卒。

十有五年○春，王正月，公如齊。○楚人伐徐。

徐即齊也。

三月，公會齊侯、宋公、陳侯、衛侯、鄭伯、許男、曹伯，盟于牡丘，遂次于匡衛地。

公孫敖帥師及諸侯之大夫救徐。「帥」，《公》作「率」，後同。

自霸者有盟會而中原無寧歲矣，仲尼所憂，不在徐也。晏嬰有言「飢者弗食，勞者弗息，方命虐民」，盟會之謂也。儒者顧亟稱之，曰：「某，衣裳之會；某，兵車之會。」嗟夫！《春秋》第書會耳，何擇其爲兵車、爲衣裳也？巧言夸毗，歆艷霸功，而竊附于仲尼之徒，所可爲《公》《穀》恨者，識不足也。

夏，五月，日有食之。○秋，七月，齊師、曹師伐厲。

救徐也。厲，楚與國也。

八月，螽。○九月，公至自會。○季姬歸于鄫。

乙卯晦，震夷伯之廟。

晦，月之盡也。夷伯，魯大夫展氏。霆擊其廟，異也。

冬，宋人伐曹。

春同盟而冬伐之，不信也。時曹從齊伐厲，宋伐曹，是宋有貳志于楚也。齊稱霸以來，宋無會不與，桓公方以繼嗣託宋，宋有異志，何與？舊史亡，其詳不可考。

楚人敗徐于婁林徐地。

宋、曹相攻，故救徐無功。

十有一月，壬戌，晉侯及秦伯戰于韓，獲晉侯。

晉惠公之入也，淫瀆而好殺，背施而貪災。秦予之，秦復取之，故曰「獲」也。

十有六年〇春，王正月，戊申朔，隕《公》作「賈」**石于宋五。是月，六鷁**逆。《穀》作「鶂」**退飛過宋都。**

記異也。不數年而襄公戰死，儻其兆與？

三月，壬申，公子季友卒。

季友以援立之恩，公爵之世卿，獲莒拏，賜費與汶陽田，遂爲强宗，竟以弱魯，古蓋臣所以戒于寵利也。說者謂《春秋》賢之，書「公子」。豈其然乎？

夏，四月，丙申，鄫季姬卒。〇秋，七月，甲子，公孫兹卒。

冬，十有二月，公會齊侯、宋公、陳侯、衛侯、鄭伯、許男、邢侯、曹伯于淮。

齊人又以諸侯城鄫，役卒夜呼，遂不果城。自葵丘之會，諸侯無歲不勤，十三年會于鹹，十四年城緣陵，十五年會牡丘，今年又會于淮。城邢、城衛、城杞，皆諸侯也。《禮》曰：「君子不竭人之忠，以全交也。」勞人而自以爲功，頻數亡厭，欲以全交，難矣。宋、齊，至相得也，往年伐曹，已有貳志，今與盟，是陽諸耳。霸者之澤，如潦水立涸，烏能使人不倦乎？

十有七年○春，齊人、徐人伐英氏。

英氏，楚屬也。齊不能救徐，遷怒于英，遂以徐伐之。

夏，滅項。

魯滅也，季孫之謀。公在會，齊人止公，不書，諱也。

秋，夫人姜氏會齊侯于卞。九月，公至自會。

權臣賈禍而君因妻以求免，反國不問，欲季氏不横，得乎？

冬，十有二月，乙亥，齊侯小白卒。

齊桓公弑兄得國，不可以爲人弟；身爲侯伯，畢世不王，不可以爲人臣；嫡庶不正，群子鬩牆，不可以爲人父；内寵外嬖，釀成身後之禍，幾致亡國，不可以爲人君。大本先撥矣。晚節荒耄，以後事屬宋襄，牡丘之會，宋有二志，負託不明，貽謀不善，宜身死不殯而一敗瓦解也。碌碌經營四十餘年，説者謂存三亡國、定王世子、葵丘五盟爲高誼，質諸《春秋》，無顯蹟。《論語》「九合」「一匡」，本《管子》書中語，桓公嘗自稱，聖人因言節取，成人之美云爾。世儒緣飾「一匡」爲尊周，「九合」爲安夏，《春秋》具存，何有影響？千餘年承訛不察，足以見霸術迷人，而《春秋》大義，虧蔽于世儒之附會，志士所爲投筆歎也。

十有八年○春，王正月，宋公、曹伯、衛人、邾人伐齊。「宋公」下，《公》有「會」字。

桓公甫卒，諸侯伐齊，霸者之澤可知已。是時，齊易牙、豎刁因内寵殺群吏，立公子無虧，孝公奔宋。宋襄公忘平生之言，帥諸侯伐之，衛人以怨報德，曹人黨讐伐喪，人情叵測如此。

夏，師救齊。

魯救也。

五月，戊寅，宋師及齊師戰于甗言。齊地，**齊師敗績。**

宋以諸侯之師伐齊，齊人懼，殺無虧，四公子争立，與宋戰，宋人敗之，而立孝公。夫救焚者不齎藁，解鬭者不控拳，操戈入室，非所以拯孤也。故夫齊桓之屬後嗣，禍後嗣者也；宋襄之託人孤，齕人孤者也。

狄救齊。

齊桓公身死未寒而人攫其遺孤，非我族類，猶相救恤，宋、衛之君，獨爲匪人，此所謂「不如諸夏之亡也」。

秋，八月，丁亥，葬齊桓公。

冬，邢人、狄人伐衛。

爲齊伐也。齊人之德，狄人之怨，邢與衛等，邢、狄助齊而衛背之，詩人所以賦《木瓜》也。

十有九年○春，王三月，宋人執滕子嬰齊。

滕，小國也。書「執」，惡宋也。齊桓公主盟四十年，九合之會，滕不至不討，恤其小也。宋襄公行誼未著，竊竊然自大以求諸侯，侮弱爲强，諸侯所以愈不附矣。

夏，六月，宋公、曹人、邾人盟于曹南。「宋公」，《公》作「宋人」。**○鄫子會盟于邾。己酉，邾人執鄫子，用之。**

宋欲爲盟主乎？諸侯大者若齊、魯、衛、陳、鄭，皆未至也，一鄫子何能濟？既至矣，而又討其後，使邾人用以爲牲，施于氓隸不可，况友邦之君乎？以此希小白之名，猶挾彈而求鳥也。

秋，宋人圍曹。

宋伐曹數矣，曹南之盟，唼血未乾，雖曹反覆，己則不德，而人誰肯從？曹雖詘矣，諸侯皆不附，將若何？所以竟爲世嗤也。

衛人伐邢。

報怨之師也。

冬，會陳人、蔡人、楚人、鄭人，盟于齊。《公》作「公會」。

諸侯不忘齊桓而相與脩好于齊，楚人與焉，則是楚於齊素交也。蒙孫通好，《管子》之書在，不然，桓公死矣，楚其突至邪？以是知桓公擯楚，非獨力不能，亦并無是事；以是知仲尼黜楚，非獨理不可，亦并無是心。世儒謂《春秋》夷楚，何據？《春秋》于戎狄不書族，書戎，戎之，書狄，狄之。楚與諸侯同人、同爵、同國，其微也，與陳、蔡齒，其盛也，列于諸侯上。如以爲夷，則宜書「蠻」，與山戎、長狄等，况兹始盟，豈其無別而輒與諸侯齒乎？與諸侯齒，是初未嘗夷楚也。

梁亡。

梁伯淫湎，興作無度，國内大潰，秦人攜而有之，《公羊》所謂「魚爛而亡」也。書「梁亡」，梁自亡也，故不及秦。

二十年〇春，新作南門。

不時也。新作，創造也。

夏，郜_告子來朝。

五月，乙巳，西宮災。

魯別宮也。

鄭人入滑。

滑從于衛也。

秋，齊人、狄人盟于邢。

謀衛也。

冬，楚人伐隨。

隨叛楚也。

春秋直解卷五終

春秋直解卷六

僖公下

二十有一年○春，狄侵衛。

爲邢侵也。

宋人、齊人、楚人盟于鹿上宋地。

宋求盟也。霸者以力服人，卑矣；人不服而求服，卑尤甚。語曰：「以德尊，上也；以義尊，次也；以强尊，下也。」宋襄强之未能，烏乎尊？

夏，大旱。

魯災也。

秋，宋公、楚子、陳侯、蔡侯、鄭伯、許男、曹伯會于盂，執宋公以伐宋。盂，宋地，《公》

作「霍」，《穀》作「雩」。

初，齊之得諸侯也，宋與有力焉。召陵之役，致江、黄以撓楚者，宋也。僖二年，齊、宋、江、黄盟于貫，三年，齊、宋、江、黄會于陽穀，則楚之銜宋久矣。十二年，楚人滅黄，豈遂忘宋乎？十七年，齊桓公死，宋襄公不量力而欲爲桓之事。夫以國，無齊之富；以兵，無齊之强；以謀臣策士，無齊諸大夫。欲得志魯、衛不可，况儌倖于强忿之楚乎？牛耳未執，身先爲虜，《詩》云「老馬爲駒，不顧其後」，宋公之謂矣，故直其事以爲霸者之戒。不書楚執，諸侯志也。如世儒之説，惑矣，齊桓未嘗擯楚，强謂之擯楚以成其霸，宋襄乞盟于楚，又不責其不擯楚，亦予其爲霸。無論霸非《春秋》所予，即擯楚之説，亦自背矣。或云：「齊桓不與楚盟，宋襄與盟，所以失之。」夫桓不與楚盟，非不欲也，楚自不來耳，楚雖不來，而齊力獨强，故可無需于楚。宋力不能得諸侯，其勢不得不求于楚。故當時霸者，原無擯楚不與會盟之事。不然，宋襄偏執，豈肯乞楚爲鹿上之會哉？世儒臆説以諛霸，而于《春秋》之旨戾矣。

冬，公伐邾。

邾人滅須句，須句子來奔。須句，風姓，公風出，故爲伐邾，母夫人成風之志也。

楚人使宜申來獻捷。

伐宋之役，魯人不會，楚執宋公，使人告魯。書「獻捷」，史尊内也，惟王有獻捷。

十有二月，癸丑，公會諸侯盟于薄，釋宋公。

公會，懼楚也。不書楚釋，諸侯志也。孟子曰：「順天者存。」魯弱，能下人，故免于辱。宋無德，好上人，故及于禍。必若儒者言，是仲尼以霸予宋矣，《春秋》不以霸獎人，豈以霸予人乎？宋襄之事，千古笑端，聖人不遠於人情耳。

二十有二年○春，公伐邾，取須句瞿。

須句滅于邾，魯取而復之。

夏，宋公、衛侯、許男、滕子伐鄭。

宋以鄭人朝楚而伐之，力小好勝，竟底于亡。

秋，八月，丁未，及邾人戰于升陘刑。魯地。

邾以須句之怨伐魯，公與之戰而敗。不書敗，諱也。

冬，十有一月，己巳朔，宋公及楚人戰于泓，宋師敗績。

楚伐宋救鄭，宋人禦諸泓水之陽。楚師濟，不畢，不擊；濟已，不成列，不擊；濟已，成列，戰。宋師敗，宋公傷股，病七月而卒。君子曰：「霸者之事，不可狃也。齊桓偶一鋪張，末路蹶矣；宋襄效之，迂闊挫衂以死；晉文又效之，其子孫驕奢，先諸侯亡。力可暫而難久，假可襲而難持，是以君子賤霸也。」説者謂泓之戰，文王之師，孟浪之言與！

二十有三年〇春，齊侯伐宋，圍緡民。宋地。《穀》作「閔」。

乘宋之敝，報其伐喪也。

夏，五月，庚寅，宋公兹父卒。「兹」，《公》作「慈」。

不書葬，諸侯不會也。

秋，楚人伐陳。

討其從宋也。

冬，十有一月，杞子卒。

凡卒諸侯以爵，杞侯卒以子，説者謂仲尼夷杞也。夫杞，神禹之胤，商、周之嘉客，始封中原，東徙介于齊、魯。即其地夷，而其君本非夷，即其君夷，而爵命班自先王。仲尼以己意降一等，可乎？然則何以書「子」？小國來赴，史降稱，以尊内也。不日、不名，史略也。

二十有四年○春，王正月。

夏，狄伐鄭。○秋，七月。○冬，天王出居于鄭。

鄭與衛争滑，襄王爲衛請于鄭，鄭伯囚王使，王以狄師伐鄭，取櫟，遂納狄女爲后。叔帶自齊歸，通焉，王絀狄后，后與叔帶召狄師攻王，王奔鄭，居于氾凡。狄，隗也，不稱隗，狄之也。伐鄭者，王也，不書王，罪狄也。「天王出居」，諱奔也。「于鄭」，依讐也。倏伐之，倏依之，威福無常，政焉得不替？初，周之東遷也，鄭爲輔，及桓王蒙喪師之耻，襄王罹播遷之禍，鄭爲戎。故君子曰：「因不失親，亦可宗也。」向使其君不以私意爲愛憎，其臣不以寵利居成功，豈不令聞長世哉？

晉侯夷吾卒。

晉惠公卒，子圉立，是爲懷公。未幾重耳入，殺懷公自立，是爲文公。君子曰：「重耳、小白，心跡相方也。」出奔同，反國同，戰而入同，生寶殺子糾、高梁殺子圉，簒同。然小白書「入齊」，重耳不書「入晉」，何也？桓公四十年經營，於諸侯小補焉。晉文殘險刻薄，祚短而瑕多，未可同日語也。

二十有五年○春，王正月，丙午，衛侯燬毁滅邢。

衛與邢皆以既燼之灰受齊桓吹嘘，而衛居多，桓死，衛伐其喪，邢人助狄攻之，爲齊也。衛侯用二禮陰謀，遂滅邢，其凶殘險鷙，殊無飲水知源、同病相憐之意。君子曰：「不仁哉，燬也。」是以書名。

夏，四月，癸酉，衛侯燬卒。

上書「滅邢」，下書「卒」，因以爲戒云。

宋蕩伯姬來逆婦。

伯姬歸宋蕩氏，娶魯女爲婦。自逆，非禮也。

宋殺其大夫。

無傳，其事不可考。是歲，晉重耳納襄王于周，殺叔帶于隰城。王出則書，入不書，何也？其出也，以天下共主，變起房闥，禍連夷狄，非細故也。比其反也，非有少康復讐之師，殷宗撻伐之武，諸侯亡公子借播遷亡王，以博一局之勝，而侈譚，秖〔一〕樹寵利之幟，爲世道羞。故城濮勝楚，踐土受命，彤弓、大輅，策命爲侯伯，世儒夥頤驚賞，而《春秋》視猶腐鼠也。吁！可知《春秋》矣。

秋，楚人圍陳，納頓子于頓。

頓子逼于陳，奔楚，楚人納之。往年秦納重耳，今年晉納王，皆不書。書楚納頓子，何也？其不書者，人所欣艷之霸功也。其書者，人所陵暴之寡小也。則仲尼未嘗夷楚，亦可知也。

葬衛文公。

是年，晉文公伐原，約三日不降，去之，而原人服。儒者稱伐原之信，《春秋》不録。

冬，十有二月，癸亥，公會〔二〕衛子、莒慶，盟于洮叨。魯地。

衛文公卒，嗣君懼齊難，脩好于魯，爲莒人求平。莒子書字，史尊内也。居喪會盟，衛子於是爲失禮。

二十有六年○春，王正月，己未，公會莒子、衛甯速，盟于向。「速」，《公》作「遬」。向，

〔一〕「秖」，後印本改作「之」，屬上讀。

〔二〕「會」，原作「及」，據三傳經文改。

莒地。

謀齊難也。

齊人侵我西鄙，公追齊師至酅奚**，弗及。**「酅」，《公》作「嶲」。「弗」，《左》作「不」。

衛，齊讐也。魯、衛同盟，故齊侵魯。

夏，齊人伐我北鄙。衛人伐齊。

衛爲魯報也。

公子遂如楚乞師。

魯欲報齊，乞師于楚，毀藩籬而納外寇，計之左也。終《春秋》，魯、齊不睦，坐受晉制，所由失策耳。

秋，楚人滅夔，以夔子歸。「夔」，《公》作「隗」。

夔、楚同姓，楚成王討其不祀先，滅之。説者以書人、書爵爲疑，夫諸侯無討而擅滅人國，大罪也，豈待書名始見？舍明白之大義，索一字之隱，無謂也。

冬，楚人伐宋，圍緡。「緡」，《穀》作「閔」。

楚師爲魯出，以宋善晉，過而伐之。

公以楚師伐齊，取穀。

取穀，居桓公子雍也，使易牙奉之，楚人戍之。桓公之子七人，爲七大夫于楚。

公至自伐齊。

二十有七年〇春，杞子來朝。

杞桓公新立也。稱「子」，史尊内也。

夏，六月，庚寅，齊侯昭卒。〇秋，八月，乙未，葬齊孝公。

齊孝公之卒也，以今年之夏；魯導楚師伐齊取穀，即去年之冬。齊赴、魯會，哀死而釋怨，禮也。

《春秋》于齊、魯不睦，蓋屢致意焉。

乙巳，公子遂帥師入杞。

襄仲爲政也。桓公二年，杞來朝，不敬，魯討之；今嗣君來朝，又討之。舊史亡，其故不可考，然魯人侮弱可知也。

冬，楚人、陳侯、蔡侯、鄭伯、許男圍宋。

楚人，令尹子玉也。楚子在行而令尹剛愎自用，以至于敗，故不稱楚子。説者謂「書人，夷之」，豈其然乎？

十有二月，甲戌，公會諸侯，盟于宋。

楚以諸侯圍宋，魯受盟于師，從楚也。

二十有八年○春，晉侯侵曹。○晉侯伐衛。

諸侯多從楚伐宋者，曹、衛寔不與。晉不能得楚，嫁禍于曹、衛，以楚親曹、衛也。

公子買戍衛，不卒戍，刺之。

魯使公子買從楚戍衛，晉克衛，魯懼，殺買説于晉，又以買不卒戍説于楚，詭辭兩大之間，幸免矣。然無罪而殺大夫，若之何？凡殺大夫不書其事，此書，直也。書「戍衛」，甚晉也。書「刺」，史文也，禮，惟王三刺，以尊内也。直事之失而不訐，諱國之惡而不黨，所以爲《春秋》。

楚人救衛。

宋圍乃解。

三月，丙午，晉侯入曹，執曹伯，畀宋人。

曹無罪，晉以楚故入其國，執其君畀宋人。挾詐力而行喜怒，博一戰之勝而顛連諸侯，曹人所爲歌《下泉》也，其辭曰：「四國有王，郇伯勞之。」無明王，焉有賢伯？重耳所以恣其毒螫矣。故聖人删《詩》，以《曹風》終列國，誌王迹熄《詩》亡，《春秋》所以作也，千古而知其解者，惟孟子輿氏。世儒顧謂《春秋》尊晉、賢重耳，豈不謬哉！

夏，四月，己巳，晉侯、齊師、宋師、秦師及楚人戰于城濮，楚師敗績。

儒者之言曰：「此一役也，楚詘而諸侯始從晉，晉霸而中國無楚禍矣。城濮之戰、召陵之盟，千古韙之。」愚謂不然，夫聖人所憂者，天下無道耳，有道何擇于楚，無道何擇于晉？此一役也而王室可興、民生可綏，十九諸侯朝覲會同，焕然復文武之舊，若是則何愛于楚？城濮之功，九廟承之，竹帛書之，可也。而今楚詘，惟詘其晉之所忌耳；勝楚，惟晉之自成爲盟主耳。楚勝，即諸侯從楚，楚不勝，亦諸侯從晉，總之王室無賴焉，民生無濟焉。楚衡行中國，與晉衡行中國等，又誰擇乎〔一〕？故〔二〕城濮勝而晉始驕，奪人之國邑，貪人之貨賄，殺人之臣子，執人之君父。諸侯終歲奔走，惟晉東西，非赴晉朝則納晉幣、從晉征討，天下攘攘，不得即安，仲尼憂之，乃作《春秋》。《詩》云：「何草不玄？何人不矜？哀我征夫，獨爲匪民。」晉與楚，均遺仲尼之憂者也。使晉霸，天下安，《春秋》不作可矣。或曰：「楚不敢兼中原，非晉之力與？」曰：「然。顧晉亦不敢兼諸侯，非楚之力與？晉自重耳納王請隧，包藏不軌，召天子，朝諸侯，睥睨神器，所不得滿志，惟楚人控其膺耳。故有晉不可無楚，無楚亦不必有晉，存則兩存，絀則并絀。彼執夷夏之例，爲安攘之説，守章〔三〕之見，而不識天下之機者也。」「然則仲尼稱管仲，曰『吾其披髮左衽』，所謂披髮左衽者，非楚與？」曰：「非也，聖人之寓言也。《春秋》諸國，無披髮左衽者，雖陸渾、赤白狄，居中國久，亦無披髮左衽者。昔戎狄伐周、伐晉、侵曹、侵杞、滅衛，齊桓公伐山戎，管仲平戎于周，隰朋平戎于晉，城緣陵遷杞，城楚丘遷衛，城夷儀遷邢，所謂免于披髮左衽以此，烏在其謂楚乎？昔者西周之亡也以戎，而東周之有戎也以晉，晉人遷陸渾于洛以逼東周，楚子伐之，《春秋》書之，予楚功也。豈其伐戎者反斥爲夷，而豢戎者反爲攘夷乎？先

〔一〕「又誰擇乎」四字，後印本刪。
〔二〕「故」，後印本作「自」。
〔三〕「守章」，後印本作「鄙儒」。

王之制：蠻夷要服，去王畿二千里；戎狄荒服，去王畿二千五百里。楚上世爲文王師，受封先齊、魯，都郢，即今歸州，去中原纔千里，而南蠻遠在炎徼北向之外，楚宅南方侯服之中，惟是洞庭、彭蠡稱三苗，唐、虞已分北，是地爲華壤久矣，豈仲尼作《春秋》，尚追數四凶乎？《江漢》《汝墳》，二《南》首善，斥爲蠻荒，則五服缺一面，而中原無南土矣，豈《春秋》之義？」「然則《春秋》無惡于楚乎？」曰：「有之，惡其僭稱王，惡其蠶食諸姬、吞併小國，惡其興兵構怨，與齊、晉汩亂天下。凡《春秋》所惡于楚者，晉皆有，楚所得罪于《春秋》者，晉不無。然則天下何賴于晉，何獨責于楚？」晉欲致楚不能，而説者解嘲曰「夷狄不可同盟會」，夫盟會非聖人之禮，不同盟會非聖人之禁，世儒艷霸功而臆爲例，何可以論《春秋》也？

楚殺其大夫得臣。

得臣，令尹子玉也。城濮之役，楚子欲退，令尹主戰而敗，楚子誅之。説者曰「晉再勝，楚再敗」，非也。禮，謀人軍師，敗則死之。城濮敗而誅子玉，泜水退而誅子上，鄢陵戰而誅子反，屬國叛而誅子辛，是乃楚所以振爾。

衛侯出奔楚。

晉以楚故伐衛，衛成公請受盟，晉不許，立其弟叔武，成公出奔，執而囚之，遂使兄弟相夷、君臣交訟。凡重耳所爲，深刻怨毒之無已也。

五月，癸丑，公會晉侯、齊侯、宋公、蔡侯、鄭伯、衛子、莒子，盟于踐淺**土**鄭地。

重耳召襄王會踐土，以諸侯見，遂諷王饗醴，策命爲侯伯，賜大輅、弓矢、虎賁，皆不書，《春秋》之意可知。衛子，叔武也，不成其君，故稱子。

陳侯如會。

後至也。陳初從于楚，楚敗，故即晉。

公朝于王所。

踐土之會，王在不書，何也？天子不與諸侯齒，書王所而王會可知也。重耳氣焰方張，明禮義以正之，故書「朝王」。公朝則諸侯皆朝矣，不及諸侯，何也？不與諸侯朝也。其不與諸侯朝，何也？諸侯之朝，晉以之也，不與諸侯朝，不與晉之以也。凡朝王，三年、五年于京師、于方岳，脩禮比瑞。召王而朝，非禮也。其與魯朝，何也？非與魯也，《春秋》内魯，君舉必書。其不書地而書王所，何也？不巡狩述職，不御明堂祭告，以萬乘廬于野之謂王所爾矣。

六月，衛侯鄭自楚復歸于衛。

名衛侯，以別于踐土之衛子也。

衛元咺玄上聲**出奔晉。**

晉立叔武，使元咺奉之。成公入，前驅射叔武，殺之。元咺奔，訟于晉。

陳侯款卒。

秋，杞伯姬來。

莊公女歸寧也。伯姬適杞，今三十有六年矣，父母没而歸寧，非禮也。

公子遂如齊。

齊、魯復通好。

冬，公會晉侯、齊侯、宋公、蔡侯、鄭伯、陳子、莒子、邾子、秦人于温。

會不列王，殊至尊也。

天王狩于河陽。

河陽，即温也。王會于温，晉再召也。踐土召王不書，再召不書，是藪亂也，書與諸侯列，是履冠也，故别書「天王狩于河陽」。温在河之陽也，若曰「天王出狩」云爾，所以振頽風、折奸雄而弭兇節也。寔同會而别書，寔應召而書「狩」，寔召王而書「王狩」，寔温而書「河陽」，不使强臣陵暴之氣得加乎至尊。名正言順，辭曲義暢，所以爲《春秋》也。

壬申，公朝于王所。

入春秋五公，上下八十餘年矣，諸侯不朝，而踐土、河陽皆天子枉招。草野籧廬，苟簡之禮，聖人記録唯謹，以婉轉維持，於姦雄陵厲之秋，使名義凛然。千載而下，想見忠愛之心、正直之氣，非聖作，烏能及此？

晉人執衛侯，歸之于京師。

以元咺之愬也。歸于京師，譎也。叔武之死，實重耳致之，非天子而變置諸侯，人誰肯已，固宜其有歂犬之禍也。乃黨賊臣囚君，不避冠履，按重耳之事而不艴然者，無是非之心者也。

衛元咺自晉復歸于衛。

以臣訟君，因其君而縱其臣，不可爲典刑。《左氏》謂晉文「一戰而霸，禮義之教也」〔一〕。嗟夫！重耳焉知禮義？

諸侯遂圍許。

晉以不朝王討許也。夫許不朝見討，諸侯朝不書，何也？諸侯之朝不足録，許不朝亦可討也。然則與晉乎？非也。晉討不附己，以不朝爲名。《春秋》不獨罪許，亦惡諸侯之從晉圍許者。

曹伯襄復歸于曹，遂會諸侯圍許。

晉文公有疾，曹人貨筮史，稱曹叔振鐸之爲祟也，乃釋曹伯。按是年夏至冬，凡數月，書重耳事十有五，大抵陵上暴寡、兇殘猾賊、譎而不正，不厭枚舉，所謂「書用識哉」。五霸之罪，無如此獨詳矣。世儒顧左袒奸雄，使《春秋》大義虧嚴不明，可勝歎乎！

二十有九年○春，介葛盧來。

介，小國。葛盧，其君名。時公在會，不書朝，其有他故，不可考矣。

〔一〕按《左傳》原文作：「一戰而霸，文之教也。」

公至自圍許。

夏，六月，會王人、晉人、宋人、齊人、陳人、蔡人、秦人，盟于翟泉狄泉，周地。《公》作「狄」，「會」上有「公」字。

尋踐土之盟，謀伐鄭也。霸者合諸侯，屈王臣下盟，是天子受盟于諸侯，自翟泉始也。六國皆大夫，魯君往，故不稱公，諱也。

秋，大雨雹薄。○冬，介葛盧來。

春未見公，故復來。

三十年○春，王正月。○夏，狄侵齊。

重耳方張，何以不攘狄？《詩》云「彼童而角，實虹小子」，其霸者攘夷之謂與？

秋，衛殺其大夫元咺及公子瑕。○衛侯鄭歸于衛。

元咺歸，復立公子瑕，甯俞賂晉，乃釋衛侯。衛侯歸，殺元咺、子瑕而後入。嗟乎！大夫若元咺者，亦可殺矣。世儒猶執書爵之例，迂矣哉！

晉人、秦人圍鄭。

初，重耳出亡過鄭，鄭不禮焉。至是與秦人圍鄭，秦人私與鄭盟，去之，秦、晉之隙始此。

介人侵蕭。

中原有霸，靡國不争矣。

冬，天王使宰周公來聘。○公子遂如京師，遂如晉。

入春秋八十餘年，魯無如周之使，非無使也，使陪臣不書。此書，何也？王以河陽之會，致謝慇懃，魯以陪臣報禮，且爲如晉行，故直之。説者謂譏遂事，謬也。

三十有一年○春，取濟西田。

初，晉執曹伯，以曹地分諸侯，曹伯復而魯猶取其田，失不獨晉也。諸侯土宇，受之先王，霸者以意奪此予彼，亂也。故《春秋》所惡莫如晉。

公子遂如晉。

拜濟西田也。

夏，四月，四卜郊，不從，乃免牲，猶三望。

郊祭，王者所以祀天也。天子祀天，禮也；諸侯祀天，非禮也。昔者成王尊周公，使魯大廟用禘，漸及僖公，遂郊天、三望，而魯之僭多于諸侯矣。仲尼諱之，郊不書，于不郊、免牲書，因所廢，志所舉也。禮，大享不卜。魯郊禮乎，何必卜，非禮，卜亦不可，再三瀆，况乃四乎？免牲，免牛也。猶三望，不望可也。禮，四方嶽瀆，天子至一方則望三，諸侯望不越境内。魯三望，僭也。

秋，七月。○冬，杞伯姬來求婦。

婦人越國議婚，非禮也。

狄圍衛。○十有二月，衛遷于帝丘。《穀》「于」作「於」。

衛爲狄滅，遷楚丘，今三十餘年，狄又滅之。重耳爲方伯，亡其同姓而不問，愧小白多矣。小白之霸也，可以爲名也者取之，不可以爲名也者置之。重耳之霸也，可以爲利也者取之，不可以爲利也者置之。小白以存衛爲名，勝狄爲無名，故遷衛而不與狄争也。重耳以勝人爲利，救人爲無利，故并衛之遷亦不問也。二霸心術人品，相去遠。故楚丘遷，書「城」；帝丘遷，書「衛」，無預于晉與諸侯之辭也。

三十有二年○春，王正月。

是年晉、楚平，不書，可以觀《春秋》待晉、楚矣。

夏，四月，己丑，鄭伯捷卒。「捷」，《公》作「接」。

衛人侵狄。○秋，衛人及狄盟。

衛人之不忘狄，宜也。然自强無策，乘其亂侵之，無功，又與之盟，其無能爲可知矣。

冬，十有二月，己卯，晉侯重耳卒。

重耳，貪殘之主，斗筲之器，出亡所過，唯酒食是議，唯女子車馬是好，顰笑睚眦，必刻臂書紳，懷鞶圖報，是姦猾之老宿耳。當其臨深爲高，擠人于淵，不遺餘力，苟求快意，無復怵惕之心，覆曹傾衛，何怨毒之深也。主盟八年，《春秋》所書十有八事，皆陰險刻薄，無一當人意，而世儒嘖嘖，稱爲康侯賢伯，豈非諂乎？豈非陋乎？

三十有三年○春，王二月，秦人入滑晉邑。

秦穆公聽杞子計，潛師越晉以襲鄭，師及滑，鄭人弦高詐犒秦師，秦謂鄭有備，入滑而還。

齊侯使國歸父來聘。

報襄仲也。

夏，四月，辛巳，晉人及姜戎敗秦師于殽。《公》無「師」字。

秦師還及殽，晉人邀擊，獲其帥孟明、西乞、白乙丙，夫人文嬴請釋之。君子曰：「晉之託于秦厚矣。重耳復國，秦人復之也。城濮之戰、河陽之會、翟泉之盟，無役不與共，是秦有大造于晉也。背舊好而邀一旦之功，晉實孤恩；乘人喪而掠其鄙邑，秦實開敵。據事直書，是非自見。」說者曰「書人，不正之」，安見不書人者皆正乎？又曰「書秦，狄之」，且不稱秦，將何稱乎？

癸巳，葬晉文公。○狄侵齊。

《傳》謂「因晉喪也」，重耳在，狄人亦圍衛，其有晉喪乎？且既爲殽之役，又何辭于狄？《傳》之諛霸偏曲類此。

公伐邾，取訾婁。「訾婁」，《公》作「叢」，《穀》作「訾樓」。

報升陘之役也。

秋，公子遂帥師伐邾。

甚魯也。

晉人敗狄于箕。

狄侵晉，晉人敗之。

冬，十月，公如齊。○十有二月，公至自齊。

朝齊，且弔狄難也。

乙巳，公薨于小寢。

小寢以燕息。禮，君終于路寢。

隕霜不殺草，李、梅實。「隕」，《公》作「霣」。

記異也。

晉人、陳人、鄭人伐許。

許附楚也。

春秋直解卷六終

春秋直解卷七

郝敬　習

文公

文公名興，僖公子，在位十八年。

元年○春，王正月，公即位。○二月，癸亥朔，日有食之。《左》《穀》無「朔」字。○天王使叔服來會葬。○夏，四月，丁巳，葬我君僖公。○天王使毛伯來錫公命。

王使會葬，又錫之命，懷魯厚矣。繼立不稟命，喪畢不入見，孰謂周公之後知禮乎？君子曰：「懷不寧侯，亦不足榮也。」

晉侯伐衛。

衛成公不朝晉，晉襄公使人告于諸侯，伐之。先且居謂晉侯曰：「勿效尤。」乃朝王于温，遂使且居、胥臣伐衛。夫晉、衛，兄弟也，兄弟不相朝，何至布告諸侯，朝王而後伐衛？是教諸侯事晉如事王也。

故不稱先且居、胥臣，而書「晉侯伐衛」，誌悖也。凡此皆《春秋》惡晉之大者。

叔孫得臣如京師。

聘周也。非朝王不書，此書，何也？王使再至，以陪臣報禮，不敬也。君前不氏，稱叔孫，陪臣不敢上屬天子也。

衛人伐晉。

晉以不朝討衛，衛人不服，遂伐晉。君子曰：「師直爲壯。」書「伐晉」，壯衛也。《春秋》惡晉可知已。

秋，公孫敖會晉侯于戚。

戚，衛邑。晉侯取之，疆其田，魯使往問。書「會」，尊内也。

冬，十月，丁未，楚世子商臣弑其君頵均。《公》《穀》作「髡」。

儒者論《春秋》，以字爲褒貶，有如商臣弑父，何字以貶之？亦惟直其事，告諸天下後世而已。

天下後世，人有目，胸有心，不待辭之畢，而瞿然〔一〕栗駭冰兢者，《春秋》之義，通諸天下後世也。漢董仲舒云：「爲人君父而不通《春秋》之義，蒙首惡之名；爲人臣子而不通《春秋》之義，陷篡逆之罪。」所謂義，非毀譽可私；所謂通，豈褒貶後傳？故曰《春秋》之直在民。其不書父，何也？《春秋》之事，非家事。頵爲父，不君也；寵庶絀嫡，名弗正也；傳其子以兇邪之潘崇，教弗端也；議繼而婦人江芈弭上聲〔二〕何以得預？幾事弗密也。仲尼曰：「君君，臣臣，父父，子子。」不君不可爲父，不臣不可爲子，故禮有父之親，有君之尊，然後兼天下而有之。養世子不可不慎，此之謂也。

公孫敖如齊。

公新立，通好也。

二年〇春，王二月，甲子，晉侯及秦師戰于彭衙，秦師敗績。

秦報殽之役，晉人禦而敗諸彭衙。初，孟明視之敗也，繆公舍之；是役也，又敗，又舍之。雖後效可期，殽之骨朽矣。繆公貪而不悔，孟明喪而不戒。法不行，何以馭臣？臣無耻，何以事君？《春秋》

〔一〕「瞿然」，後印本作「靡不」。

〔二〕「芈」，原誤作「羊」，據《左傳》改。

奚取焉？而世儒競爲美譚也。

丁丑，作僖公主。

《傳》謂「書，不時」，非也。禮有喪主，有吉主，喪主既葬反虞作矣，吉主小祥作矣。一尺之木，豈不辦而後時乎？非也。是時議躋僖閔上，作新主，納于大廟祫，非禮也。禮，三年喪畢，新主乃入，僖公喪甫十五月，練主之外更作新主，壞故鬼廟以納新鬼，豈禮也哉？國之大事在祀，據事實録，而其失可知也。

三月，乙巳，及晉處父盟。

公及也。晉以魯不朝爲討，公往，晉侯使大夫陽處父盟公，慢也。往不如，反不至，不書公，諱也。君子曰：「諸侯之相朝，如滕、薛、鄫、杞朝魯，已非矣。齊桓圖霸，賄致諸侯，重耳承風，以力脅之，天子往而諸侯匍匐矣，自是朝晉以爲常，衛不朝而受師，魯不朝而受辱。終《春秋》，諸侯朝晉百有餘年，鄭游吉語張趯曰：『文、襄之霸，諸侯三歲一聘，五歲一朝』，則晉朝諸侯亦久矣。諸侯以王禮事晉，置文、武之肆于何地？世儒猶謂《春秋》奬晉，豈非醉夢之言乎？」

夏，六月，公孫敖會宋公、陳侯、鄭伯、晉士縠《穀》作「穀」**，盟于垂隴**《公》《穀》作「垂斂」，鄭地。

晉謀衛也。敎會，公在晉也。晉使大夫盟諸侯，故書「晉士穀」，以誌晉之無禮，而宋、鄭之君甘與齒，晉所以日驕也。凡晉之横，始于重耳而甚于驩。

自十有二月不雨，至于秋七月。

八月，丁卯，大事于大廟，躋僖公。

大事，祫、禘也，合群主祭于大祖廟曰祫。禮，諸侯五廟，昭穆以世。閔公先僖公三十五年，而後僖公薨，魯人以僖爲兄，先，非禮也。衰絰未除而用吉祭，失哀敬之情矣；繼世而弗爲之後，亂昭穆之序矣；亡新鬼于故鬼之前，枉生死之期矣。故君子謂之「逆祀」。

冬，晉人、宋人、陳人、鄭人伐秦。

報彭衙之役也。取汪而還。

公子遂如齊納幣。

親喪未除而議婚，非禮也。

三年○春，王正月，叔孫得臣會晉人、宋人、陳人、衛人、鄭人伐沈，沈潰。

沈附楚也。

夏，五月，王子虎卒。

王官未有卒者，卒虎，魯私交也，赴則書。

秦人伐晉。

報三敗之耻也，師及晉郊，晉師不出，取王官、封殽尸，還。儒者歸功孟明，夫以三敗博一勝，可謂功乎？

秋，楚人圍江。○雨螽于宋。

障天而下曰雨。外災弔則書。

冬，公如晉。○十有二月，己巳，公及晉侯盟。

公再往，始得盟。

晉陽處父帥師伐楚以救江。《公》《穀》無「以」字。

君子曰：「救小而攻堅，其弗濟矣。」

四年〇春，公至自晉。

夏，逆婦姜于齊。

公自逆也。婦，有姑之稱。逆女而稱婦，夫人而稱婦姜，公逆而諱公，何也？公與姜氏，已伉儷于未歸之先，故逆不使卿，入國不至，稱婦，直也。君子曰：「無禮鮮終，敬嬴匹嫡，二嗣不禄，所由來也夫。」

狄侵齊。

狄之害甚矣，此豈亦有晉喪與？

秋，楚人滅江。

君子固知晉之不能救江也。

晉侯伐秦。

報王官之役。君子曰：「晉襄公之于秦已甚矣。厥考受施，不爲不厚；文嬴歸晉、穆姬歸秦，兩君之好，不爲不戚。背父之德，違母之親，而以斂怨，豈人情哉？覆于殽，勝于彭衙，取汪，三施而報一，猶謂不平乎？其求之無已也。」

衛侯使甯俞來聘。

尋舊好也。

冬，十有一月，壬寅，夫人風氏薨。

風氏，莊公之妾，僖公之母。其子君矣，其孫又君矣，説者欲奪其夫人，千乘之君而不得親親尊祖，豈人情乎？書「風氏」，別于嫡也；稱「夫人」，遂所尊也。嗚呼！盡矣。

五年〇春，王正月，王使榮叔歸含，且賵。

珠玉曰含，車馬曰賵，贈喪風氏也。君子曰：「天子而含、賵諸侯之母可，其含、賵諸侯之妾不可。」

三月，辛亥，葬我小君成風。〇王使召伯來會葬。《穀》作「毛伯」。

重諸侯母也。雖然，莊公有二嫡乎？子可以伸情，君不可以過禮。

夏，公孫敖如晉。

成風之葬，王使再至，大夫謝晉而公不報周，非禮也。

秦人入鄀若。

鄀背楚即秦，復貳于楚，秦人伐之。

秋，楚人滅六。

六，近楚小國，臯陶之後。

冬，十月，甲申，許男業卒。

六年○春，葬許僖公。○夏，季孫行父如陳。

脩好也。

秋，季孫行父如晉。

聘也。

八月，乙亥，晉侯驩卒。「驩」，《公》作「讙」。

晉襄公卒，靈公爲世子在襁抱，文公庶子雍，長，而仕于秦，趙盾使先蔑、士會迎之。且至，襄夫人抱世子哭于趙氏，趙盾違初議而立靈公焉。

冬，十月，公子遂如晉，葬晉襄公。

是年，秦繆公卒。不書，秦不赴也，或曰「惡其殺三良也」。

晉殺其大夫陽處父。晉狐射亦姑出奔狄。「射」，《穀》作「夜」。

狐射姑，狐偃子賈季也。初，襄公謀以射姑將中軍，趙盾佐之，問于陽處父，處父請以射姑佐盾，射姑銜之。公薨，射姑殺處父，奔狄。然則何以書「晉殺」？曰：「主少，國無政。苟能正射姑之罪，則射姑殺之也；不能正射姑之罪，則晉殺之也。」

閏月，不告谷月，猶朝于廟。

禮，天子頒朔，諸侯奉之，藏于祖廟，遇月朔，朝廟，以其月之令告，而集群臣布之，備遺志、防廢格也。閏月不告，廢禮也，猶朝，幸之，繼此併廢朝矣。

七年○春，公伐邾。三月，甲戌，取須句劬。《公》作「朐」。**遂城郚**吾。

初，魯復須句，邾人再取之。至是邾世子叛歸魯，魯取須句，居叛人，非禮也。城郚，備邾也。

夏，四月，宋公王臣卒。「王」，《穀》作「壬」。

不書葬，有公族之亂也。

宋人殺其大夫。

宋昭公惡公族偪，謀去之，穆、襄之族率國人攻公，殺公孫固、公孫鄭，非其罪也。

戊子，晉人及秦人戰于令平聲**狐。晉先蔑奔秦。**

秦康公以徒送公子雍還晉，而晉人已立靈公矣。趙盾濳師薄秦人于令狐，敗之。先蔑遂奔秦，士會從之。

狄侵我西鄙。

魯以狄難告晉，晉趙盾因狐射姑而讓狄焉，仲尼所以猶取于齊桓與管仲也。

秋八月，公會諸侯、晉大夫，盟于扈鄭地。

晉靈公新立，趙盾爲政，合諸侯，固盟也。大夫而合諸侯，自垂隴始。仲尼曰：「天下有道，政不在大夫。」書「會晉大夫」，直也。説者謂「公後至，諱不敘國」，夫後至何足諱？不敘國何足諱後至？迂也。

冬，徐伐莒。○公孫敖如莒涖盟。

莒有徐難，求平于魯。書敖涖盟，不書莒請盟，何也？敖非爲盟往也，爲逆己氏。其逆己氏也，又託爲襄仲，襄仲攻之，惠伯平之，書其志也。

八年○春，王正月。○夏四月。○秋，八月，戊申，天王崩。

襄王也。

冬，十月，壬午，公子遂會晉趙盾豚上聲，**盟于衡雍**鄭地。

扈之盟，公後至，晉以爲討，襄仲往謝，遂受盟。

乙酉，公子遂會雒洛**戎，盟于暴。**《公》作「伊雒戎」。

雒戎將侵魯，襄仲受盟。《左傳》謂「書公子，珍之」，夫受盟于戎，何珍之有？

公孫敖如京師，不至而復。丙戌，奔莒。《公》無「而」字。

穆伯奉幣如周，葬襄王，不至，而從己氏于莒。禮，天子喪則諸侯奔，魯使陪臣，又不達，非禮也。

螽。○宋人殺其大夫司馬。○宋司城來奔。

宋昭公不能于其公族，又不善事其祖母襄夫人。襄夫人因戴氏之族，殺昭公之黨。書「司馬」，何也？司馬者，昭公弟公子卬昂也。昭公欲殲公族，而用子卬爲司馬，禍由司馬也。司城蕩意諸避亂奔魯，不名，不成其避也，未幾求復，遂及于禍。

九年○春，毛伯來求金。

毛伯，王卿士。求金，求賻也。不稱王命，諒闇也。天子不私求財，求金非禮也。王室有大事，魯使失致，書「求」，甚魯也，且諱之。

夫人姜氏如齊。

出姜不安于魯，公嬖敬嬴也。

二月，叔孫得臣如京師。○辛丑，葬襄王。

毛伯來，魯使乃往。

晉人殺其大夫先都。

初，晉襄公欲登箕鄭父、先都于上軍，以士穀、梁益耳將中軍。先克曰：「狐、趙之勳，不可忘也。」乃以趙盾將中軍，先克爲佐。士穀、梁益耳銜之，蒯得于先克有争田之忿，遂共殺克。晉人殺梁益耳，及都，禍不始都也。

三月，夫人姜氏至自齊。

晉人殺其大夫士穀及箕鄭父。

按《傳》，作亂者五人，釁由士穀、梁益耳不得中軍而怨先克阻之也，故箕鄭父、先都可原，而五臣駢戮，濫矣。書「及」，累也。梁益耳、蒯得不書，非大夫也。非大夫不書，何也？《春秋》之政在大夫，刑上大夫，則士以下可知，該賤也。

楚人伐鄭。公子遂會晉人、宋人、衛人、許人救鄭。

楚子師于狼淵以伐鄭，因鄭三大夫，鄭受平。晉率諸侯之師救之，不及。

夏，狄侵齊。○秋，八月，曹伯襄卒。○九月，癸酉，地震。

冬，楚子使椒來聘。「椒」，《穀》作「萩」。

越椒也。不氏，比内臣也，《春秋》未嘗外楚可知。胡氏小變其説。《公》《穀》謂楚無大夫，終《春秋》書楚大夫屢矣，世儒强爲例耳。

秦人來歸僖公、成風之禭遂。

禮，贈死及尸。僖公喪九年，成風喪五年，而後禭，非禮也。先僖公，從子也；稱「成風」，殊嫡也。説者謂仲尼罪僖公之夫人其母，豈聖人崇孝之意與？

葬曹共公。

十年○春，王三月，辛卯，臧孫辰卒。

《傳》謂「大夫卒，君與小斂則書日，不與則否」，《春秋》無是也，舊史詳略耳。

夏，秦伐晉。

報令狐之役。説者謂仲尼狄秦，若是則書「狄伐晉」可也。豐水不改，岐山如舊，周人居之則夏，而秦人居之則狄，何稽乎？

楚殺其大夫宜申。

宜申謀弑楚子，楚子覺而殺之。賊臣亦稱大夫，無削爵例也。

自正月不雨，至于秋七月。○及蘇子盟于女栗。

魯及也。蘇子，周大夫。頃王新立，求諸侯也。

冬，狄侵宋。

中原無歲無狄難，謂晉攘夷，謬矣。

楚子、蔡侯次于厥貉。「厥」，《公》作「屈」。

蔡侯將導楚子伐宋，宋公逆楚子，與鄭伯相楚子以田孟諸。蔡方媚楚，宋、鄭因蔡求平，故獨書蔡侯，惡黨也。

十有一年〇春，楚子伐麇君。小國。《公》作「圈」。

說者以書君爲自將，書人爲微，非也。君不在，不稱君；君在，稱君可，稱人亦可。

夏，叔仲彭生會晉郤缺于承匡。《公》《穀》無「仲」字。「匡」，《公》《穀》作「筐」，鄭地。

晉謀諸侯之從楚者，是後晉、楚無歲不争，中原益紛然矣。

秋，曹伯來朝。

即位來見也。

公子遂如宋。

歸蕩意諸，且賀楚師之不害。

狄侵齊。

諸侯患狄，無寧歲矣。

冬，十月，甲午，叔孫得臣敗狄于鹹。

十有二年〇春，王正月，郕伯來奔。「郕」，《公》作「盛」。

失地奔魯也。

杞伯來朝。

請絶叔姬。

二月，庚子，子叔姬卒。

公之女弟也。不書歸，不允于杞也。不書大歸，未歸卒也。稱子，從夫也。不繫杞，杞絶也。

夏，楚人圍巢。

近楚小國。

秋，滕子來朝。〇秦伯使術來聘。「術」，《公》作「遂」。

告伐晉也。術不氏，尊内也，君在臣不族。説者曰：「大夫書名。秦無大夫，亦名，賢繆公。」非也。仲尼未嘗曰「我大夫而名，非大夫而不名」也。爵有公、侯、伯、子、男，則有卿、大夫、士。《春秋》不黜秦伯，而世儒欲黜秦大夫，是秦有君不得有臣，何居？或曰「繆公賢，名其使」，吾聞賢不名，未聞名而賢之也。

冬，十有二月，戊午，晉人、秦人戰于河曲。

秦伐晉，趙盾帥師禦于河曲，臾駢謀老秦師。秦師遁，臾駢欲薄之，胥甲、趙穿不用命，秦師遂入瑕。

季孫行父帥師城諸及鄆運。《公》作「運」，後同。

魯與莒争也。

十有三年○春，王正月。○夏，五月，壬午，陳侯朔卒。

邾子蘧篨卒。《穀》作「籧篨」。

邾文公元妃齊姜生定公，晉姬生捷菑。邾人立定公，捷菑奔晉。

自正月不雨，至于秋七月。

大旱也。

大泰**室屋壞。**《公》作「世室」。

大廟寢室也。屋壞，志慢也。屋壞則烝、嘗可知，烝、嘗壞則曾孫可知，《春秋》之義簡而至。

冬，公如晉。衛侯會公于沓踏。《公》「會」下無「公」字。

公朝晉也。衛因公求平于晉。

狄侵衛。

狄之禍衛，終于無已也。

十有二月，己丑，公及晉侯盟。○公還自晉。鄭伯會公于棐鄭地。《公》作「斐」〔一〕。「還」上《公》《穀》無「公」字。

鄭亦因公求平于晉。

十有四年○春，王正月，公至自晉。

〔一〕「斐」，原誤作「棐」，據《公羊傳》所附經文改。

凡如晉，往至必書，甚晉也。是歲春，頃王崩，周公閲與王孫蘇争政，不赴，故不書崩。魯不會，故不書葬。友邦君薨，赴然後會；王崩不赴，亦宜會。崩不知、葬不會、史不書，無王也。《春秋》因之，而魯與諸侯之罪可考而知矣。

邾人伐我南鄙。叔彭生帥師伐邾。

邾人以魯不會葬來伐，魯亦伐之。

夏，五月，乙亥，齊侯潘卒。○六月，公會宋公、陳侯、衛侯、鄭伯、許男、曹伯、晉趙盾，癸酉，同盟于新城宋地。

趙盾主盟，晉大夫長于諸侯矣。

秋，七月，有星孛佩**入于北斗。**

書異也。

公至自會。○晉人納捷菑于邾，弗克納。

趙盾以車八百乘造邾城下，納捷菑，邾人正辭，晉師退。説者謂《春秋》善盾，非也。捷菑不當立審矣，豈以大國之出而皆奪人嫡？事不慮可而動，退晚矣。

九月，甲申，公孫敖卒于齊。

初，穆伯從己氏于莒，魯人立其子文伯。文伯卒，立其弟惠叔。惠叔請復其父，未至，死于齊，遺二子于莒。

齊公子商人弒其君舍。

齊昭公元妃魯叔姬生子舍，弗愛。公子商人，桓公庶子也，驟施于國，得衆。昭公卒，舍即位三月而商人弒之。或疑舍未踰年不宜稱君，夫一日君矣，況三月乎？或疑弒君猶稱公子，夫商人非公子而誰？豈公子遂得弒君而弒君即非公子乎〔一〕？世儒所以轇轕于例也。

宋子哀來奔。

宋昭公無道，高哀來奔。往年蕩意諸亦來奔，不稱名，書「司城」，國難之辭也。《詩》云「正大夫離居」，不誠意諸也，未幾求復，遂及于禍。子哀來奔不復，禍亦不及，故書名以信之。聖言如

〔一〕「乎」，後印本作「與」。

化工隨物，惡在名之賤而爵之貴也？儒者辭窮則稱變體，吾末如之何矣。

冬，單伯如齊。齊人執單伯。

齊商人弒其君舍，魯因王請叔姬，王使單伯往。商人執王使，亦執叔姬。

齊人執子叔姬。

《公》《穀》謂叔姬與單伯私，蓋商人搆之。果爾，則經宜書「及」，別書，乃所以昭微，故《春秋》之義微而顯。

十有五年〇春，季孫行父如晉。

爲單伯、叔姬。王命不行而徼惠强霸，世道之羞也。

三月，宋司馬華去聲**孫來盟。**

子哀來奔，華孫來盟，宋岌岌亂作矣。華孫者，華督之孫。督弒其君而孫猶爲司馬，用人如此，欲無亂得乎？魯君與盟，又與宴，是誨之貳也。

夏，曹伯來朝。○齊人歸公孫敖之喪。

公孫敖死于齊，魯不許歸葬，期年而惠叔猶毁以請，乃許。

六月，辛丑朔，日有食之，鼓，用牲于社。

單伯至自齊。

齊以晉故，乃釋單伯。賊臣執天子之老，周不能討，魯不敢問，徼晉之惠脱于纍囚，説者猶謂「書官書名，所以貴之」，謬矣。

晉郤缺帥師伐蔡。戊申，入蔡。

蔡從楚，新城之盟不會，晉郤缺帥師伐之，取盟而還。

秋，齊人侵我西鄙。○季孫行父如晉。

告齊難，且請伐齊。

冬，十有一月，諸侯盟于扈。

謀伐齊也。晉與宋、衛、蔡、陳、鄭、許、曹人盟，魯不會，以齊難也。商人懼，賂晉，遂不果伐，故不列諸侯。嗟夫！商人辱天子、弑君、囚君母，而竟以賂免。晉之謂「逋逃主，萃淵藪」，非乎？故《春秋》所惡莫如晉。

十有二月，齊人來歸子叔姬。

以扈之盟也。不言叔姬來，言齊歸，歸由齊也，與哀姜同辭。

齊侯侵我西鄙，遂伐曹，入其郛孚。

諸侯之師寢，商人益驕，脩魯怨，遂伐曹，討朝魯也。

十有六年〇春，季孫行父會齊侯于陽穀，齊侯弗及盟。

魯求平于齊，季孫往受盟，齊侯弗許。

夏，五月，公四不視朔。

自二月至五月不視朔，公疾也。疾不視朔，常也，四則書。

六月，戊辰，公子遂及齊侯盟于郪丘齊地。《公》作「犀丘」，《穀》作「師丘」，《公羊疏》作「菑丘」。

公不往，使襄仲納賂，乃盟。

秋八月，辛未，夫人姜氏薨。毁泉臺。

文公母聲姜也。泉宫有蛇出，似先公之數，而夫人薨，謂臺爲祟，毁之。

楚人、秦人、巴人滅庸。

楚饑，庸人叛。楚以秦、巴之師滅之。

冬，十有一月，宋人弑其君杵臼。「杵」，《公》作「處」。

宋昭公無道，子鮑，公庶弟，驟施于國，國人附之。襄夫人王姬，昭公嫡祖母也，私于鮑。昭公田，夫人使帥甸卒攻殺之，立鮑爲文公，司城蕩意諸死焉。不及意諸，賤其不智也，已去求復，不逮高哀遠矣。

十有七年○春，晉人、衛人、陳人、鄭人伐宋。

晉以諸侯之師討宋弑昭公者，事雖不克，猶書四國、稱「伐」，與其進也。

夏，四月，癸亥，葬我小君聲姜。「聲」，《公》作「聖」。○齊侯伐我西鄙。

齊師至，公乃親往。

六月，癸未，公及齊侯盟于穀。

諸侯會于扈。

定宋鮑也。往年諸侯討齊，盟于扈，納賂退。今年諸侯討宋，會于扈，立賊還。事同，書同。稱「諸侯」，略之，傷無王也。

秋，公至自穀。○冬，公子遂如齊。

拜穀之盟也。

十有八年○春，王二月，丁丑，公薨于臺下。

非薨所也。

秦伯罃卒。○夏，五月，戊戌，齊人弑其君商人。

商人納閻職之妻而御其夫，尸邴歜之父而僕其子，二人謀弒之。

六月，癸酉，葬我君文公。○秋，公子遂、叔孫得臣如齊。

仲遂賀新君，得臣拜會葬也。仲遂因與齊人謀廢太子。太子，齊出也。

冬，十月，子卒。

文公夫人出姜生太子惡及視，敬嬴生接阿〔一〕。文公欲立接以屬襄仲，惠伯不可，襄仲請于齊，齊侯許之，遂殺惠伯，弒二子，立接爲宣公。不書弒，諱也。稱「子」，在喪也。

夫人姜氏歸于齊。

宣公奪嫡、出嫡母，襄仲弒君、逐君夫人，齊人黨惡，殺甥以絶姑，天下之大惡也。書夫人歸齊，傷之。

季孫行父如齊。

〔一〕「接」，《史記》《經典釋文》作「倭」，下同。

奪嫡之謀，行父與焉，仲尼譏「三思」以此。

莒弑其君庶其。

《傳》稱莒公無道，黜其太子僕，愛季佗，僕因國人弑公，遂出奔。《春秋》不書僕，書莒，禍由國人也。弑父大惡，聖人詳審之至，文致附會，非《春秋》義也。

春秋直解卷七終

春秋直解卷八

郝敬 習

宣公

宣公名倭，文公子，在位十八年。

元年〇春，王正月，公即位。

公子遂如齊逆女。三月，遂以夫人婦姜至自齊。

大喪未期，昏，急于親齊也。本仲遂之謀，故逆至書「遂」。婦，有姑之辭。

夏，季孫行父如齊。

納賂，且乞會也。

晉放其大夫胥甲父于衛。

討不用命也。初，晉與秦戰于河曲，胥甲、趙穿違命縱敵，今七年矣，討不已後乎？不及趙穿，趙盾之私也，君子知惡成之漸矣。

公會齊侯于平州。

行父賂入，平州乃會，定公位也。

公子遂如齊。

拜平州之成也。

六月，齊人〔一〕**取濟西田。**

爲謀奪適者，齊也；出君母、致新婦者，齊也；成會定位者，又齊也。取濟西田，猶曰「投我木桃」耳。

〔一〕「齊人」二字原脱，據《春秋》經文補。

秋，邾子來朝。

邾子新立也。

楚子、鄭人侵陳，遂侵宋。

鄭人以晉受齊、宋之賂，從于楚，遂侵陳、宋，討其從晉也。

晉趙盾帥師救陳。○宋公、陳侯、衛侯、曹伯會晉師于棐林，伐鄭。「棐」，《公》作「斐」。

不書救宋，楚師先陳也。胡氏謂「宋弑君，削之」，鑿也。于棐林，不成伐也，遇楚師還。

冬，晉趙穿帥師侵崇。「崇」，《公》作「柳」。

崇，秦屬也。晉欲與秦成而難請，趙穿謀侵崇要之，無功。書「帥師」，專也，弑君之賊專而後動于惡。

晉人、宋人伐鄭。

棐林之役，楚人囚晉解揚，鄭故也，晉以宋伐之。

二年〇春，王二月，壬子，宋華化元帥師及鄭公子歸生帥師，戰于大棘，宋師敗績，獲宋華元。

鄭公子歸生受命于楚伐宋，宋華元被執而逃，據事直書，詳明如此，何世儒之鑿說也。

秦師伐晉。

報崇之役也。

夏，晉人、宋人、衛人、陳人侵鄭。

趙盾以三國之師禦秦師，遂侵鄭，楚救免。

秋，九月，乙丑，晉趙盾弑其君夷皐。「皐」，《公》作「獋」。

晉靈公無道，趙盾驟諫，日以殺盾爲事。盾出亡，使姪趙穿殺靈公于桃園，盾遂返。世儒謂盾不弑君，《春秋》責備賢者耳。仲尼曰：「吾之於人，誰毁？」弑君大惡，盾皭然無染而漫加之，夫非毁與？盾爲政，穿爲從子，河曲違命不問，伐崇無功不討，何爲者與？桃園之事，路人知之，豈盾不知乎？始謀先去自掩，事成則返，釋賊不討，又使迎立新君，以逋舊罪。盾爲穿計，非自爲計乎？史稱晉司寇屠岸賈作亂，討靈之賊，滅趙盾之族，當時已明知盾弑君矣。豈無罪責備？道其實而已。

冬，十月，乙亥，天王崩。

三年〇春，王正月，郊牛之口傷，改卜牛，牛死，乃不郊。猶三望。

郊非常祭，而魯爲常，常則不書。牛傷改卜死非常，書非常以表常也。終《春秋》書魯郊九，龜違四、牛災四、非其時一，議禮者可以觀矣。是時天子新喪，用吉祭，禮與？

葬匡王。

楚子伐陸渾之戎。《公》《穀》皆無「之」字。「渾」，《穀》作「賁」。〔一〕

伊雒之有戎，晉遷之也。豢犬羊於堂室爲私屬，以逼天子，晉之惡可勝道哉？子帶之亂，襄王蒙塵，皆陸渾爲之，齊桓主盟不能討，重耳納王、誅子帶而戎無恙。文、宣以來，夷狄之禍不絕書，晉驪彊梁，虎視諸侯，以此屬爲爪牙，其敢誰何？昭公九年周詹伯讓晉之辭可知也。楚宅南邦，于戎非切膚，非有精忠勤王、奉辭伐罪之誠，視友邦相攻，猶彼善於此。書曰「楚子伐陸渾之戎」，名正言順，世

〔一〕按經文「陸渾之戎」，《公羊傳》所附經文作「賁渾戎」，《穀梁傳》所附經文作「陸渾戎」。故注文此句當作「『陸』，《公》作『賁』」。

誇召陵、城濮，未昌言若此，而乃執夷楚之例，謂夷狄相攻，果仲尼之意乎？昔周之盛也，玁狁居焦穫〔一〕，侵朔方，詩人憂曰：「玁狁孔熾，我是用棘。」今戎逼處畿甸，天子不能討，楚人一舉，又罪之，其若王室何？或曰：「楚子不當問鼎。」夫恒情貴耳，過周郊問九鼎，其誰不然？《左氏》因事脩辭以蔽罪，是腹誹之律也。或曰：「《春秋》奬楚乎？」曰：「非奬楚也，書『伐陸渾』以惡夫遷陸渾者爾。」

夏，楚人侵鄭。

鄭即晉也。

秋，赤狄侵齊。○宋師圍曹。

宋文公盡逐武、穆之族，武、穆之族以曹伐宋，宋報之，圍曹。宋書，曹不書，何也？舉其甚者。宋鮑殺母弟、殘宗室，國內糜沸，豈曹之爲患耳？身爲大逆，九族解體，外搆怨於諸侯，樂其所以亡者。

冬，十月，丙戌，鄭伯蘭卒。○葬鄭穆公。

〔一〕「穫」原作「鑊」，據《詩·小雅·六月》改。

四年○春，王正月，公及齊侯平莒及郯，莒人不肯。公伐莒，取向。

大之恤小也，平其忿而服其心，疇敢不從？以禮字人，若之何伐而取也？

秦伯稻卒。○夏，六月，乙酉，鄭公子歸生弑其君夷。

《傳》稱弑靈公者，公子宋也，歸生與聞之。非也。魯宣公十年，鄭人討靈公之賊，斲歸生之棺，國人有輿論矣。書「歸生」，實録也，豈其責備，如世儒之云乎？

赤狄侵齊。

夷狄之禍不絶書，其誰能攘夷者？

秋，公如齊。○公至自齊。

朝齊也。以齊得國，故事齊惟謹。

冬，楚子伐鄭。

鄭從晉也。

五年○春，公如齊。

朝也。齊高固欲娶叔姬，止公盟，而後遣。

夏，公至自齊。○秋，九月，齊高固來逆叔姬。《公》《穀》「叔」上有「子」字。

叔姬歸高固，非公志也。語云「受人施者常畏人」，魯宣公之謂矣。

叔孫得臣卒。

不日，史闕也。

冬，齊高固及子叔姬來。

諸侯女爲大夫妻，常也；夫以其婦來婦家，亦常也。此書，何也？止人君父而摟其處子，其駢然而來也，《易》所謂「寇婚媾」與？

楚人伐鄭。

鄭從晉也。

六年〇春，晉趙盾、衛孫免侵陳。

陳即楚也。趙盾身爲賊主，内弑君而外争諸侯，書「侵」，惡之。

夏，四月。〇秋，八月，螽。〇冬，十月。

七年〇春，衛侯使孫良夫來盟。

宣公不朝晉，晉使衛人囮之。良夫來盟，詐也。

夏，公會齊侯伐萊。

助齊伐也。

秋，公至自伐萊。〇大旱。〇冬，公會晉侯、宋公、衛侯、鄭伯、曹伯于黑壤。

公以孫良夫之盟朝晉，晉人止公，責賂而後與盟。

八年〇春，公至自會。〇夏，六月，公子遂如齊，至黄乃復。

疾也。禮，大夫奉使出，聞親喪，徐行不返，身死，以尸將命。中道復，非禮也。

辛巳，有事于大廟。仲遂卒于垂。壬午，猶繹，萬入去籥。

禮，大夫卒，當祭不告，終事告，明日不繹。聞訃而繹，舞入去籥，皆非也。爲國以禮，防禮以微，雖羽籥楹桷，事小必詳，故曰「胡簋之事，則嘗聞之」。才如管子，不辨反坫、樹塞，不爲大器。察邇謹微，《春秋》之義也。

戊子，夫人嬴氏薨。《公》《穀》作「熊氏」。

文公之妾，宣公母，敬嬴也。私襄仲而奪嫡，其薨也，猶稱〔一〕「夫人」，何例之貶焉？

晉師、白狄伐秦。

以夷狄攻親戚，《春秋》所甚惡也。

楚人滅舒、蓼。「蓼」，《公》作「鄝」。○秋，七月，甲子，日有食之，既。

冬，十月，己丑，葬我小君敬嬴。雨，不克葬。庚寅，日中而克葬。「敬嬴」，《公》《穀》

〔一〕「稱」，原作「之」，據後印本改。

作「頃熊」。

子爲諸侯，母焉得非小君？說者議貶，謬也。雨不克葬，惡不戒也。《左氏》以爲禮，大事不克，而可謂禮乎？禮，葬不爲雨止〔一〕，有禮則不書。

城平陽。

凡城書，重守也。

楚師伐陳。

陳從晉也。

九年○春，王正月，公如齊。○公至自齊。

拜會葬也。

夏，仲孫蔑如京師。

〔一〕「葬不爲雨止」，原作「不書爲雨止」，據後印本改。

王使來徵聘，孟獻子往。宣公立九年矣，朝齊無歲不親，如京之使纔一見，且以徵行，非禮也。

齊侯伐萊。

秋，取根牟。

邾婁之邑，魯取也。

八月，滕子卒。〇九月，晉侯、宋公、衛侯、鄭伯、曹伯會于扈。晉荀林父帥師伐陳。

會扈，謀伐陳也。陳從于楚。

辛酉，晉侯黑臀卒于扈。

晉成公卒于會，荀林父以師還。不書葬，魯不會也。何以不會？銜黑壤之怨也。

冬，十月，癸酉，衛侯鄭卒。

衛成公卒，不書葬，魯亦不會。何以不會？銜孫良夫之詐也。

宋人圍滕。

伐喪，不仁也。

楚子伐鄭。晉郤缺帥師救鄭。

楚書爵，晉書名，即如儒者例，未爲絀楚也。

陳殺其大夫洩冶。「洩」，《公》《穀》作「泄」。

鄭穆公之女夏姬，陳大夫夏御叔之妻，徵舒之母。御叔死，靈公與大夫孔寧、儀行父通焉。衷其衵匿服，戲于朝。洩冶諫，寧、行父言于公，殺之。《傳》謂仲尼不直洩冶，有是乎〔一〕？

十年○春，公如齊。○公至自齊。○齊人歸我濟西田。

上書「公如齊」，下書「歸田」，田之歸，其以勞公也？若曰「十年事我勤，以相酬耳」。嗟夫！此一濟西田也，昔何以往？今何以來？《詩》云「既往既來，使我心疚」，其濟西田之謂與？

〔一〕「乎」，後印本作「哉」。

夏，四月，丙辰，日有食之。

己巳，齊侯元卒。○齊崔氏出奔衛。

崔氏，齊世卿。惠公卒而出奔，其素席公之寵耳。書氏，以族行也。

公如齊。○五月，公至自齊。

奔齊喪也。禮，親喪子奔，君喪臣奔。諸侯相奔喪，非禮也。

癸巳，陳夏徵舒弑其君平國。

陳靈公與孔寧、儀行父數淫于夏姬，徵舒惡之，遂弑靈公，孔寧、儀行父奔楚。

六月，宋師伐滕。○公孫歸父如齊，葬齊惠公。

歸父，仲遂子。宣公不忘齊侯，故亦不忘仲遂。

晉人、宋人、衛人、曹人伐鄭。

鄭從楚也。

秋，天王使王季子來聘。

報仲孫蔑也。諸侯之大夫，九年一如京師。天子之貴介弟，不踰年而報禮，比于滕、薛之事魯耳。

公孫歸父帥師伐邾，取繹。「繹」，《公》作「蘱」。

仲遂死，而其子驟貴矣，所以不忘東門之勳，爲豎子急成名也。抑或憤三桓之專，引媢子爲腹心乎？卒以如晉之謀，遂見逐也。

大水。○季孫行父如齊。○冬，公孫歸父如齊。

行父賀新君，歸父獻繹捷，事齊極備矣。

齊侯使國佐來聘。

報奔喪也。往來常禮，何足書？魯數往而齊一來，魯君往而齊臣來，齊倨而魯恭也。故夫君子恭近於禮，宣公之恭於齊，亦遠於禮乎？

饑。○楚子伐鄭。

鄭受晉盟也。是役也，晉士會救鄭，逐楚師于潁北，諸侯之師戍鄭，皆不書，何也？楚盛於莊王之世，晉政衰矣，栽培傾覆，天之道，聖人何擇焉？

十有一年○春，王正月。○夏，楚子、陳侯、鄭伯盟于辰陵。

陳、鄭與楚盟書，與晉盟不書，《春秋》之意可知。

公孫歸父會齊人伐莒。

宣公寵利歸父，内典軍政，外結鄰好，使無替先勳也。疏老成而任新進，豈爲東門氏計長久乎？

秋，晉侯會狄于欑攢函。

欑函，狄地。晉患狄，使郤成子求成，衆狄苦赤狄之役，許晉。晉侯往會之，詐也。

冬，十月，楚人殺陳夏徵舒。

討賊之辭。説者謂「不告天王，貶稱人」，迂也。

丁亥，楚子入陳。○納公孫寧、儀行父于陳。「寧」，《公》作「甯」。

討賊可也，賊討矣，而又入之，甚矣。納公孫寧、儀行父，是除草而養其萌也。二子淫惡，從臾以亡君，殺徵舒謝陳侯，亦殺二子謝洩冶，可矣。《左傳》謂爲「有禮」，是何禮與？

十有二年〇春，葬陳靈公。

陳靈公死，二十有一月葬，以亂故。説者謂「賊討後書葬」，楚不殺徵舒，靈公不得葬乎？

楚子圍鄭。

楚圍鄭，旬有七日〔一〕，鄭伯肉袒牽羊請降。楚子曰：「能下人，不可幾也。」退與之平而舍之。

夏，六月，乙卯，晉荀林父帥師及楚子戰于邲弼**，晉師敗績。**

不書晉救鄭，何也？楚既舍鄭，不直晉之復戰也。書「及楚子戰」，戰非楚子得已也。書「敗績」，直也。説者謂楚長見絶于《春秋》，無稽之言與？

秋，七月。〇冬，十有二月，戊寅，楚子滅蕭。

蕭貳于晉，楚伐之，宋救之，蕭人執楚熊相宜僚、公子丙，楚請勿殺退師，蕭人殺之，楚遂滅蕭。

〔一〕按據《左傳》，楚圍鄭旬有七日後退，又圍鄭三月後，鄭伯方請降。

晉人、宋人、衛人、曹人同盟于清丘衛地。

拒楚也。

宋師伐陳。○衛人救陳。

宋爲晉伐陳，衛爲楚救之。夫衛，朝盟而夕貳，孔達所以不免也。

十有三年○春，齊師伐莒《公》作「伐衛」。

莒不事齊也。

夏，楚子伐宋。

討其救蕭也。

秋，螽。○冬，晉殺其大夫先縠《穀》作「穀」。

先縠負晉多矣，邲之戰，違命喪師，已又召狄伐晉，晉殺之宜爾。然書與洩冶、孔達同，烏有削爵之例？

十有四年○春，衛殺其大夫孔達。

晉使人問衛之救陳者，不首，將加師，孔達自縊。君子曰：「晉之迫諸侯，何以異于秦之迫六國哉？人知秦如虎，而不知晉如狼也。」

夏，五月，壬申，曹伯壽卒。○晉侯伐鄭。

報邲之役也。

秋，九月，楚子圍宋。

初，宋救蕭伐陳，楚子銜之，楚使人適齊，過宋，不假道，宋人殺之，楚子圍宋。

葬曹文公。○冬，公孫歸父會齊侯于穀。

歸父新進，主諸侯，行父諸人所以側目也。

十有五年○春，公孫歸父會楚子于宋。

薦賄于楚，孟獻子之謀。

夏，五月，宋人及楚人平。

楚圍宋久，宋華元夜入楚師，告令尹子反曰：「敝邑易子而食，析骨而炊。」子反曰：「何子之情也？」告楚子，楚子退師三十里，與平。君在書「人」，此亦一徵。

六月癸卯，晉師滅赤狄潞氏，以潞子嬰兒歸。

潞，赤狄族。晉侯姊爲潞子夫人，潞相酆舒虐殺之。晉人滅潞，殺舒，以潞子歸。

秦人伐晉。

晉景公東略狄，魏顆禦秦師，敗之輔氏。

王札子殺召伯、毛伯。

天子之大夫爭政，相殺也。

秋，螽。

仲孫蔑會齊高固于無婁郕邑。《公》作「牟婁」。

《傳》不言其故。君子曰：「禮之始失也，諸侯非王事而自相會，不自天子出矣。無何，諸侯與大夫會。無何，大夫與大夫會，又不自諸侯出矣。田氏簒齊，三桓專魯，六卿分晉，職此之由。」

初稅畝。

宣公在位十五年，盟會、薦賄之事多而饑歲相仍。六年螽，七年旱，十年大水，十三年螽，十五年又螽，力詘舉贏，焉得不苟取？履畝加稅，公田之法壞矣。

冬，蝝員生。

螽子也。

饑。

終《春秋》書饑三，宣公十五年閒二，其甚者爾。厚斂冗費，無荒政，故足書。

十有六年〇春，王正月，晉人滅赤狄甲氏及留吁。

甚晉也。始會以驕之，離其黨以弱之，遂滅之。欺犬羊無知而納諸刀俎，凡晉事類此。然則狄可縱乎？曰：「聖人防其害，不殄其無辜。」

夏，成周宣榭《公》作「謝」**火**《公》《穀》作「災」。

周宣王廟之檐榭。天子宗廟災，來告，書。

秋，郯談**伯姬來歸。**

出也。

冬，大有年。

幸之也。

十有七年○春，王正月，庚子，許男錫我卒。○丁未，蔡侯申卒。○夏，葬許昭公。○葬蔡文公。○六月癸卯，日有食之。

己未，公會晉侯、衛侯、曹伯、邾子，同盟于斷短**道**晉地。

初，晉郤克入齊徵會，足不良于行，而聞婦人有笑帷中者，銜之。是役也，齊侯不敢往，以四大夫盟，晉人併執之而逃。

秋，公至自會。

初，宣公事齊謹，及齊、晉有隙，魯遂去齊，齊、魯離而晉得閒，自盟斷道始。

冬，十有一月，壬午，公弟叔肸欣入聲**卒。**

叔肸，宣公母弟。初，宣公篡立，叔肸辭祿，織屨食，至是卒。書，惜之。説者謂「書叔、仲，賜姓而世官也；書卒，大夫也」，有如叔肸不仕，亦氏亦卒，大夫世官也與哉？人死不稱卒，遇伯兄不稱叔、季，若何可？凡世儒説《春秋》，迂誕類此。

十有八年〇春，晉侯、衛世子臧伐齊。

斷道之盟，齊不會，晉、衛共伐之。齊侯受盟，以公子彊質。

公伐杞。〇夏，四月。〇秋，七月，邾人戕牆**鄫子于鄫。**

不虞而遇害曰戕。

甲戌，楚子旅卒。「旅」，《穀》作「呂」。

楚莊王亦一時賢諸侯也，據經傳所載，無論晉文，幾事而不如齊桓？伐陸渾，討夏南，縣陳復之，得鄭舍之，圍宋不取，敗晉不驕，念子文之勳爲立後，知叔敖之賢委以國，斯亦春秋諸侯巨擘矣。雖欲擯之，焉得而擯諸？說者曰「夷狄不卒，卒不日，卒而日，簡之」，例窮而辭支也。不書葬，沒其以王也。

公孫歸父如晉。

謀去三桓也。或曰：「宣公不死，三桓可去乎？」曰：「未可。行父忠勤聞于諸侯，歸父新進，物望未允。公得國不正，外失齊好，其弗濟矣。」

冬，十月，壬戌，公薨于路寢。○歸父還自晉，至笙《公》《穀》作「檉」**，遂奔齊。**

公薨，季文子與臧宣叔逐東門氏。歸父還自晉，及笙，使介復命，壇帷而哭，遂奔齊。君子曰：「行父之逐東門氏也，妒宣公之寵也。初，宣公奪嫡，行父與有力，事成，公惟襄仲是德。襄仲朝死，子夕貴，典重兵，銜使命，委任權力，出行父上。行父衷不平，而歸父又謀去之，謀未成，宣公捐館，而歸父爲朝露，何怪乎？雖然，君死未殯，逐其親臣，是以君死幸也，行父惡得爲仁哉？」

春秋直解卷八終

春秋直解卷九

郝敬　習

成公

成公名黑肱，宣公子，在位十八年。

元年〇春，王正月，公即位。〇二月，辛酉〔一〕，葬我君宣公。

無冰。

冬燠也。

三月，作丘甲。

備齊也。先是，魯背齊即晉，復與楚謀伐齊，會楚子卒，不果，齊人銜之。及公孫歸父奔齊，三

〔一〕「辛酉」，原作「辛卯」，據《春秋》經文改。

桓懼而設備，作丘甲，加賦以益兵也。田曰丘，兵曰甲，或曰「四井爲邑，四邑爲丘」，其詳不可考，其横斂可知也。

夏，臧孫許及晉侯盟于赤棘晉地。

初，歸父謀以晉去三桓。及歸父亡，三桓懼晉討，使臧孫許受盟。

秋，王師敗績于茅戎《公》《穀》作「貿戎」。

不書戰，不以戎敵天子也。

冬，十月。

二年〇春，齊侯伐我北鄙。

齊伐魯，圍龍，取之。

夏，四月，丙戌，衛孫良夫帥師及齊師戰于新築衛地，**衛師敗績。**

齊師自魯伐衛，報子臧之役，孫良夫禦之而敗。

六月，癸酉，季孫行父、臧孫許、叔孫僑如、公孫嬰齊，帥師會晉郤克、衛孫良夫、曹公子首《公》《穀》作「手」，及齊侯戰于鞌安，齊師敗績。

魯、衛乞晉師報齊，郤克以齊婦之恨，從臾晉侯，出車八百乘，會諸侯之師，敗齊于鞌。

秋，七月，齊侯使國佐如師。己酉，及國佐盟于袁婁。「袁」，《穀》作「爰」。

鞌距齊五百里。袁婁，齊郊外五十里。敗于鞌，盟于袁婁，師及城下矣。郤克問昔婦人之笑于帷中者，責齊侯母爲質，齊使國佐賂晉，反魯、衛侵地，乃許平。

八月，壬午，宋公鮑卒。〇庚寅，衛侯速《公》作「遫」〔一〕卒。

取汶問陽田。

汶陽，魯田之見侵于齊者。魯取之，袁婁之盟也。

冬，楚師、鄭師侵衛。十有一月，公會楚公子嬰齊于蜀。

〔一〕「遫」，原作「遬」，據《公羊傳》所附經文改。

罪楚耳。

初，宣公求好于楚，楚莊王卒，宣公亦卒，不克好。公即位，受盟于晉，衛亦受盟于晉，從伐齊，故楚令尹子重侵衛，衛服侵魯，及陽橋〔一〕。孟獻子賂楚求平，公子出質。是時，季孫行父爲政，不能捐忿布公，保輯境内，而以私怨搆敵，敵師入境，乃屈身請盟，質君嗣，所損寔多，《春秋》不獨

丙申，公及楚人、秦人、宋人、陳人、衛人、鄭人、齊人、曹人、邾人、薛人、鄫人盟于蜀。

是役也，蔡人、許人皆在，二君幼，不與盟，不書。楚人即公子嬰齊也，前與公會，故名。今十一國大夫并省書人，説者謂「尊晉詘楚」，然經既先楚矣。郤克以婦人一笑辱人君母，甥舅之國，比于戎狄，獻捷于王，遑〔二〕然有飛揚之志，説者尤欲詘諸侯事之，謬矣。

三年〇春，王正月，公會晉侯、宋公、衛侯、曹伯伐鄭。

晉人以邲之怨，再伐鄭，鄭人覆而敗諸丘輿。宋、衛之君有新喪，即戎，非禮也。

〔一〕「陽橋」，原誤作「楊橋」，據《左傳》改。

〔二〕「遑」，後印本作「闖」。

辛亥，葬衛穆公。○二月，公至自伐鄭。

甲子，新宮災，三日哭。

新，猶「新延廄」之新，脩葺之也。遷舊主，改塗易檐，將納新主，故書「新宮」。方新遇災，三日哭，哀之也。戴聖《記》以爲禮，《公》《穀》因之。胡氏謂不稱宣宮，主尚未入，無主哭，非禮，故書。

乙亥，葬宋文公。

生而簒國，死用人殉，《春秋》之厲諸侯也，焉得文？

夏，公如晉。

拜汶陽田。

鄭公子去疾帥師伐許。

許恃楚，不事鄭，鄭伐之。

公至自晉。

秋，叔孫僑如帥師圍棘。

汶陽人不肯歸魯，魯以師圍之。君子曰：「衆心不附，圍何可長也？」

大雩。

旱也。

晉郤克、衛孫良夫伐廧(牆)**咎**(高)**如。**「廧」，《公》作「將」，《穀》作「牆」。

赤狄之餘也。

冬，十有一月，晉侯使荀庚來聘。衛侯使孫良夫來聘。

入春秋百三十有五年矣，而魯未受晉聘，荀庚來，一旦有禮，何也？東諸侯大者，魯與齊，如驂與靷。晉新盟齊，使衛人招魯，齊盟而魯懼，魯盟而齊孤，■附晉益堅。二子來，要盟也，書「聘」，諱也。

丙午，及荀庚盟。丁未，及孫良夫盟。

殊盟，非禮也。論周班，衛爲先，論同姓，衛爲戚，謂晉爲盟主乎？先歃可矣。

鄭伐許。

去疾未得志也。

四年○春，宋公使華元來聘。

宋共公新立也。

三月，壬申，鄭伯堅卒。

杞伯來朝。

將歸叔姬也。

夏，四月，甲寅，臧孫許卒。

公如晉。

朝也。

葬鄭襄公。

秋，公至自晉。

晉侯不敬公，公將求成于楚，季文子止之。

冬，城鄆運。

書，重守也。

鄭伯伐許。

鄭病晉、楚而頻年伐許，貪亂[redacted]無已也。

五年○春，王正月，杞叔姬來歸。

見出也。

仲孫蔑如宋。

報聘也。

夏，叔孫僑如會晉荀首《公》作「秀」**于穀**齊地。

晉荀首如齊逆女，魯使叔孫餉之。君子曰：「齊之女于讐，非得已，遠懼晉而近患魯。魯樹近敵，亦何利焉？晉所以收漁人之功耳。」

梁山崩。

晉地山。《春秋》書山崩二，皆晉也。《易》曰「地道變盈」，儻亦晉分之兆與？

秋，大水。○冬，十有一月，己酉，天王崩。

十有二月，己丑，公會晉侯、齊侯、宋公、衛侯、鄭伯、曹伯、邾子、杞伯，同盟于蟲牢鄭地。

鄭爭許田，訟于楚，不勝，求成于晉。晉會諸侯于蟲牢，盟鄭，備楚也。蟲牢密邇京師，天王新喪，咫尺諒闇，過而不問，《春秋》所以惡晉也。

六年○春，王正月，公至自會。

二月，辛巳，立武宮。

魯武公至是十一世，已毁之廟也。鞌之役，謂國有武功，倣周制爲武世室。《記》云：「魯公之廟，文世室也；武公之廟，武世室也。」諸侯五廟而有世室，僭也。

取鄟專。

邾邑。魯取之也。

衛孫良夫帥師侵宋。

蟲牢之盟，晉欲再會，宋人辭，晉人銜之，至是使伯宗、夏陽説、衛孫良夫侵宋。鄭與戎蠻之師皆在，獨書衛，惡良夫也。東方之多事，良夫爲之。

夏，六月，邾子來朝。

公孫嬰齊如晉。

晉召使伐宋也。

壬申，鄭伯費秘**卒。**

秋，仲孫蔑、叔孫僑如帥師侵宋。

晉非有深怨于宋，徒以蟲牢辭會，使衛人伐之，不已，又使魯伐之。曾驅諸侯如臣僕，而魯奉命唯謹。四年，宋聘魯，五年，魯聘宋，兩國方睦，魯甘心棄宋好，畏晉也。故《春秋》所惡莫如晉。

楚公子嬰齊帥師伐鄭。

鄭從晉也。

冬，季孫行父如晉。

賀遷也。晉去故絳，遷新田。

晉欒書帥師救鄭。「救」，《公》作「侵」。

楚師還，晉遂侵蔡，楚救之，晉師亦還。

七年○春，王正月，鼷奚鼠食郊牛角，改卜牛。鼷鼠又食其角，乃免牛。

鼠小曰鼷。免牛，不郊也。魯郊牛之異屢見，《詩》云「上帝不寧，不康禋祀」，其斯之謂與？

吴伐郯談。

吴，周太伯之後，儒者以其居吴，謂之夷。有如楊拒、泉臯居伊雒，可謂之華族乎？《春秋》于吴，書盟、書會、書國、書爵，與諸侯同，何知仲尼本夷之也？

夏，五月，曹伯來朝。

不郊，猶三望。

書「不郊」，則郊屢矣；「猶三望」，望亦非也。《春秋》之義婉而直。

秋〔一〕**，楚公子嬰齊帥師伐鄭。公會晉侯、齊侯、宋公、衛侯、曹伯、莒子、邾子、杞伯救鄭。○八月，戊辰，同盟于馬陵。**

楚伐鄭，晉以諸侯救之，爲馬陵之盟。

公至自會。

〔一〕「秋」字原脱，據《春秋》經文補。

吴入州來。

州來，楚邑。初，楚申公巫臣竊夏姬奔，仕于晉，楚子重、子反分巫臣室而殺其族。巫臣爲晉使吴，教吴車戰叛楚，至是伐楚，入州來，巫臣與晉之謀也。

冬，大雩。

旱也。不月，史逸也。八九月猶不雨，旱甚也。《穀梁》謂「冬無爲雩」，失之。

衛孫林父出奔晉。

衛定公惡孫林父，林父奔晉。良夫之子。

八年〇春，晉侯使韓穿來言汶陽之田，歸之于齊。

汶陽本魯田，見侵于齊，鞌之役，晉取以歸魯，兹復奪以與齊。《詩》云「之子無良，二三其德」，君子所以惡晉也。

晉欒書帥師侵蔡。

蔡附楚也。

公孫嬰齊如莒。

其事不可考。

宋公使華元來聘。

聘伯姬也。伯姬賢，來媵者三國。

夏，宋公使孫壽來納幣。

徵伯姬也。

晉殺其大夫趙同、趙括。

趙同、趙括、趙嬰皆趙盾弟。盾子朔，娶于成公女莊姬，趙嬰通焉，同、括共逐嬰。莊姬愬于晉侯曰「同、括爲亂」，使欒、郤誣証之，遂殺二子。《春秋》書殺大夫多矣，此尤無罪，而書法同，未有以褒貶也。

秋，七月，天子使召伯來錫公命。「錫」，《左》作「賜」。

禮，諸侯繼世新立，覲天子，則錫之命；人臣有匡天子功，則加錫命。魯成公在位八年，無朝覲之禮，無敵愾之功，而王使來錫命，是僭賞也。賞僭，則爲善者不榮。

冬，十月，癸卯，杞叔姬卒。

卒于魯也。

晉侯使士燮來聘。叔孫僑如會晉士燮、齊人、邾人伐郯。

郯從吴也。晉徵兵于魯伐之，季孫行父請緩，士燮怒，魯師遽出。書「聘」，諱也。

衛人來媵印。

媵伯姬也。禮，諸侯夫人歸，以姪、娣從，同姓二國媵之，亦各以姪、娣從，一娶九女也。伯姬歸宋而衛、晉、齊三國皆媵，是十二女也。惟王十二，宋以先代後用王禮，魯尤而效之。

九年〇春，王正月，杞伯來逆叔姬之喪以歸。

婦人生見出，而死歸葬，非禮也。

公會晉侯、齊侯、宋公、衛侯、鄭伯、曹伯、莒子、杞伯，同盟于蒲。

諸侯以汶陽田不直晉，晉遂與諸侯盟。君子曰：「晉之行詐久矣，何獨一汶陽田耳。汶陽田既不信，而蒲之盟又足信乎？盟非古也，胡人彈骨、越人嚙臂、中國歃血，皆市井駔儈之約，晉人挾以爲大權，而諸侯信以爲大事。顧朝盟之，夕背之；今日盟之，明日背之。其背之也，閧然相争，争之不已，譎然又盟。此謂蜮之心，飾人之貌；牲之血，塗虺之口。烏足信乎？然且兢兢奉之曰『盟主』、曰『齊盟』，是何晉人狡而諸侯愚也？亦可笑矣。」

公至自會。

二月，伯姬歸于宋。○夏，季孫行父如宋致女。

女嫁三月，廟見而後成婦。使卿致之，禮也。

晉人來媵。

媵伯姬也。

秋，七月，丙子，齊侯無野卒。

晉人執鄭伯。晉欒書帥師伐鄭。

鄭私與楚盟，鄭伯如晉，晉人執之，殺鄭行人伯蠲，遂使欒書伐鄭。楚子重侵陳救鄭，不書，無功也。書「執」，甚晉也。殺行人不書，史不備也。

冬，十有一月，葬齊頃公。

楚公子嬰齊帥師伐莒。庚申，莒潰。楚人入鄆莒邑。

楚子重自陳伐莒，莒無城郭之備，浹辰之閒，克其三都：渠丘、莒、鄆。

秦人、白狄伐晉。

晉以白狄伐秦，秦亦以白狄報之。始作俑者，晉也。後世踵其敝，使神州沈没，華夏腥羶，《春秋》垂戒遠矣哉。

鄭人圍許。

鄭人以晉執其君，故出師圍許，示不急也。

城中城。

魯城也。

十年○春，衛侯之弟黑背帥師侵鄭。

晉命也，討其圍許。

夏，四月，五卜郊，不從，乃不郊。

五月，公會晉侯、齊侯、宋公、衛侯、曹伯伐鄭。

晉執鄭伯，踰年不遣，鄭人用叔申謀，立世子髠頑爲君。晉乃以諸侯伐鄭，歸鄭伯。鄭伯歸討立君者，殺叔申。不書，史不備也。

齊人來媵。

媵伯姬也。異姓媵，非禮也。

丙午，晉侯獳（耨平聲）卒。○秋，七月，公如晉。

奔喪也。晉人以公貳于楚，止公，使送葬。惟天子葬，諸侯送，《春秋》所以甚晉。

冬，十月。《公》闕此三字。

十有一年〇春，王三月，公至自晉。晉侯使郤犨《公》作「州」，後同來聘。己丑，及郤犨盟。

晉止公九月，公請受盟，乃遣，使郤犨來涖盟。書「聘」，史諱也。是役也，郤犨求婦，聲伯女弟爲施孝叔妻，奪以與之。凡晉人貪淫，無異狗彘，謂《春秋》與晉者，無是非之心者也。

夏，季孫行父如晉。

拜盟也。

秋，叔孫僑如如齊。

脩好也。齊、魯自鞌之役，不通聘者凡十年。

冬，十月。

十有二年〇春，周公出奔晉。

周公楚與伯輿爭政，不勝，出奔晉。天子不能制其大夫，則紀法斁；天子之大夫爭而告于諸侯，則體統乖。周弱晉强，《春秋》所由作爾。

夏，公會晉侯、衛侯于瑣澤。

宋華元善于晉、楚之執政者，欲成晉、楚，會于瑣澤，成也。鄭伯在不書，聽也。書三國，少之。不書成，成未可也。晉、楚大夫盟于宋，晉侯與楚大夫會于赤棘，皆不書，楚不誠也。楚僨于吴，詭求息肩于晉，晉人信之，以誇于鄭曰：「楚與我矣。」夫鄭，楚所必爭也，楚欲得鄭，晉不欲失鄭，雖盟何益？故曰「成未可」。或曰：「苟成也，不亦可乎？」曰：「亦不可。不利于周，不利于諸侯。夫晉已横矣，益楚如兩狼，必分南北，約兄弟王，而周室危。别屬國，并朝貢，而諸侯危，則東周之滅，不待秦政得志。劉、項之勢，已分于簡王之季矣。故曰『成亦不可』。善乎孟軻氏有言『出則無敵國外患者，國恒亡』〔一〕，離晉、楚以攜虎狼之群，借交掣之勢，延東周一線之脉，聽天命人心所止，以徐待真主之出，亦《春秋》之意，卒未可與章句之士譚此耳。」

〔一〕「善乎孟軻氏有言出則無敵國外患者國恒亡」十八字，後印本删。

秋，晉人敗狄于交剛。

狄侵晉也。

冬，十月。

十有三年○春，晉侯使郤錡已來乞師。

徵兵伐秦也。昔荀庚、郤犨來，爲涖盟也，士燮來，爲徵兵也，皆書「聘」。今郤錡來，又徵兵，書「乞師」，惡晉之無厭也。惟天子討罪，甸卒不行，乃徵兵諸侯，未聞諸侯相伐而徵兵諸侯者也。不然，則寡小乞援于強大耳，晉國寡小乎？徵書旁午，不勝供億之煩；千里奔命，不勝跋涉之苦。疲憊小國，殲殺無辜，孟子所謂「服上刑」者也。故《春秋》所惡莫如晉。

三月，公如京師。

徵兵于周，晉命也。

夏五月，公自京師，遂會晉侯、齊侯、宋公、衛侯、鄭伯、曹伯、邾人、滕人伐秦。

公如京師，遂朝王，不書，不誠其朝也。書「自京師，遂會晉侯」，所謂「悠悠行路」，知有晉而已。

周劉子、成子從，不書，以王卒行也。以王卒行，是天子而從征，故諱也。或曰「二卿行，非師行」，夫惟師行宜社，成子受脤于社，非師行乎？秦未嘗得罪王室與諸侯，吕相數秦，皆晉人米鹽私忿，而摟九國之師、發天子圻甸之卒以報睚眦，斯亦張皇不軌之甚矣，至使曹伯客死，成子輿尸。麻隧〔一〕戰勝，經不書，不齒其功也。故《春秋》所惡莫如晉。

曹伯廬卒于師。

晉爲之也。

秋，七月，公至自伐秦。○冬，葬曹宣公。

十有四年○春，王正月，莒子朱卒。

夏，衛孫林父自晉歸于衛。

衛侯如晉，晉以孫林父見，衛侯不可，晉强歸之。書「自晉歸」，惡晉也。春秋世卿禍人國多矣，

〔一〕「隧」，原誤作「遂」，據《左傳》改。

而孫氏亂衛，季氏專魯，實晉主之，則諸侯何賴有晉？説者强諸侯事晉，悖也。

秋，叔孫僑如如齊逆女。

使非其人也。

鄭公子喜帥師伐許。

入其郛，許人割地求和。鄭人侮寡，猶書「公子」，其例安在？

九月，僑如以夫人婦姜氏至自齊。

婚姻常禮，此書，義有三：公在位至是十四年矣，而始娶，世子是年生，又四年公薨，大昏後時，非所以重祚胤，一也；禮，諸侯冕而親迎，共承宗廟，公不親迎，使其大夫以婦至，禮簡事輕，非所以重承先，二也；大夫若蔑、若行父輩不往，僑如忝君母，穢德彰聞，非所以重嘉禮，三也。故《傳》稱「《春秋》微而顯，志而晦，盡而不汙」，有所受之。又謂「前書族，尊公；後不書族，尊夫人」，則無稽矣，後不書族，蒙前文耳。

冬十月，庚寅，衛侯臧卒。○秦伯卒。

秦伯，桓公也。不書葬，魯不會。

十有五年○春，王二月，葬衛定公。

三月，乙巳，仲嬰齊卒。

仲嬰齊者，襄仲子，公孫歸父之弟。歸父奔齊，東門之族盡矣，魯人憐而使嬰齊後之。

癸丑，公會晉侯、衛侯、鄭伯、曹伯、宋世子成、齊國佐、邾人，同盟于戚。晉侯執曹伯，歸于京師。《公》作「歸之于」。

曹宣公卒于師，公子負芻殺太子自立，不書弑，未君也。稱「曹伯」，終爲諸侯也。殺嫡而終爲諸侯，必有主者，誰執之？誰歸之？則主者矣。歸于京師，假也，世儒起伯討之例，謬也。

公至自會。○夏，六月，宋公固卒。

楚子伐鄭。

晉、楚成未三年，楚復伐鄭。

秋，八月，庚辰，葬宋共恭公。

凡諸侯葬，會則書，《穀梁》謂爲共姬書，鑿也。

宋華元出奔晉。

宋六卿魚氏、蕩氏、向氏、鱗氏，皆桓族也；華氏，戴族也。華元爲右師，魚石爲左師，蕩山爲司馬，山弱公室而殺文公之子肥。華元曰：「我司君臣之訓，而不能正其罪，敢賴寵乎？」遂奔晉。

宋華元自晉歸于宋。

華元之奔晉也，魚石曰：「彼多大勳，國人所與，不反，懼桓之無祀于宋也。」自止元于河上，元請討山，許之，乃反。

宋殺其大夫山。

華元歸，率國人攻蕩山，殺之。

宋魚石出奔楚。

華元既殺蕩山，魚石出舍于睢上，元止之，不可，反閉門，登陴而拒之。石奔楚。

冬，十有一月，叔孫僑如會晉士燮、齊高無咎、宋華元、衛孫林父、鄭公子鰌、邾人會吴于鍾離楚邑。

晉招吴人撓楚，率諸侯大夫會吴王壽夢于江淮之閒，書「會吴」，晉志也。諸大夫不往，則吴無由會，吴雖欲會而不能自致諸大夫，即能致諸大夫而亦不能致晉也，故曰「晉志」。晉以諸大夫往，故曰「會吴」。儒者謂「殊吴，夷之」，夫儒者不夷楚乎？楚會不殊，又何也？楚自爲會，而吴則諸侯會之；楚則晉不欲會，而吴則晉欲之也。古公之苗裔，密邇江介，何夷之有？

許遷于葉攝。

依楚以避鄭也。

十有六年○春，王正月，雨，木冰。

雨湅，林木皆冰，書異也。二氣淫沴爲菑，不祥可知，必曰「某菑應某事」，不可知也。不可知，故可畏；可知，其誰不避之？謂「某菑應某事」，一不應而百皆妄矣。《春秋》于菑異，不可知耳，非如世儒之鑿也。

夏，四月，辛未，滕子卒。

鄭公子喜帥師侵宋。

是年，楚以汝陰之田畀鄭，鄭從楚子盟，伐宋，宋魚石在楚故也。

六月，丙寅朔，日有食之。

晉侯使欒黶掩來乞師。

是年四月，晉復命衛伐鄭。六月，郤犨之衛、之齊，欒黶之魯，皆徵兵，復伐鄭。

甲午晦，晉侯及楚子、鄭伯戰于鄢陵，楚子、鄭師敗績。

徵諸侯兵，而戰不列諸侯，何也？諸侯之從晉，非得已也。厲公無道，三郤驕恣，頻年徵發，諸侯苦之，故鄢陵戰後而諸侯懈，晉遂替矣。《公羊》以晦爲晝〔一〕冥，君子謂《公羊》爲朝菌之知。

楚殺其大夫公子側。

鄢陵之戰，楚子傷目，兩軍自旦接至夕，詰朝將復。楚子召司馬子反謀，子反醉，楚子宵遁，及瑕，

〔一〕「晝」，原誤作「畫」，形近而訛。

賜子反死。

秋，公會晉侯、齊侯、宋華元、邾人于沙隨宋地**，不見公。**

晉敗楚師，遂會諸侯于沙隨，謀鄭也。公後至，晉侯以郤犨之譖不見公。先是，魯叔孫僑如通于君母穆姜，姜請逐季孟，公辭以晉難，姜怒，謀廢公。公遲于壞隤，申宮設守而行，遂後期。僑如賄郤犨，訴于晉侯曰：「魯人待壞隤，俟勝者。」晉侯遂不見公。書，甚晉也。

公至自會。

公會尹子、晉侯、齊國佐、邾人伐鄭。

晉復徵王卒，與諸侯之師伐鄭，宋、衛皆在，不書，公後至，不會也。二國晉黨，故不殊；周、齊、魯、邾人皆牽率行，故書。《春秋》之義昭然，說者謂《春秋》善晉，何居？

曹伯歸自京師。

晉執之，亦晉歸之，假王命市威權，直其事而情僞自見。

九月，晉人執季孫行父，舍之于苕條。《公》作「招」**丘。**

叔孫僑如使人告于晉曰：「殺行父，我殺蔑，以魯事晉。」晉遂執行父于苕丘。公待于鄆，使嬰齊請，范文子爲言于欒武子，乃釋之。

冬，十月，乙亥，叔孫僑如出奔齊。

公命逐之。

十有二月，乙丑，季孫行父及晉郤犨讐**盟于扈。**

釋行父也。

公至自會。

未成伐，故書「自會」。

乙酉，刺公子偃。

成公庶弟。穆姜嘗指以示公曰：「不殺行父、蔑，此莫非君也。」及僑如敗，公殺子偃。夫僑如凶淫獲免，子偃無罪見誅，魯于是爲失刑。書「刺」，微之。

十有七年〇春，衛北宮括《公》作「結」**帥師侵鄭。**

鄭侵晉，衛人救之。

夏，公會尹子、單子、晉侯、齊侯、宋公、衛侯、曹伯、邾人伐鄭。〇六月，乙酉，同盟于柯陵。

謀伐鄭也。鄭世子質于楚，楚人戍鄭，晉復以諸侯伐之，楚救至，諸侯師還。

秋，公至自會。

未成伐也。

齊高無咎出奔莒。

齊慶克通于君母聲孟子，鮑牽以語國佐于朝，會頃公以伐鄭行，高無咎、鮑牽處守。公還，孟子愬之曰：「高、鮑將不納公。」公刖牽，逐無咎，無咎奔莒，其子高弱以盧叛。

九月，辛丑，用郊。

禮，冬至郊祀天，故大饗不卜。魯郊無時而日用辛，卜吉則舉。九月非時，書「用」，微辭也，取器試曰「用」。終《春秋》書郊九，皆以故，無故不書，常且諱也。

晉侯使荀罃來乞師。○冬，公會單子、晉侯、宋公、衛侯、曹伯、齊人、邾人伐鄭。

二年之中，書會伐鄭者三，中原繹騷，皆晉人爲之。説者謂「晉安中國」，非謬與？

十有一月，公至自伐鄭。

楚人救鄭，諸侯還。

壬申，公孫嬰卒于貍犂**脤**審。《公》作「軫」，《穀》作「蜃」。

還自鄭，道卒。

十有二月，丁巳朔，日有食之。○邾子貜矍**且**疽**卒。**

晉殺其大夫郤錡已**、郤犨、郤至。**

晉厲公無道，欲盡去群大夫，用嬖人，三郤多怨，與嬖人胥童、長魚矯、陽五等隙。欒書妒郤至之敗楚也，使楚人來告曰：「郤至召寡君。」厲公問書，書曰：「有焉。」公使胥童率甲八百，長魚矯抽戈結衽，詐爲訟者，殺郤錡、郤犨于榭，殺郤至于車，皆尸諸朝。君子曰：「厲公之爲此舉，甚矣，而書與凡殺大夫同。《春秋》是非，豈待褒貶後見乎？」

楚人滅舒庸。

舒庸恃吴叛楚，楚滅之。

十有八年〇春，王正月，晉殺其大夫胥童。〇庚申，晉弑其君州蒲。

厲公以討郤氏功，使胥童爲大夫，欒書、中行偃殺胥童，遂弑厲公，葬以車一乘。書曰「殺其大夫」，雖嬖人亦大夫也；曰「弑其君」，雖厲亦君也。《春秋》之義，平直如此，而書、偃之罪，何待名而後見乎？然則趙盾、歸生名，又何也？盾、歸生匿，不名，則幸免矣。二人彰彰然，無可免也。

齊殺其大夫國佐。

齊使崔杼、慶克帥師圍高弱于盧，國佐救之，殺慶克。齊侯伏甲于内宫之朝，殺國佐。

公如晉。

晉悼公新立也。

夏，楚子、鄭伯伐宋。宋魚石復入于彭城。

楚與鄭伐宋，取彭城，置宋亡臣魚石、向爲人、鱗朱、向帶、魚府，而以三百乘戍之，塞吴、晉交通之路。書「復入」，本宋地也。

公至自晉。○晉侯使士匄來聘。

告嗣君，且拜朝。此實聘也，而晉寖弱矣。

秋，杞伯來朝。○八月，邾子來朝。

築鹿囿。

譏不急也。

己丑，公薨于路寢。

冬，楚人、鄭人侵宋。

宋圍彭城，楚、鄭救之。

晉侯使士魴房來乞師。「魴」，《公》作「彭」。

伐彭城也。

十有二月，仲孫蔑會晉侯、宋公、衛侯、邾子、齊崔杼，同盟于虚朾汀。

晉謀救宋也。此諸侯之大夫與諸侯會，未幾，諸侯亦不會，而大夫自爲會矣。

丁未，葬我君成公。

春秋直解卷九終

春秋直解卷十

郝敬　習

襄公

襄公名午，成公子，在位三十一年。

元年〇春，王正月，公即位。

仲孫蔑會晉欒黶掩、宋華元、衛甯殖、曹人、莒人、邾人、滕人、薛人圍宋彭城。

晉以諸侯之師圍宋彭城，執石魚等五大夫以歸。

夏，晉韓厥《公》作「屈」帥師伐鄭。仲孫蔑會齊崔杼、曹人、邾人、杞人，次于鄫《公》作「合」。

晉伐鄭，入其郛，敗其徒兵于洧上。諸侯之師次于鄫，以待晉師之侵楚也。

秋，楚公子壬夫〔一〕帥師侵宋。

救鄭，遂侵宋。

九月，辛酉，天王崩。○邾子來朝。○冬，衛侯使公孫剽來聘。○晉侯使荀罃來聘。

天王崩，諸侯不會而自相朝聘，非禮也。《春秋》是非，明白易見類此。

二年○春，王正月○葬簡王。

鄭師伐宋。

楚命也。

夏，五月，庚寅，夫人姜氏薨。

成公夫人也。

六月，庚辰，鄭伯睔衮去聲卒。

〔一〕「夫」，原作「天」，形近而訛，據《春秋》經文改。

鄭成公病，子駟請曰：「有不諱，晉、楚誰從？」公曰：「楚君以我故，親集矢于其目，若背之，是棄力與言也。免寡人，唯二三子。」公卒，僖公立，子罕當國，子駟爲政，子國爲司馬。

晉師、宋師、衛甯殖侵鄭。

伐喪也。成公二年，衛有穆公之喪，鄭從楚伐之，甯殖報之，故獨書名，此《穀梁》之説，然則《春秋》于報怨可知也。儒者大復讐，不自相左與？

秋，七月，仲孫蔑會晉荀罃、宋華元、衛孫林父、曹人、邾人于戚。

謀鄭也。仲孫蔑教晉城虎牢以逼鄭。

己丑，葬我小君齊姜。

謚齊也。

叔孫豹如宋。

公新立，聘也。

冬，仲孫蔑會晉荀罃、齊崔杼、宋華元、衛孫林父、曹人、邾人、滕人、薛人、小邾人于戚，遂城虎牢。

虎牢，鄭之險也，鄭不能守，晉用魯仲孫謀，率諸侯城之以逼鄭，鄭人懼而受成。或問曰：「晉、楚之争鄭，何爲也哉？」曰：「欲代周而王耳。鄭密邇東周，得鄭則包舉雒邑，據九鼎以號召諸侯。」曰：「若是，則何不争周而争鄭？」曰：「周室雖微，猶爲共主；晉、楚雖强，其勢莫敢先發。以争鄭爲名，以得鄭爲儁。争鄭，所以争周也；得鄭，所以得周也。」「然則《春秋》以鄭與晉乎？與楚乎？」曰：「鄭烏可以與人？與之鄭，是與之周。不可以與楚，尤不可以與晉。」曰：「何謂其尤不可以與晉也？」曰：「天下一日無王則亂，《春秋》無王，二百有餘年矣。仲尼以天下爲己任，思藉資于齊、魯而不偶。屈指諸侯，晉爲戎首，受朝、受貢，無異王者，其子孫業牛耳，其卿相驕恣。語云『人滿天槩』，識者知晉祚將不長，故屬意莫如楚。楚地廣民衆，用之如順風而呼。其適楚也，先之以子夏，申之以冉求，身待于陳、蔡之閒者數年。驅車行其野，而聞『鳳兮』之歌，千載知心，無如狂接輿。生平足跡不入晉境，臨河一望，太息而返。每云『吾欲居九夷』『乘桴浮於海』，則其絶望中原之日久矣。子西之沮，昭王之不禄，『天祝予，天祝予』。」曰：「若是，則仲尼以天下與楚矣。」曰：「非以天下與楚，不得已而思以楚與天下耳。文、武不作，東周不振，徒然護此痿痺之軀，坐觀生靈塗炭，累百年不爲之所，而優游以待霸主之會盟，仲尼不若是其迂也。」「然則將奈何？」曰：「周可輔，則輔之；不可，則用伊、周之權，乘湯、武之資，削除僭亂，以安天下，《春秋》之志也。苟有用我，其何擇于楚。」曰：「若是，則外中國與？」曰：「非也。天地之運，自北而南。洪荒以來，帝王起自西北，至周衰迄于五霸，二百餘年之閒，中原元氣銷鑠殆盡，識者謂王氣將在東南。聖人儻亦前知之，故其删《詩》，首《南風》，而篇終服楚。《春秋》之于楚，若惓惓焉。《詩》與《春秋》二經，聖人心術隱微所寄也，學者亦可以窺一班矣。若夫守章句之説，謂《春秋》奬霸尊晉，則仲尼之作《春秋》也，守其爲《春秋》而已邪？仲尼之視《春秋》，敗局焉耳。儒者區區執「尊中國、攘夷狄」一語，以該十二公之筆削，豈不淺陋迂拙而可哂也哉？

楚殺其大夫公子申。

子申爲右司馬，責屬國賂，楚子殺之。

三年○春，楚公子嬰齊帥師伐吴。

無功，以憂卒。

公如晉。○夏，四月，壬戌，公及晉侯盟于長樗樞。晉地。

謀致齊也。是役也，公見晉侯稽首。禮，諸侯見天子則稽首。諸侯相見稽首，非禮也。《春秋》

所以惡晉。

公至自晉。○六月，公會單子、晉侯、宋公、衛侯、鄭伯、莒子、邾子、齊世子光。

己未，同盟于雞澤衛地。

晉求好于吳，合諸侯于雞澤，使荀會逆吳子，吳子不至。夫晉之求通于吳也，爲撓楚耳。儒者謂楚、吳皆夷，稱晉攘楚而不責晉事吳，持論豈得其平？

陳侯使袁僑如會。戊寅，叔孫豹及諸侯之大夫及陳袁僑盟。

楚令尹子辛貪，陳侯去之，使袁僑求成于晉。晉使諸大夫與袁僑盟。

秋，公至自會。○冬，晉荀罃帥師伐許。

討其不會雞澤也。

四年○春，王三月，己酉，陳侯午卒。

楚將伐陳，聞喪而止。

夏，叔孫豹如晉。

報知罃之聘也。

秋，七月，戊子，夫人姒《公》作「弋」氏薨。

成公之妾，襄公母也。

葬陳成公。○八月，辛亥，葬我小君定姒。

冬，公如晉。

《傳》曰「聽政」，謂聽晉所命。諸侯貢獻之數，友邦交際，有先王之禮在，賓主承筐，非有常數，取盈也。晉于諸侯，限以多寡，視國大小，是責諸侯以職貢而身都王者之奉矣。世儒猶竊竊然以尊周諛晉，豈不謬哉！然《春秋》不詳舉其事，何也？凡貪淫瀆禮之事，非弑逆則不書。下之慢上也，極于弑君；而上之殘下也，極于殺大夫。《春秋》之義，包舉矣。

陳人圍頓。

楚使頓侵陳，陳圍之。

五年○春，公至自晉。

夏，鄭伯使公子發來聘。

通嗣君也。

叔孫豹、鄫世子巫如晉。

魯請屬鄫，以助歲幣之貢，晉許焉。叔孫以鄫世子見晉，成屬也。夫以諸侯之附庸皆由晉制，寧復知有天子乎？故《春秋》所惡莫如晉。

仲孫蔑、衛孫林父會吴于善道。

晉復以諸侯會吴，使魯、衛告期。

秋，大雩。

楚殺其大夫公子壬夫。

楚問陳叛，對曰：「令尹貪。」楚子殺壬夫。

公會晉侯、宋公、陳侯、衛侯、鄭伯、曹伯、莒子、邾子、滕子、薛伯、齊世子光、吴人、鄫人于戚。

晉爲吴會也，吴子不至，使其大夫來。按《傳》，魯穆叔以屬鄫不利，使鄫大夫自會，故鄫稱人，大夫也。則吴稱人，亦大夫也。吴大鄫小，自宜先吴後鄫，皆大夫，自宜先諸侯後大夫，豈以夷狄抑吴？以鄫不如夷狄知父子之謂乎？當是時，晉之需吴亟矣。雞澤之盟，迎之不至。善道之會，魯、衛居閒，十四國公侯、世子相與欽遲，吴一大夫，豈不辱哉！儒者曲生異説，以掩會吴之失，其枝梧牽强亦甚矣。

公至自會。○冬，戍陳。

魯與諸侯戍之，晉命也。

楚公子貞帥師伐陳。○公會晉侯、宋公、衛侯、鄭伯、曹伯、齊世子光救陳。「曹伯」下《公》《穀》有「莒子、邾子、滕子、薛伯」。

楚子囊新爲令尹，討陳，晉以諸侯之師救之。

十有二月，公至自救陳。○辛未，季孫行父卒。

六年〇春，王三月，壬午，杞伯姑容卒。

夏，宋華弱來奔。

華弱爲宋司馬，樂轡與之戲于朝，而梏之以弓。平公見曰：「司武而梏于朝，難以勝矣。」逐之。

秋，葬杞桓公。〇滕子來朝。

莒人滅鄫。

先是，鄫以魯屬，事晉輕莒。無何，魯歸鄫，莒人襲而滅之。按《傳》，晉使人問魯：「何故亡鄫？」八年，莒人伐魯，疆鄫田，則鄫之見滅于莒明矣。《穀梁》詭爲例曰：「中國日，卑國月，夷狄時。鄫中國而時，非滅也。家有既亡，國有既滅。」胡氏謂如李園進妹、不韋獻妾之類。未知二傳何所據。或謂昭公四年，魯復取鄫，疑鄫寔未亡。蓋是時，鄫已爲莒邑，猶稱鄫者，本初也。日、月、時，舊史有詳略，非例也。

冬，叔孫豹如邾。

脩平也。

季孫宿如晉。

宿，行父之子，代父政，如晉見，且謝亡鄫。

十有二月，齊侯滅萊。

誅其君，疆其田。書，甚齊也。

七年○春，郯子來朝。○夏，四月，三卜郊，不從，乃免牲。

小邾子〔一〕來朝。

城費秘。

季氏城私邑也。行父歷相三君，死無私積。宿新代父政，首營私邑，豈負荷之子與？

秋，季孫宿如衛。

〔一〕「小邾子」，「子」字原脱，據《左傳》《穀梁傳》所附經文增，《公羊傳》所附經文作「小邾婁子」。

報元年公孫剽之聘，且謝緩之非貳也。

八月，螽。

冬，十月，衛侯使孫林父來聘。壬戌，及孫林父盟。

拜武子之謝，且尋盟，爲事晉也。

楚公子貞帥師圍陳。○十有二月，公會晉侯、宋公、陳侯、衛侯、曹伯、莒子、邾子于鄬爲。鄭地。

救陳也。

鄭伯髡頑如會，未見諸侯。丙戌，卒于鄵躁。鄭地。《公》《穀》作「操」。

鄬之會，鄭伯往，子駟爲相，鄭伯不加禮焉。子駟夜使賊弒之于鄵，明日以瘧赴，故書「卒」，史傳疑也。然則奚不正之？曰：「弒君大惡。趙盾、歸生情狀顯著，則閔實以蔽罪；鄭駟、楚虔蹤跡曖昧，則因史以傳疑。子云『吾猶及史之闕文』，此類是矣。」

陳侯逃歸。

鄬之會，爲救陳也，而陳侯先逃，既周章可哂矣。諸侯亦不量而預鄉鄰之鬬，使主人避客，躑躅無歸，儻所謂烏合，非與？會盟之事，至晉悼之季，愈無足觀矣。

八年〇春，王正月，公如晉。

晉命朝聘之數，往聽也，魯往則諸侯皆往。前年命貢，今年命朝，兼制八柄九賦，寧詎吴、楚竊虚號而已也！故如晉不絶書。世儒猶謂《春秋》與晉，豈不謬哉！

夏，葬鄭僖公。

簡公嗣立，群公子以僖公之賊謀子駟。子駟先辟群公子，殺之。

鄭人侵蔡，獲公子燮《穀》作「濕」，後同。

爲晉侵也。獲蔡司馬子燮，國人皆喜，子産憂之。

季孫宿會晉侯、鄭伯、齊人、宋人、衛人、邾人于邢丘。

晉改議朝聘之數，使諸大夫聽命，公親往，鄭伯以獻蔡捷往。晉侯不會公而會季孫，是使季孫無君也。諸侯朝聘天子，三年、五年有常期，晉焉得受諸侯朝而改舊章？謂爲方伯乎？重耳攘得之，非文、武治命也。昔者文王嘗爲方伯，未聞受朝貢也。其專恣不軌，始于重耳，甚于驩，而滿于周。晉惡什伯吳、楚，而《春秋》不毛舉，第書其盟會侵伐，謂千古是非自在，不謂後世言《春秋》者反艷稱之也。

公至自晉。

莒人伐我東鄙。

疆鄫田也。

秋，九月，大雩。

冬，楚公子貞帥師伐鄭。

討其侵蔡也。鄭及楚平。

晉侯使士匄蓋來聘。

徵兵伐鄭也。

九年〇春，宋災《公》作「火」。

外災弔則書。是年，秦約楚伐晉，楚子師于武城應之，不書，史不備也。當是時，晉誘吳人撓楚，楚亦連秦以脅晉。晉近秦遠，故史于晉詳，于秦略也。

夏，季孫宿如晉。

報士匄也。

五月，辛酉，夫人姜氏薨。〇秋，八月，癸未，葬我小君穆《公》作「繆」**姜。**

成公母也。與僑如亂，徙居東宮十有二年，至是卒，亦「夫人」「小君」，何貶焉？

冬，公會晉侯、宋公、衛侯、曹伯、莒子、邾子、滕子、薛伯、杞伯、小邾子、齊世子光伐鄭。〇十有二月，己亥，同盟于戲希。鄭地。

晉以諸侯伐鄭，鄭受盟，曰：「惟有禮與彊可以芘民者是從。」晉使改盟，鄭不可，遂再伐，師老而歸。

楚子伐鄭。

鄭復與楚盟。

十年〇春，公會晉侯、宋公、衛侯、曹伯、莒子、邾子、滕子、薛伯、杞伯、小邾子、齊世子光會吴于柤俗作「查」，楚地。

晉會吴子壽夢也。三勤諸侯而始得一會，吴會而東南多事，晉人爲之也。故《春秋》所惡莫如晉。

夏，五月，甲午，遂滅偪《穀》作「傅」陽。

妘姓之國，晉以諸侯之師滅之。

公至自會。

楚公子貞、鄭公孫輒帥師伐宋。

鄭從楚伐宋，衛人救之，鄭遂伐衛，衛獲其將皇耳。

晉師伐秦。〇秋，莒人伐我東鄙。

公會晉侯、宋公、衛侯、曹伯、莒子、邾子、齊世子光、滕子、薛伯、杞伯、小邾子伐鄭。

鄭從楚也。

冬，盜殺鄭公子騑、公子發、公孫輒。

鄭尉止禦諸侯之師，獻獲，子駟抑之。尉止因子駟五姓之讐，助群公子作亂，殺子駟及子國、子耳于西宮之朝。不稱「大夫」，非國辟也；稱「盜」，黨衆而賤也。

戍鄭虎牢。楚公子貞帥師救鄭。

魯與諸侯戍之，晉命也。諸侯侵鄭，楚救之。

公至自伐鄭。

是歲，周大夫王叔、伯輿爭政，訟于晉，范宣子聽之。不書，爲天王諱也。

十有一年〇春，王正月，作三軍。

萬二千五百人爲軍，公侯國三軍，次國二軍，小國一軍。魯三軍，制也。中業不足，猶在公，季孫宿始分爲三〔一〕，三家各一，而公守虛名耳。

夏，四月，四卜郊，不從，乃不郊。

不郊，幸之也。

鄭公孫舍之帥師侵宋。

鄭欲從晉，而難于背楚。子展謀曰：「伐宋以致晉，怒晉以卻楚。」遂伐宋。

公會晉侯、宋公、衛侯、曹伯、齊世子光、莒子、邾子、滕子、薛伯、杞伯、小邾子伐鄭。

討其伐宋也。

秋，七月，己未，同盟于亳《公》《穀》作「京」**城北。**

鄭從晉也。

公至自伐鄭。

〔一〕「分爲三」，原作「三分■」，據後印本改。

楚子、鄭伯伐宋。

鄭受晉盟，又從楚伐宋，所謂怒晉而後辭楚，子展之謀也。

公會晉侯、宋公、衛侯、曹伯、齊世子光、莒子、邾子、滕子、薛伯、杞伯、小邾子伐鄭，會于蕭魚。

晉復以諸侯伐鄭，盟于城下，遂會于蕭魚，鄭從晉也，終子展之謀。

公至自會。

楚人執鄭行人良霄《穀》作「宵」。

鄭使良霄、石臭綽以從晉告于楚，楚人執之。

冬，秦人伐晉。

救鄭也。戰于櫟，晉師敗績。

十有二年〇春，王三月，莒人伐我東鄙，圍台臺。《穀》作「邰」。季孫宿帥師救台，遂入鄆。

初，莒人滅鄫，疆鄫田，及魯。五年之内，三伐魯，季武子帥師救之，乘勝入鄆，所謂「應兵」也。説者起遂事之例，《春秋》大夫，何事弗遂，而獨討遂■于出疆〔一〕？季孫之專，豈在〔二〕入鄆耳？

夏，晉侯使士魴房**來聘。**

拜服鄭之師也。

秋，九月，吴子乘卒。

吴王壽夢卒，長子諸樊讓國于其弟季扎，季扎不受，棄室而耕，諸樊乃立。不書葬，没其僭王也。

冬，楚公子貞帥師侵宋。

楚令尹子囊與秦庶長無地伐宋，報晉伐鄭也。不書秦，楚主也。

公如晉。

朝也。拜士魴之聘。

〔一〕「討遂■于出疆」，後印本作「致討于出疆■」。
〔二〕「在」，後印本作「但」。

十有三年○春，公至自晉。○夏取邿詩。《公》作「詩」。

邿婁之邑。

秋，九月，庚辰，楚子審卒。

楚共王也。

冬，城防。

防，臧孫氏之食邑。大夫城私邑，非禮也，語曰「大其都者危其國」。《傳》謂「書，時」，非也，時不書。

十有四年○春，王正月，季孫宿、叔老會晉士匄、齊人、宋人、衛人、鄭公孫蠆釵去聲。《公》作「囆」、曹人、莒人、邾人、滕人、薛人、杞人、小邾人，會吴于向鄭地。

吴人伐楚，楚敗之而獲吴公子黨。吴使人告晉，爲向之會，范宣子問其伐喪也，數吴而退。是役也，魯以二卿往，三桓專魯，爲足恭以媚晉，晉悦而輕魯人幣。

二月，乙未朔，日有食之。○夏四月，叔孫豹會晉荀偃、齊人、宋人、衛北宫括、

鄭公孫蠆、曹人、莒人、邾人、滕人、薛人、杞人、小邾人伐秦。

是役也，晉卿帥不睦，諸侯不整，無功而還。昔者小白之合諸侯也，莫盛于召陵、葵丘，惟齊、魯、宋、衛、陳、鄭六七大國，滕、薛而下不與焉，所以恤小而節其力也。重耳寖侈，然會不數，悼公之世，無歲不會，雖杞、小邾不得免焉。《詩》曰「何草不黄，何人不將」，仲尼以是蒿目而憂也。

己未，衛侯出奔齊。《公》作「衛侯衎」。

衛獻公期孫林父、甯殖食，日旰不召，而射鴻于圃，二子〔一〕朝服從，公不釋皮冠與言。林父之子見，公使人歌《巧言》之卒章。林父懼，作亂，殺諸公子，獻公奔齊。衛人立公孫剽，林父、殖共相之。

莒人伐我東鄙。

報入鄆也。

秋，楚公子貞帥師伐吴。

吴人要于隘，獲楚公子宜穀。

〔一〕「二子」，原誤作「三子」，據《左傳》改。

冬，季孫宿會晉士匄、宋華閱、衛孫林父、鄭公孫蠆、莒人、邾人于戚衛地。

謀衛，定公孫剽也。戚，孫氏邑。孫林父逐其君，殺君嗣，諸侯不討，而暱就賊子，會于私邑，亦惟晉人爲之。

十有五年〇春，宋公使向戌來聘。二月，己亥，及向戌盟于劉魯地。

宋向戌來聘，不盟于國，而盟于劉，故不書公，三桓專也。

劉夏逆王后于齊。

魯爲主也。

夏，齊侯伐我北鄙，圍成。公救成，至遇魯地。

齊貳于晉，伐魯，討其事晉也。「至遇」，不進也。

季孫宿、叔孫豹帥師城成郛敷。

備齊也。外城曰郛。

秋，八月，丁巳，日有食之。○邾人伐我南鄙。

冬，十有一月，癸亥，晉侯周卒。

十有六年○春，王正月，葬晉悼公。

踰月葬，速也，將爲溴梁之會。

三月，公會晉侯、宋公、衛侯、鄭伯、曹伯、莒子、邾子、薛伯、杞伯、小邾子于溴梁。

晉有親喪而會盟，非禮也。

戊寅，大夫盟。

諸侯有盟，衰世之風也。大夫盟，風愈下矣。前此大夫會，猶曰君不赴而使其臣，故列名書地。今諸侯已盟，大夫又盟，是君盟不足重，必大夫盟而後可也，故書「大夫盟」。子云：「天下有道，政不在大夫。」

晉人執莒子、邾子以歸。

討其侵魯，通齊、楚之使也。大夫盟而執之，是晉執諸侯由大夫也。「以歸」，專也。

齊侯伐我北鄙。

魯附晉也。

夏，公至自會。○五月，甲子，地震。

叔老會鄭伯、晉荀偃、衛甯殖、宋人伐許。

許病鄭，請遷于晉。晉會諸侯遷之，許大夫不可，晉使荀偃帥諸侯之師伐之。鄭伯怨許，請行。楚救之，晉敗楚師于湛成阪反，伐許而還。先鄭，戎首也。

秋，齊侯伐我北鄙，圍成《左》作「郕」。**○大雩。**

冬，叔孫豹如晉。

告齊難也。

十有七年○春，王二月，庚午，邾子牼鏗。《公》《穀》作「瞷」**卒。○宋人伐陳。○夏，衛石買帥師伐曹。**

衛孫林父之子蒯，田于曹隧，飲馬于重丘，而毁其人瓶。重丘人詬垢之曰：「爾父逐君。」衛人爲之伐曹，取重丘。

秋，齊侯伐我北鄙，圍桃《公》作「洮」。**齊高厚帥師伐我北鄙，圍防。**「高厚」上《左》無「齊」字。

甚齊也。

九月，大雩。

宋華臣出奔陳。

華臣戕殺公族，宋公欲逐之，向戌請蓋之。會國人逐瘈制狗，闖入其家，華臣駭，奔陳。

冬，邾人伐我南鄙。

爲齊伐也。

十有八年○春，白狄來。

求好也。不言聘，卑之。不言朝，不以齒滕、薛也。

夏，晉人執衛行人石買。

討其伐曹也。

秋，齊師《穀》作「侯」伐我北鄙。○冬，十月，公會晉侯、宋公、衛侯、鄭伯、曹伯、莒子、邾子、滕子、薛伯、杞伯、小邾子，同圍齊。

齊數伐魯，諸侯不直齊，故書「同」。敗齊師于平陰，至城下，焚其郭門，東侵及濰，南及沂，而後還。

曹伯負芻卒于師。

楚公子午帥師伐鄭。

鄭子嘉謀招楚師，以去諸大夫而背晉。楚伐鄭，至純門，再宿還。

十有九年○春，王正月，諸侯盟于祝柯《公》作「阿」。晉人執邾子。

諸侯還自沂上，遂爲祝柯之盟，謀邾也。邾子再侵魯，故再見執。

公至自伐齊。○取邾田，自漷畫水。

晉與諸侯之師次泗上，疆魯，取邾田，自漷水皆歸于魯。

季孫宿如晉。

拜伐齊也。

葬曹成公。

夏，衛孫林父帥師伐齊。

伐齊之師還，及河，晉荀偃病死，晉欒魴復與衛孫林父伐齊。不書晉，甚衛也。不書欒魴，甚林父也。林父身犯大逆，爲晉走狗求免，小人之尤者與。

秋，七月，辛卯，齊侯環《公》作「瑗」卒。

齊靈公變其妾戎子，而立其子牙〔一〕。靈公病，崔杼〔二〕立太子光，執子牙，殺戎子，尸諸朝。

晉士匄帥師侵齊，至穀，聞齊侯卒，乃還。

八月，丙辰，仲孫蔑卒。

齊殺其大夫高厚。

崔杼殺高厚于灑藍，而兼其室，《傳》不詳其故。

鄭殺其大夫公子嘉。

初，盜殺三卿，子嘉預謀，又招楚師爲純門之役，國人惡而殺之。

冬，葬齊靈公。

〔一〕按公子牙非戎子之親子。

〔二〕「杼」，原作「杵」，據《左傳》改。下同。

城西郛。

備齊也。

叔孫豹會晉士匄于柯衛地。

先是，齊及晉平，爲大隧之盟。魯疑齊人閒己，于是有柯之會。晉人所以馭齊、魯者甚譎，而齊、魯不悟也。

城武城。

備齊也。齊、晉合，而魯之防齊愈嚴矣。齊、魯相疑，晉之利也。

二十年○春，王正月，辛亥，仲孫速《公》作「遬」**會莒人，盟于向。**

釋怨也。

夏，六月，庚申，公會晉侯、齊侯、宋公、衛侯、鄭伯、曹伯、莒子、邾子、滕子、薛伯、杞伯、小邾子，盟于澶廛**淵**衛地。

齊及晉平，説者謂感于士匄之不伐喪，非也。亡脣棄輔，雖欲不平，得乎？

秋，公至自會。

仲孫速帥師伐邾。

邾以漷田故侵魯，魯人報之。

蔡殺其大夫公子燮。蔡公子履出奔楚。

公子燮欲以蔡從晉，蔡人殺之，子燮之弟子履懼而奔楚。

陳侯之弟黄《公》《穀》作「光」出奔楚。

陳慶虎、慶寅愬公子黄于楚，曰：「是與蔡同謀。」楚以爲討，子黄如楚自理。《春秋》于其出、其歸皆録之，惡在其爲外楚也？

叔老如齊。

脩好也。

冬，十月，丙辰朔，日有食之。

季孫宿如宋。

報向戌之聘。

二十有一年○春，王正月，公如晉。

拜師及邾田也。

邾庶其以漆、閭丘來奔。

庶其，邾大夫，以二邑叛于魯。季武子納之，妻以公姊，使即其邑食，臧孫紇謂之「賞盜」。

夏，公至自晉。

秋，晉欒盈出奔楚。

欒黶之妻欒祁，范宣子之女，生盈而寡，私其家老州賓，懼盈以討，譖盈于宣子，曰：「是將叛。」宣子遂逐盈，奔楚，盡殺其黨十大夫。嗟乎！母淫而譖子，臣侈以逼君，四維不張，晉其可知矣。

九月，庚戌朔，日有食之。○冬十月，庚辰朔，日有食之。

曹伯來朝。

公會晉侯、齊侯、宋公、衛侯、鄭伯、曹伯、莒子、邾子于商任。

錮欒氏也。

二十有二年〇春，王正月，公至自會。〇夏，四月。

秋七月，辛酉，叔老卒。

冬，公會晉侯、齊侯、宋公、衛侯、鄭伯、曹伯、莒子、邾子、薛伯、杞伯、小邾子于沙隨宋地。「邾子」下《公》《穀》有「滕子」。

再錮欒氏也。時欒盈在齊，齊會，詐也。

公至自會。

楚殺其大夫公子追舒。

追舒之爲令尹也，寵觀起而富之。楚子轘觀起，殺追舒，尸諸朝。

二十有三年○春，王二月，癸酉朔，日有食之。

三月，己巳，杞伯匄卒。

夏，邾畀《公》作「鼻」我來奔。

畀我，邾婁大夫。來奔則書，說者謂「夷狄無大夫」，誕也，邾婁猶然，而況秦、楚乎？

葬杞孝公。

陳殺其大夫慶虎及慶寅。○陳侯之弟黃自楚歸于陳。

陳侯朝于楚，二慶以陳叛，楚圍之，陳人殺二慶，子黃復國。說者謂「《春秋》罪子黃之自楚歸也」，何居？

晉欒盈復入于晉，入于曲沃。

晉將嫁女于吴，齊侯使析歸父媵之。以藩載欒盈，納于曲沃，因大夫胥午，率曲沃人伐絳。士鞅禦之，盈敗走曲沃，晉人圍之。

秋，齊侯伐衛，遂伐晉。

乘晉亂，報平陰之役，遂取晉朝歌。

八月，叔孫豹帥師救晉，次于雍榆晉地。

此魯人報德之師也，然遠事晉而近讐齊，其于輔車之計左矣。雖然，齊、魯世讐，力不能得志于齊，而恭順有禮于諸侯，諸侯親之，故鞌之役、平陰之戰，齊僨矣，皆魯也。律以《春秋》之義，齊、魯等，而較其時勢情形，爲魯計無以踰此。此老聃所謂「天下之至柔，馳騁天下之至剛」〔一〕者，《春秋》之義亦備矣。

己卯，仲孫速卒。

孟莊子有疾，子秩長而未樹，庶子羯欲奪之，謀諸公鉏鋤。公鉏者，季武子長子也，武子先用臧

〔一〕「剛」，《老子》原文作「堅」。

紇謀廢之，而立其庶悼子。公鉏於是賢羯于季武子曰：「唯才，何長之有？請爲孟孫立之。」蓋承父之弊而樹德于羯，以報臧紇也。

冬，十月，乙亥，臧孫紇覈**出奔邾。**

孟孫羯立，乃爲公鉏譖臧紇于季氏曰：「臧氏將爲亂，不使我葬。」臧紇聞之，設備。季孫疑之，攻臧氏，紇斬關出，奔邾。還入于防，使其兄臧賈、臧爲，請立後，魯立爲乃去，仲尼所謂「要君」也。

晉人殺欒盈。

晉人克欒盈于曲沃，盡殺其族黨。君子曰：「晉之錮欒盈也，無復世臣之禮，而欒盈之爲臣，亦無復事君之義，所謂『犬馬』『寇讎』也。故《春秋》不稱大夫，書『晉人殺欒盈』，討賊之辭。」

齊侯襲莒。

齊莊公還自伐晉，遂襲莒。

二十有四年〇春，叔孫豹如晉。

省齊難也。

仲孫羯結**帥師侵齊。**

晉命也。齊、魯脩好未三年而還相讎，皆晉爲之。齊、魯睦，晉不利也。

夏，楚子伐吳。

以舟師伐吳，不爲軍政，無功而還。

秋，七月，甲子朔，日有食之，既。○齊崔杼帥師伐莒。○大水。○八月，癸巳朔，日有食之。

公會晉侯、宋公、衛侯、鄭伯、曹伯、莒子、邾子、滕子、薛伯、杞伯、小邾子于夷《公》作「陳」**儀**衛地。

謀伐齊，以水患不克。

冬，楚子、蔡侯、陳侯、許男伐鄭。

齊以晉難，乞師于楚，楚爲伐鄭以救之。

公至自會。

陳鍼虔**宜咎出奔楚。**

陳人復討慶氏之黨，鍼宜咎奔楚。

叔孫豹如京師。

齊人城郟，魯賀成也。不書城，齊事也。

大饑。

二十有五年〇春，齊崔杼帥師伐我北鄙。

報仲孫羯之侵也。

夏，五月，乙亥，齊崔杼弒其君光。

崔杼娶棠公之嫠離而美，莊公通焉。崔子稱疾，誘莊公入室，弒之，立靈公庶子杵臼，是爲景公，與慶封相之。嗟乎！齊光殺弟，尸庶母，以崔杼爲心膂，一朝反噬，裁及其身。未幾，慶封滅杼，盧蒲癸、王何滅慶封。天道好還，豈爽毫髮！

公會晉侯、宋公、衛侯、鄭伯、曹伯、莒子、邾子、滕子、薛伯、杞伯、小邾子于夷儀。

伐齊也。齊賂晉，晉人許成。嗟乎！弑君之賊，法所必討，晉爲盟主，而惟利是視。衛孫林父、甯殖逐其君，爲晉爪牙十年，保首領没，使其君流離，老于他邦。惡如崔杼，竟以賂免。亂臣賊子，釁孽滔天，輂致金帛，西向事晉，則君可弑、國可篡，莫敢誰何矣。以此主諸侯，儒者猶加獎藉，豈《春秋》之義與？

六月，壬子，鄭公孫舍之帥師入陳。

初，陳侯從于楚子伐鄭，鄭人怨之，所以報也。

秋，八月，己巳，諸侯同盟于重丘。

定齊光也〔一〕。

公至自會。

〔一〕按此句疑有誤，齊莊公光已遇弑，似當云「定齊杵臼也」。

衛侯入于夷儀衛邑。

衛獻公奔齊，至是十年矣。夷儀之會，晉使人召之，遂居之於夷儀。

楚屈建帥師滅舒鳩。

舒鳩叛楚也。

冬，鄭公孫夏《公》作「囆」**帥師伐陳。**

子產獻入陳之功于晉，遂再伐陳，陳及鄭平。

十有二月，吴子遏《公》《穀》作「謁」**伐楚，門于巢，卒。**

吴王諸樊伐楚，報舟師之役。攻巢門，門者射之，殪。千乘之君而死于一矢，故書「卒」以諱之，闔閭之死亦然。

二十有六年〇春，王二月，辛卯，衛甯喜弒其君剽飄去聲。

納獻公也。殖逐君而立一君，喜弒君而復一君，父子濟惡，世卿所以禍人國也。

衛孫林父入于戚以叛。

初，甯殖之逐君也，林父實主之。獻公復，林父遂以戚叛于晉，衛人攻之，晉人戍之，于是有澶淵之會。

甲午，衛侯衎看去聲**復歸于衛。**

獻公見逐，今十有二年，乃復。

夏，晉侯使荀吳來聘。

徵會討衛，爲孫氏也。

公會晉人、鄭良霄、宋人、曹人于澶淵。

晉平公使趙武疆戚，盡取衛西鄙田與孫氏。衛侯至則執而囚之，齊、鄭二君爲請，不許，衛侯納其女，而後許之。其貪淫無禮，横目而豺狼耳。說者猶謂爲盟主，彊諸侯事之，何居？

秋，宋公殺其世子痤座平聲**。**

宋寺人伊戾爲太子内師，無寵。楚使過宋，太子享于野，伊戾爲坎，用牲加書，馳告公曰：「太子與楚客盟，將叛。」公囚痤，痤自縊死。書「公殺」，甚之也。

晉人執衛甯喜。

甯氏父子，無君之惡一也，父附晉以免，子背晉而見執。孫林父、甯喜之惡亦一也，喜背晉見執，林父附晉以免。然則晉非執弑君，執不附己者。

八月，壬午，許男甯卒于楚。○冬，楚子、蔡侯、陳侯伐鄭。

葬許靈公。

初，晉之伐許也，以諸大夫行，獨鄭伯請從。許靈公欲報之，如楚乞師，遂卒。楚爲之伐鄭，墮南里，乃葬。

二十七年○春，齊侯使慶封來聘。

齊景公新立也。

夏，叔孫豹會晉趙武、楚屈建、蔡公孫歸生、衛石惡、陳孔奂、鄭良霄、許人、曹人于宋。

宋向戌善晉趙文子，又善楚令尹子木，以弭兵説晉、楚，晉、楚人許之。諸大夫會于宋，議晉、楚之屬，交相朝也。

衛殺其大夫甯喜。

甯喜者，獻之勳，殤之賊也。獻公惡其專，殺之，非爲討賊也，故不與殺陳佗、夏徵舒、欒盈同辭。

衛侯之弟鱄轉。《穀》〔一〕作「專」出奔晉。

初，甯喜之納獻公也，獻公使鱄盟喜。喜誅，鱄耻食言，去之，終身不仕，書以惜之。

秋，七月，辛巳，豹及諸侯之大夫盟于宋。

晉、楚各以其屬諸侯見，乃盟。不列諸大夫，蒙前會宋之文也。

冬，十有二月，乙亥朔，日有食之。

二十有八年○春，無冰。○夏，衛石惡出奔晉。

〔一〕「穀」，原誤作「殺」，後印本同。核異文「專」爲《穀梁傳》經文，據改。

衛討甯氏之黨也。

邾子來朝。〇秋，八月，大雩。

仲孫羯如晉。

告朝楚也。

冬，齊慶封來奔。

崔杼嬖東郭姜之子，與群子交搆，慶封乘亂殲其家，遂殺杼。經不書，書慶封奔，何也？崔杼之惡極于弑君，齊不能討，而以家難群小自殞，不足書。慶封以賊黨父子濟惡，欒、高、陳、鮑諸大夫相與圖之，伐國門，犯公宮，不克，亡命，書，誌亂也。

十有一月，公如楚。

朝也。書「如楚」，與晉同辭，則是《春秋》未嘗殊楚也。説者以如楚爲事夷狄，何居？時諸侯皆如楚，不書，而書公，史以君舉書也，儻事夷狄乎，外諸侯亦書矣。

十有二月，甲寅，天王崩。

按《傳》，靈王崩于癸巳。書「甲寅」，以赴日爲崩日，史誤也。經因之，傳疑也。不書葬，魯不會也。朝楚而不葬王，不待貶而失可知也。

乙未，楚子昭卒。

楚康王卒，諸侯之朝楚者中道反，魯公往。

二十有九年〇春，王正月，公在楚。

楚止公送葬，使襚。不書，諱也。

夏五月，公至自楚。

公還，及方城，聞季武子取卞，不敢歸，榮成伯勸之，乃歸。大夫取公邑而不能問，何以爲君？

庚午，衛侯衎卒。

閽弒吴子餘祭債。

吴子俘越人而刑以爲閽，使守舟。吴子觀舟，閽弒之。禮謂「不近刑人」，本此。

仲孫羯會晉荀盈、齊高止、宋華定、衛世叔儀《公》作「齊」、**鄭公孫段、曹人、莒人、滕人、薛人、小邾人城杞。**《公》《穀》「莒人」下有「邾人」。

杞，晉平公母家也。晉使諸侯城之。

晉侯使士鞅來聘。

拜城杞也。

杞子來盟。

晉使魯反杞侵田，與杞盟。

吴子使扎〔一〕**來聘。**

扎不書族，史尊内也，君在臣不族，而《春秋》未嘗夷吴，亦可知也。說者謂「惡其以讓國禍宜

〔一〕「扎」，《春秋》經、《左傳》作「札」，通。下同。

僚，貶書名」，蠶也。吴王壽夢子四人，長諸樊，次餘祭，次夷昧，次扎，諸樊舍其子光立弟，欲以及扎。夫越三君而寄及之，難必之數也。諸樊立十三年，餘祭十七年，夷昧四年，凡三十四年而三君盡，適然耳。使三君永年而季扎早世，安所委國哉？是國之及，扎本無心，不受之志，已決于諸樊死之日，豈俟夷昧卒而後責扎之不受也邪？今不罪餘祭、夷昧貪以奪嫡，而責季扎廉以賈禍，豈不迂乎？夫才如管仲，節如子臧，求名不得，書「扎來」，嘉予厚矣。若夫族氏、官爵，不書者什九。《春秋》是非，不在一字之增減，而在理之得失與人心之是非，奈何呶呶然多端也。

秋，七月[一]，葬衛獻公。

齊高止出奔北燕。

高止專，公孫蠆、公孫竈共逐之。

冬，仲孫羯如晉。

報士鞅也。

[一]「七月」，《左傳》《公羊傳》經文作「九月」。

三十年〇春，王正月，楚子使薳委**罷**皮**來聘。**

楚郟敖嗣立，通好也。

夏，四月，蔡世子般班**弑其君固。**

蔡景侯淫其子婦，其子弑之，所謂不父不子，天下之大惡也。如世儒例，若爲書而可。不■日，史逸也。《穀梁》謂爲「夷之」，夫盟會、侵伐、死喪、出奔之類，不日多矣，豈皆夷之乎？曰亦多矣，豈皆與之乎？

五月，甲午，宋災，宋伯姬卒〔一〕。《公》《穀》無「宋」字。

卒于災也。伯姬寡居，夜失火，左右請出，伯姬以婦人無傅姆，宵不下堂，逮焚而死。按成公九年，伯姬歸宋，爲婦者四十年，宋共公以成公十五年卒，姬獨居三十五年，老矣。變起倉卒，不肯宵行，而守禮以死，其女士也哉！書，惜之。

天王殺其弟佞《公》作「年」**夫。王子瑕奔晉。**

〔一〕「宋伯姬卒」，原脱「宋」字，據《左傳》所附經文改。

周儋括作亂，謀立景王弟佞夫，佞夫寔弗與知，王遂殺佞夫，儋括奔晉。書曰「殺其弟」，甚之也。三年之喪未除而殺其母弟，甚之也。

秋，七月，叔弓如宋，葬宋共恭同**姬。**《穀》無「宋」字。

書「共姬」，恭之也。

鄭良霄出奔許，自許入于鄭。鄭人殺良霄。

良霄酗于酒，侵侮宗人，子晳以駟氏之甲伐之，良霄奔許。復入，駟帶率國人殺之。不書殺大夫，蒙出奔之文也，無例可知。

冬，十月，葬蔡景公。

蔡般葬父，魯會，故書。説者謂「賊不討，不書葬」，若蔡般，其誰討之？胡氏謂「書以責諸侯之會者」，若是，則聖人不欲人之哀死■〔一〕與？

晉人、齊人、宋人、衛人、鄭人、曹人、莒人、邾人、滕人、薛人、杞人、小邾人

〔一〕後印本删「■」。

會于澶淵，宋災故。

自宋之盟，諸侯無兵車之會者，三年矣。二十九年會于杞，城也，今年會于澶淵，宋災也，故經皆詳其事。是會也，諸侯議賑宋，而魯不與，何也？伯姬，魯女也，叔弓先如宋，故不與會。

三十有一年〇春，王正月。

夏，六月，辛巳，公薨于楚宮。

楚宮，别寢也，公適楚作，故名。

秋，九月，癸巳，子野卒。

《傳》稱襄公之喪，公子野立，次于季氏，毁而卒，季孫立子裯，是爲昭公。按《春秋》魯喪書「子卒」者三：莊公喪而卒子般，文公喪而卒子惡，襄公喪而卒子野，皆微辭。子般死于慶父，子惡死于仲遂，而子野獨死于毁乎？居喪而毁，孝子也，季孫所以不利。公子裯年十九而有童心，居喪不哀，季氏所欲立也。

己亥，仲孫羯卒。

冬，十月，滕子來會葬。○癸酉，葬我君襄公。

十有一月，莒人弑其君密州。

按《傳》，莒子虐，國人患之，又廢其樹子展輿，展輿因國人弑父自立。不書展輿，謀始國人也。非闕實不敢蔽，詳慎之至也。説者信《傳》而疑經有隱，胡氏信經而謂《傳》有錯，皆不達于《春秋》之義也。

春秋直解卷十終

春秋直解卷十一

郝敬　習

昭公

昭公名裯，襄公子，在位三十二年。

元年〇春，王正月，公即位。

叔孫豹會晉趙武、楚公子圍、齊國弱《公》作「酌」、宋向戌、衛齊《公》作「石」惡、陳公子招、蔡公孫歸生、鄭罕《公》作「軒」虎、許人、曹人于虢《公》作「漷」，《穀》作「郭」。

尋宋之盟也。宋、虢之盟，楚皆先歃，禮不以新閒舊，故書皆先晉。

三月，取鄆。

虢之會，以弭兵也。豹會而季孫取鄆，楚人遂執豹，趙武爲請而釋之。不書，諱也。

夏，秦伯之弟鍼虔出奔晉。

鍼，秦景公母弟，國人如二君，母夫人戒之去，勿及禍，鍼遂適晉。書「弟」，甚秦伯也。

六月，丁巳，邾子華卒。

晉荀吴帥師敗狄于大鹵晉地。《公》《穀》作「大原」。

是役也，晉以步卒薄狄于險，胡氏遂謂譏改車戰，鑿也。

秋，莒去疾自齊入于莒。莒展輿出奔吴。《公》《穀》無「輿」字。

初，莒人弑其君，立展輿。展輿之弟去疾，齊出也，奔齊。展輿立而奪群公子秩，群公子召去疾，齊人納之，展輿奔吴。

叔弓帥師疆鄆田。

乘莒亂也。

葬邾悼公〔一〕。

冬，十有一月，己酉，楚子麇群。《公》《穀》作「卷」**卒**。

楚子有疾，令尹子圍入問疾，遂縊弒之，以卒赴，故書「卒」。不正之，何也？子圍素行無禮，衆惡皆歸，宫庭事隱傳疑，故與鄭髡頑之死，皆不書弒君。莒子庶其、密州死，皆不書弒父。慎重〔二〕之至也。

楚公子比出奔晉。

康王與子圍、子比、子晳、棄疾五人皆共王子也。子麇，康王子，麇死，子圍自立，是爲靈王。葬麇于郟甲，謂之郟敖。

二年〇春，晉侯使韓起來聘。

〔一〕「葬邾悼公」四字原脱，據《左傳》所附經文補，《穀梁傳》附經文同，《公羊傳》經文作「葬邾婁悼公」。

〔二〕「慎重」前原有兩墨釘，後印本無，據删。

韓起新爲政，聘魯，遂適齊。執政而爲行人，重失齊、魯也。

夏，叔弓如晉。

報韓起也。

秋，鄭殺其大夫公孫黑。

鄭子晳既殺良霄，愈侈，將攻游氏，代其位。子産使吏數其罪，縊殺之。

冬，公如晉，至河乃復。季孫宿如晉。

晉平公嬖妾少姜死，魯昭公往弔，及河，晉使人辭公，季孫宿往。夫諸侯而奔諸侯妾之喪，非禮也。晉以非伉儷辭，是也。胡氏謂公不當遂復，果仲尼之意乎？仲尼謂晉不有公，有季孫云爾。

三年○春，王正月，丁未，滕子原《公》作「泉」卒。○夏，叔弓如滕。○五月，葬滕成公。

魯襄公之葬，滕子來。滕葬，故魯報之。

秋，小邾子來朝。○八月，大雩。○冬，大雨去聲雹薄。

北燕伯款出奔齊。

燕簡公欲去諸大夫，立嬖人，諸大夫作亂，公奔齊。稱「北」，遠也。燕距中原千里，而遥與山戎雜處，仲尼未有以夷之，世儒欲夷楚，何居？

四年〇春，王正月，大雨雹《公》《穀》作「雪」。

夏，楚子、蔡侯、陳侯、鄭伯、許男、徐子、滕子、頓子、胡子、沈審**子、小邾子、宋世子佐、淮夷會于申。**

楚圍無道，其合諸侯也，亦序于諸侯上，執徐子、伐吴、討慶封、滅賴，皆據事實録。《春秋》無私如天地，美惡聽物之自肖，而何擇于晉、楚？若淮夷，夷也，則夷之，以後于諸侯。《春秋》之義，無隱乎爾。

楚人執徐子。

楚子以諸侯伐吴。徐子，吴出也，疑其將貳于吴，執之。書，甚楚也。

秋，七月，楚子、蔡侯、陳侯、許男、頓子、胡子、沈子、淮夷伐吴，執齊慶封殺之。

初，慶封奔魯，齊人讓魯，遂奔吴，居于朱方。楚子入吴，執而殺之，討賊之辭也。

遂滅賴《公》《穀》作「厲」。

甚楚也。

九月，取鄫。

鄫以襄公六年併于莒，至是魯人取之。鄫由魯亡，而魯不能復。猶稱「鄫」，以存亡也。

冬，十有二月，乙卯，叔孫豹卒。

五年〇春，王正月，舍釋**中軍。**

襄公十一年，魯作三軍，三桓各取一，季氏盡入之，孟氏、叔氏歸稍于公。至是，四分公室，季取二，孟、叔各一，而公家無與焉。舍，言釋也，若曰公將中軍，今釋之云爾。本臣奪而曰君釋，本公禄而曰中軍，《春秋》之辭，微婉正直，游、夏所以不能贊也。

楚殺其大夫屈申。

以其貳于吴也。

公如晉。

朝也。

夏，莒牟夷以牟婁及防、兹來奔。

牟夷，莒大夫，以其食邑牟婁及公邑防、兹，叛于魯，魯納之，季孫宿爲政也。

秋，七月，公至自晉。

莒人以魯納牟夷，愬于晉，晉將止公，范鞅請釋之，以師討。

戊辰，叔弓帥師敗莒師〔一〕**于蚡**忿。魯地。《公》作「濆」，《穀》作「賁」**泉。**

莒討納牟夷，魯人敗之。

秦伯卒。

〔一〕「敗莒師」三字原脱，據《春秋》經文補。

不名，史闕也。

冬，楚子、蔡侯、陳侯、許男、頓子、沈子、徐人、越人伐吳。

吳以朱方之怨伐楚，楚以諸侯之師報之，無功，還。頓、沈、徐、越皆楚屬，書與陳、蔡齒，越後禹，徐後伯益，皆神明之胄，烏得而夷之？世儒鑿也。

六年○春，王正月，杞伯益姑卒。○葬秦景公。

夏，季孫宿如晉。

季孫懼晉之討納牟夷也，以賂往，晉享之，辭加籩，平公以爲知禮，重其好貨。夫納人叛臣，貪其土，蔑視其君，而側媚强大以求容，《春秋》所以惡于晉與季氏也。

葬杞文公。

宋華合比出奔衛。

宋寺人柳有寵于平公，太子佐惡之，右師華合比謀誅柳，柳譖于宋公，逐合比。寺人禍薦紳，自古然矣。

秋，九月，大雩。

楚薳罷帥師伐吴。

楚伐徐，吴救之，楚遂伐吴，吴敗楚師于房鍾。

冬，叔弓如楚。

弔敗也。

齊侯伐北燕。

納簡公也。

七年○春，王正月，暨齊平。

魯暨也。先是，齊慶封在吴，齊景公病吴，孟子所謂「涕出而女」也。時魯昭公娶于吴，又善楚，故齊人求平，魯暨之平。《左傳》謂燕與齊平，誤也。《春秋》外事未有不國者，惟内事稱及。暨，及也。

三月，公如楚。

楚子成章華之臺，求諸侯落之，魯昭公往。季孫閒公于晉，謂公之貳于楚也，晉始銜公。

叔孫婼綽。《公》作「舍」**如齊涖盟。**

暨平也。公時如楚。

夏，四月，甲辰朔，日有食之。○秋，八月，戊辰，衛侯惡卒。

衛襄公卒，子元立，是爲靈公。元母兄孟縶足不良于行，故廢。

九月，公至自楚。

章華之遊，七月而後返。季氏之譖行，而放逐之謀成矣。

冬，十有一月，癸未，季孫宿卒。

武子卒，悼子嗣。悼子卒，子意如嗣，是爲平子。

十有二月，癸亥，葬衛襄公。

八年○春，陳侯之弟招殺陳世子偃師。

陳哀公元妃生世子偃師，嬖妾生留，公以留屬其弟招與大夫過。公病，招殺偃師，立留。

夏，四月，辛丑，陳侯溺卒。

陳招殺世子，國內亂，陳侯自縊死。

叔弓如晉。

晉平公築虒斯祁宮成，諸侯皆賀。

楚人執陳行人干徵師殺之。

陳使干徵師以喪赴于楚，且告立君，楚執而殺之，討其殺世子也。非使者罪，故書「行人」。

陳公子留出奔鄭。

懼楚也。

秋，蒐于紅。

革車千乘，三家自閲也。

陳人殺其大夫公子過。

陳招歸咎子過，以説于楚。

大雩。○冬，十月，壬午，楚師滅陳。執陳公子招，放之于越。殺陳孔奐《公》作「瑗」。

楚滅陳以爲縣，使穿封戌爲陳公。

葬陳哀公。

哀公故嬖臣袁克葬公，而殺其馬、毁玉焉，義也。倉卒舉事，魯會未可知，經亦書葬，不欲亡陳、没[一]袁克之誼也。《春秋》可以例求乎？

九年○春，叔弓會楚子于陳。

時楚子在陳，魯、宋、鄭、衛皆使其大夫問起居。是年，晉與周争閻田，晉率陸渾之戎伐周，不書，

〔一〕「没」字上後印本擠刻添「而」字。

爲天王諱也。

許遷于夷。

初，許遷葉，復自葉遷夷。夷，城父也。楚遷之，不書楚，猶齊遷邢、衛，不書齊也。《春秋》之義，貴大公。

夏，四月，陳災《公》《穀》作「火」。

陳亡，後六年乃復，猶書「陳」，存亡也。

秋，仲孫貜矍**如齊。**

復通好也。

冬，築郎囿。

營不急也。《左傳》于凡冬役稱時，時則何〔一〕■書？政善民安，《春秋》不作矣。

〔一〕「何」，後印本作「不」。

十年○春，王正月。○夏，齊《公》作「晉」欒施來奔。

齊子雅、子尾，惠族也。子雅之後爲欒氏，子尾之後爲高氏，欒施、高彊嗜酒，信内而多怨，與陳、鮑交惡。或告陳無宇、鮑國曰：「欒、高將攻汝。」陳、鮑先發，欒、高劫公伐之，不勝，奔魯。陳、鮑分其室，陳桓子盡以所分獻于公，請老焉，公與之高唐，欒、高去而陳益大矣。

秋，七月，季孫意《公》作隱如、叔弓、仲孫貜帥師伐莒。

三家同伐莒，取郠哽，用莒人于社，臧武仲聞而佻之。

戊子，晉侯彪卒。○九月，叔孫婼如晉，葬晉平公。

諸侯之大夫會者十三國，天王之喪蔑如也。

冬，十有二月，甲子，宋公成卒。「成」，《公》作「戌」。

十有一年○春，王二月，叔弓如宋，葬宋平公。

夏，四月，丁巳，楚子虔誘蔡侯般班，殺之于申。

蔡般弑父篡國十有三年，諸侯不討，幾幸免矣，楚虔一舉，身死國亡。《詩》曰「趯趯毚兔，遇犬獲之」，叔向所謂「天之假手」者與？

楚公子棄疾帥師圍蔡。

罪人既討，而又貪其國，甚楚也。

五月，甲申，夫人歸氏薨。

襄公妾，昭公之母也。

大蒐于比皮**蒲。**

魯自中軍毀，而公賦盡歸三家矣。書「大蒐」，傷委轡之不收也。君母新喪而講于戎政，叔向謂魯「有三年之喪，無一日之戚」，宜其見哂于君子矣。

仲孫貜會邾子，盟于祲祥《公》作「侵羊」。

新喪而會盟，非禮也。

秋，季孫意如會晉韓起、齊國弱、宋華亥、衛北宮佗駝、鄭罕虎、曹人、杞人于厥慭

銀去聲。《公》作「屈銀」。

謀救蔡也。晉使人請于楚，楚弗許，蔡旦夕亡矣。諸侯不纓冠往，而使二三臣築舍道旁，其何能濟？天下有道，則政不在大夫。説者謂仲尼有取于厥慭之會，不然矣。

九月，己亥，葬我小君齊歸。

齊，謚。歸，姓。

冬，十有一月，丁酉，楚師滅蔡，執蔡世子有以歸，用之。

楚滅蔡，城不羹，以公子棄疾爲蔡公。夫蔡般雖賊父之子，楚虔非討賊之君，賊討則已矣，又滅其國，取其子用以爲牲，貪如狼，毒如虺，靈所以爲靈也。當是時，蔡有以彈丸土〔一〕，君死國危，楚以方張全力，環而攻之者八月。流離之子，枝梧飲血，力屈就義，雖不共之恨未酬，而枕戈之志已畢，《春秋》所以惜之。

〔一〕「土」字上後印本擠刻添「之」字。

十有二年〇春，齊高偃帥師納北燕伯于陽。

燕簡公奔齊十年，至是歸。

三月，壬申，鄭伯嘉卒。

夏，宋公使華定來聘。

宋元公新立也。

公如晉，至河乃復。

朝晉也。先是，三家伐莒，取鄆，莒人愬于晉，故晉辭公，公使子慭往。

五月，葬鄭簡公。

楚殺其大夫成熊《公》作「然」，《穀》作「虎」。

楚子以讒殺之。

秋，七月。〇冬，十月，公子憖《公》《穀》作「整」〔一〕出奔齊。

南蒯爲費宰，季平子不加禮焉。蒯與公子憖、叔仲小謀出季氏。憖從公如晉，蒯以費叛于齊，憖還，及郊聞變，遂奔齊。

楚子伐徐。

楚子使蕩侯、潘子等帥師圍徐，身次于乾谿，以爲援。

晉伐鮮虞。

白狄之種也。晉荀吴僞爲會齊師而假道，遂入之。

十有三年〇春，叔弓帥師圍費秘。

討南蒯也。

夏，四月，楚公子比自晉歸于楚，弑其君虔于乾千谿。

〔一〕按《穀梁傳》經文亦作「憖」。

初，觀起之誅也，其子觀從在蔡，棄疾爲蔡公。靈王次于乾谿，觀從説棄疾召公子比，以所統不羹之衆納子比爲王。靈王聞變，還及訾梁，衆潰，自縊死。夫始謀者觀從也，動衆者棄疾也，而爲王則公子比也。弑君，主爲王者。

楚公子棄疾殺公子比。

子比謂圍可代兄，則己亦可代圍，棄疾謂己亦可代比。《詩》云「爾之教矣，民胥效矣」，轉相屠戮，烏乎宜哉！

秋，公會劉子、晉侯、齊侯、宋公、衛侯、鄭伯、曹伯、莒子、邾子、滕子、薛伯、杞伯、小邾子于平丘。

晉自魯襄公二十五年夷儀之會，失諸侯十九年矣，康、靈張楚，晉同寒灰。熊虔死，晉突發其甲車四千乘，耀武邾南，脅齊人盟，聽邾、莒之愬，辱魯君臣于會，是臧紇所笑齊莊之功如鼠者也。世儒强《春秋》與之，何與？

八月，甲戌，同盟于平丘。

會而後盟，齊不服，强而後可也。

公不與預盟。晉人執季孫意如以歸。

初，晉以公貳于楚，銜之。是會也，邾、莒人共愬于晉，曰：「魯朝夕伐我。」晉侯遂不見公，不與盟，執季孫意如以歸。

公至自會。

蔡侯廬歸于蔡。陳侯吴歸于陳。

楚棄疾立，是爲平王，使蔡世子之子廬、陳世子之子吴各還其國。書「歸」，不與楚復也。諸侯自有國，非天子誰得而亡之？誰得而復之？

冬，十月，葬蔡靈公。

蔡般身死國滅，二年矣，蔡廬復國乃葬。

公如晉，至河乃復。

季孫意如執于晉，昭公將往，荀吴辭，釋季孫也，公往不利于季孫。

吴滅州來。

十有四年○春，意如至自晉。○三月，曹伯滕卒。○夏，四月。○秋，葬曹武公。○八月，莒子去疾卒。

冬，莒殺其公子意恢奎。

莒子卒，大夫兹父殺公子意恢，迎莒子弟庚輿于齊，立之。

十有五年○春，王正月，吴子夷昧卒。

二月，癸酉，有事于武宫。籥入，叔弓卒，去樂〔一〕卒事。

魯有武宫，自季孫行父始。諸侯五廟，而增脩世室，非禮也。祭舉樂作，聞大夫喪而徹，是輕祖考而重臣庶，亦非禮也。

〔一〕「樂」，原誤作「籥」，據《春秋》經文改。

夏，蔡朝《公》作「昭」**吴出奔鄭。**《公》無「出」字。

朝吴，故蔡大夫聲子之子，與觀從謀復蔡，亦蔡之忠謀臣也。費無極閒丁蔡人，使逐之。平王弗察，卒以無極之譖，出蔡侯朱，廢太子建，殺連尹、伍奢，啓吴師入郢之禍。《詩》云「讒人罔極，交亂四國」，可不畏哉！

六月，丁巳朔，日有食之。

秋，晉荀吴帥師伐鮮虞。

荀吴伐鮮虞，圍鼓，鼓之叛人以城降，不受。未幾，鼓人叛，遂滅之，是二鼓兩吴也。君子曰：「假仁不成，詐力鮮終。」故經書「伐鮮虞」，而不及鼓功。説者謂書名氏爲予之，謬也。

冬，公如晉。

平丘不會，兩及河見卻，復往，晉人遂止之。

十有六年○春，齊侯伐徐。

齊景公及徐子、郯人、莒人盟于蒲隧，徐子賂齊以甲父之鼎，齊主東盟而晉業衰矣。

楚子誘戎蠻《公》作「曼」子殺之。

書，甚楚也。

夏，公至自晉。

昭公以去年冬如晉，至是始歸。不書晉止，諱也。

秋，八月，己亥，晉侯夷卒。○九月，大雩。○季孫意如如晉。○冬，十月，葬晉昭公。

十有七年○春，小邾子來朝。

魯既卑矣，小國猶有朝者，晉亦卑矣，諸侯猶有往者，此不畏其君而畏强臣耳。以力服人，諸侯不可，况大夫乎？《春秋》之事，聖人難言之矣。

夏，六月，甲戌朔，日有食之。○秋，郯子來朝。

八月，晉荀吴帥師滅陸渾《公》作「賁」之戎。《穀》無「之」字。

伊雒有戎，晉人寔植之，植戎于雒，將以逼周。戎貳于楚，遂滅戎，戎滅而晉壤界周京矣。計周邇于戎與邇于晉，何異？顧周未亡而晉先分，天道所以概夫滿者。

冬，有星孛佩**于大辰。**

記異也。彗爲孛，心星爲大辰。

楚人及吴戰于長岸楚地**。**

楚敗吴師，獲其王舟餘皇。

十有八年○春，王三月，曹伯須卒。

夏，五月，壬午，宋、衛、陳、鄭災。

四國同日火，異也。

六月，邾子入鄅舉**。**

邾人襲鄅，盡俘其帑以歸。

秋，葬曹平公。

冬，許遷于白羽楚邑。

初，許逼于鄭而依楚，遷葉。魯昭公九年遷夷，十五年反葉，又遷白羽。五十餘年閒，國四遷。《詩》云「哀我憚人，亦可息也」，明王不作，寡弱何以自存乎？

十有九年〇春，宋公伐邾。

郳君夫人，宋向戌之女。向寧爲請于宋公，伐之，而盡歸其俘。

夏，五月，戊辰，許世子止弒其君買。

《左傳》許悼公瘧，飲太子藥而卒，太子奔晉，書「弒」，直之也。《公羊》紆其説，謂止爲孝子〔一〕。故《公羊》者，《春秋》之楊墨也。

己卯，地震。

〔一〕按《公羊傳》無「止爲孝子」之義。

秋，齊高發帥師伐莒。

莒不事齊也。

冬，葬許悼公。

凡葬，會則書。《公羊》以爲《春秋》赦止，《穀梁》以爲不使止爲弑父。是何言與？蓋求諸討賊書葬之例不合，而肆爲邪説也。

二十年〇春，王正月。〇夏，曹公孫會自鄸蒙。《穀》作「夢」**出奔宋。**

公孫會，曹大夫，出奔宋，《傳》不詳其故。《公羊》揣爲子臧之後，以邑叛，爲賢者之後諱。夫子臧之節，《春秋》不録，何爲其子孫諱逆？大夫多賢者後，而皆諱，則無一書矣。《春秋》政在大夫，出奔必書，何諱之有？

秋，盜殺衛侯之兄縶《公》《穀》作「輒」。

衛靈公母兄孟縶惡齊豹，豹薦宗魯爲縶驂乘，使人刺縶于車中，宗魯死之，故書「盜殺」。是舉也，北宫喜、褚師圃惡縶，公子朝通于君母襄夫人，皆與謀。靈公避之境上，北宫喜之宰殺豹，子朝、師圃奔晉。靈公與北宫喜盟而入，遂殺襄夫人，是殺其嫡母也。聖人于此不欲直之，第提其本事云爾。

冬，十月，宋華亥、向寧《公》作「甯」、華定出奔陳。

宋華、向二族專，元公惡之。華亥僞病，誘群公子于家，殺之，劫公與盟，質公子，司馬華費遂攻之，出奔陳。

十有一月，辛卯，蔡侯廬卒。

二十有一年〇春，王三月，葬蔡平公。

夏，晉侯使士鞅來聘。

時叔孫婼執魯政，季孫嫉之，使有司殺禮，以怒晉使。魯人懼而加四牢焉，爲十一牢具。

宋華亥、向寧、華定自陳入于宋南里以叛《公》作「畔」。

宋司馬華費遂之子貙爲少司馬，貙弟多僚爲御士，多僚譖其兄于公曰：「貙將納亡人。」公告費遂而逐貙。貙與其臣張匄等劫費遂，殺多僚，招華亥等入南里以叛。

秋，七月，壬午朔，日有食之。〇八月，己亥，叔輒《公》作「痤」卒。

冬，蔡侯朱《穀》作「東」**出奔楚。**

蔡侯廬卒，子朱立。蔡東國者，楚靈王所誅蔡世子子也，費無極徵貨于東國，使蔡人立之而逐朱。朱歸楚自愬，平王不問也。

公如晉，至河乃復。

《左傳》謂晉有鮮虞之役，辭公。非也。晉六卿，魯三桓之黨，昭公不見悅于魯，而欲見禮于晉乎？往故〔一〕卻，豈必鮮虞耳。

二十有二年○春，齊侯伐莒。

莒人欲賂齊，莒子弗許，齊伐之，爲城下之盟。莒人於是尤其君。

宋華亥、向寧、華定自宋南里出奔楚。

初，宋華、向之亂也，華登奔吳，吳人助之。齊、晉、曹、衛助宋，殺張匄，進圍南里。華登乞師于楚，楚救至，亥等出奔。

〔一〕「故」，後印本作「則」。

大蒐于昌間《公》作「姦」。

昭公之季三蒐矣，顧公室焉得一卒之用？

夏，四月，乙丑，天王崩。

六月，叔鞅如京師，葬景王。王室亂。

景王太子壽早卒，王欲立庶子朝，劉摯、單旗不可。王崩，劉、單立子猛。子朝因百官之喪秩者與靈、景之族作亂。書「亂」，不專罪子朝也。

劉子、單子以王猛居于〔一〕**皇。**

避子朝也。

秋，劉子、單子以王猛入于王城。

初，景王欲立子朝，與賓起謀殺劉摯、單旗，未發，王崩，摯亦死。旗與摯子蚠殺賓起，立子猛，

〔一〕「于」，原誤作「子」，據《春秋》經文改。

子朝帥三邑之甲逐劉、單，戰于平時，劉、單殺群王子八人，納子猛于王城，事由劉、單也。大臣建國本，而以私怨獨行，宗室未協，諸大夫未同，若之何不亂？故其奉君也，書「以」；其復王城，書「入」。臣不名而名其君，示不爲君臣也。晉人以師納王猛，亦不書。仲尼于王猛、劉、單，意可知也。

冬，十月，王子猛卒。

書子、書名、書卒，不葬，不成其爲王也。子丐立，是爲敬王，館于子旅氏。

十有二月，癸酉朔，日有食之。

二十有三年〇春，王正月，叔孫婼如晉。

邾人城翼，道出武城，武城人要之，取其三大夫。邾人愬于晉，晉以爲討，叔孫往。

癸丑，叔鞅卒。

晉人執我行人叔孫婼。

晉人執叔孫，使與邾大夫坐，叔孫不可，責賂不可，遂囚諸箕。書，甚晉也。

晉人圍郊。

郊，周郊。晉人滅戎，併伊雒，于周爲同室矣。周有難而晉不急，子朝在京，乃圍其郊，周人告閒，師遂大還。向使晉人藎忠王室，無懷貳圖，周惟恐晉師不留，何告閒之有？告閒，則晉之師可知也。書「圍郊」，志不急也。郊不繫周，莫非周也。王者無外，所以尊之；内稱不備，所以親之。

夏，六月，蔡侯東國卒于楚。

秋，七月，莒子庚輿來奔。

庚輿好劍，用人試，大夫烏存以國人逐之，遂奔魯。齊人納去疾之子，立爲郊公。

戊辰，吳敗頓、胡、沈、蔡、陳、許之師于雞父《穀》作「甫」。**胡子髡**坤、**沈子逞**《公》作「楹」，《穀》作「盈」**滅，獲陳夏齧**臬。

吳人伐州來，楚令尹子瑕帥七國之師救之，卒于師。吳人乘之，胡、沈之君没于陳，陳大夫夏齧被獲。

天王居于狄泉，尹氏立王子朝昭。

天王，敬王丐也。猛卒丐立，《春秋》不王猛而王丐，何也？猛立于單、劉之手，丐自立也；猛不踰年卒，敬王立四十有二年，爲共主久矣。君臣之義久則定，稱「天王」而絀猛、朝，不二之義也。居狄泉，在外也。立子朝，據王城也。

八月，乙未，地震。

冬，公如晉，至河，有疾，乃復。《公》《穀》「河」下有「公」字。

晉之郤公屢矣，其復不徒以疾也。臣不以爲君，故强鄰輕之，大國不與同盟，故賊臣侮之，而竟播遷以死，豈獨季氏之罪？《春秋》所以惡晉也。

二十有四年○春，王二月，丙戌，仲孫貜卒。

婼至自晉。《公》有「叔孫」字。

晉執魯叔孫，至是釋歸。嗟乎！如魯事晉，何以不得免？其君爲僕，其臣爲虜，甚矣哉！《春秋》所以惡晉。

夏，五月，乙未朔，日有食之。○秋，八月，大雩。○丁酉，杞伯郁《公》作「鬱」釐離卒。

冬，吴滅巢。

楚邑也。不日、不月，史逸也。説者謂「夷狄時」，顧經書時者過半矣。

葬杞平公。

二十有五年〇春，叔孫婼如宋。

季平子娶于宋元公女，昭子聘宋，遂爲季孫逆婦。執政爲大夫逆婦，非禮也。

夏，叔詣《公》《穀》作「倪」，後同**會晉趙鞅、宋樂大**《公》作「世」，後同**心、衛北宮喜、鄭游吉、曹人、邾人、滕人、薛人、小邾人于黄父。**

謀周也。趙鞅令諸侯輸周粟，具戍人，明年將納王。嗟夫！天子蒙塵，强宗據京師，諸侯優游觀望■四載，使其臣口舌遷延，以待來年，可謂「譚笑而道之」者矣。胡氏謂免于譏貶者，求一字之例而不得也。

有鸜瞿**鵒**欲**來巢。**「鸜」，《公》作「鸛」，音權。

鸜鵒，鳲鳩也。性不能巢，《詩》云「維鵲有巢，維鳩居之」。魯有鸜鵒來巢，異也。君子曰：「無成知始，其道反常，其臣擅君之象與？」

秋，七月，上辛，大雩。季辛，又雩。

月再雩，旱甚也。

九月，己《穀》作「乙」**亥，公孫**遜**于齊，次于陽**《公》作「楊」**州。**

公忿季氏專，與季公若、公子爲、子果、子賁、郈昭伯共伐季氏，入之。平子登臺請盟，請囚，請亡，公皆不許。叔孫氏之司馬鬷戾曰：「亡季氏，是亡叔孫也。」率其徒助之，與孟孫殺郈伯，攻公，公奔齊。書「孫」，微之也。

齊侯唁彥**公于野井。**

弔失國曰唁。齊、魯，形親之國也。自魯附晉而齊始孤，魯閒于晉，而齊遂盟東諸侯矣。魯亂，齊之幸也，故其言甘而禮恭。書「齊侯唁公」，見齊詐而悲二國之失計也。苟二國親睦，豈患于晉？雖有陳恒、三桓，未敢動也。

冬，十月，戊辰，叔孫婼卒。

叔孫婼之死，後矣。方昭公之謀季孫也，婼無故而如闞，其真不知邪？其知之而先去以避邪？其已授指于騣戾而預爲備邪？不然，季孫已歸命矣，騣戾輒敢帥其徒以伐公邪？其語于衆曰：「無季氏，是無叔孫也。」此非婼肝膈之要邪？國有難而執政不赴，君出而後歸，歸無一言詰騣戾，讓季、孟，而從公于齊，故公徒欲殺之。而乃甘言于幄，許納公，間道脱歸，竟無所短長以死，何邪？《左氏》爲祈死之誕説，世儒遂以婼爲社稷臣，豈仲尼之意哉？説者曰「大夫卒，公不與小斂不日」，今公出亦日，爲之解曰「公在外，非無恩」，理窮辭遁，《春秋》無此例也。

十有一月，己亥，宋公佐卒于曲棘宋地。

宋公之女爲季孫妻，故宋公謀納公，憂季孫也，行未踰境而卒。

十有二月，齊侯取鄆。

齊侯謀以千社居公，從者子家辭，遂取魯邑鄆以處之。

二十有六年○春，王正月，葬宋元公。

三月，公至自齊，居于鄆。○夏，公圍成。

齊侯將親納公，季氏賂其嬖人梁丘據，阻之，遂使公子鉏帥師往。孟孫僞以成降，緩齊師，設備而後拒之。公以齊師圍成，不書齊，諱也。

秋，公會齊侯、莒子、邾子、杞伯，盟于鄟專陵。

謀魯也。

公至自會，居于鄆。

九月，庚申，楚子居卒。

初，楚平王爲世子建娶秦女，費無極以蠱平王自取之，遂出子建于城父，誣以叛，殺其傅伍奢，子建奔宋。秦女生子壬而幼，子西長而賢，令尹子常欲立之，子西不可，遂立壬，是爲昭王。

冬，十月，天王入于成周。尹氏、召伯、毛伯以王子朝奔楚。

晉知躒歷、趙鞅以師納敬王于成周，天子而植諸陪臣之手，故諱不書[redacted]。天下有道，政不在大夫，書「天王入于成周」，憂無道也。

二十有七年○春，公如齊。○公至自齊，居于鄆。

夏四月，吴弑其君僚。

吴光謀弑久矣。光，諸樊之子也。壽夢愛季扎，不得立，諸樊承父志而舍其子，凡爲扎耳。扎不受國，當歸光。僚，宜昧之子，焉得而干之？僚既干其位，又無道以讐其民，光日夜伺隙，伍員、專諸之徒從臾之，七年而後難作，故書國，非一人一日之辭也。光立，爲闔閭。

楚殺其大夫郤《穀》作「郄」**宛**苑。

費無極與鄢將師惡郤宛，搆之于令尹子常曰：「宛欲飲子酒。」又謂宛曰：「令尹欲飲酒于子。」且曰：「令尹喜甲兵，擇其好者寘諸門。令尹來，以酬之。」反告子常曰：「吾幾禍子，必勿往。」使人視郤氏門，有甲。子常遂攻郤氏，殲其族，國人詑之。子常懼，殺無極與將師，亦殲其族。夫無極之禍楚烈矣，殺不書，當也。無極之罪，非殺可償，書無極所殺者耳。

秋，晉士鞅、宋樂祁犂、衛北宫喜、曹人、邾人、滕人會于扈。

謀戍周，且將納公。季孫賂晉士鞅，遂不果納。嗟乎！晉、衛於魯爲同姓，兄弟淹恤在外，無急難之義，而徒使其臣因亂以爲利。晉之爲盟主，如何哉？王室有子朝之亂，遷延數載，迫于游吉諸君子之督過，而後有成周之役，其又奚有于魯？齊、晉，衡也；魯、齊，驂靷也。自魯附晉而齊受縶久矣，齊景公稍振，魯遂有季氏之難。當是時，公能用子家計適晉，晉其或納之，然五如晉而晉五辭，公知季氏託于晉者厚，不往亦宜。舍晉則唯齊，齊方病魯，一旦來歸，謂天以魯與我矣，喜而遠勞之，許四千社居之，將以魯爲禽，以公爲囮，以己爲羅從者，子家不可，而齊意遂懈。然猶以師從公，圍成，取鄆，塞前諾耳，豈真有納公之志乎？齊不納公而恐公之從晉也，晉不禮公而又惡公之好于齊也。遷延四載，至齊人以宰夫飲公，以主呼公，然後乞哀于晉，晉果責魯無一个之辱，兩棄之，而公遂無歸矣。季孫之賂，絡繹于外，朋黨徧諸侯，公出不復，固其臣逐之，亦齊、晉交擠之也。世道人心，爲鬼爲蜮，可勝慨哉！魯弱而齊、晉先亡，天道所以罰不衷也。讀《春秋》者置此不論，而區區書人、書名之例，愈比而愈不合矣。

冬，十月，曹伯午卒。

邾快來奔。

《傳》不詳其故。凡外臣來奔則書，世儒强執無大夫之例，迂僻不可曉。

公如齊。〇公至自齊，居于鄆。

孟懿子與陽虎伐鄆，敗公徒，公如齊。齊侯即安而使其宰夫飲公酒，明年公遂如晉。

二十有八年○春，王三月，葬曹悼公。

公如晉，次于乾干侯。

晉地也。公使人請逆于晉，晉人辭，曰：「其使齊人逆君。」出公于境外，乃逆。

夏，四月，丙戌，鄭伯寧《公》作「甯」卒。○六月，葬鄭定公。

是年，晉祁盈家臣有淫亂者，盈殺之。荀躒譖盈于晉侯，遂滅祁氏之族及其黨羊舌氏，分二氏邑爲十，以封十大夫。不書，史不備也。

秋，七月，癸巳，滕子寧《公》作「甯」卒。○冬，葬滕悼公。

二十有九年○春，公至自乾侯，居于鄆。○齊侯使高張來唁公。

齊惡公如晉而喜晉之不加禮也，陽使人來唁，辭稱主君，公遂復如乾侯。

公如晉，次于乾侯。

意如之逐昭公，狡矣。始而公伐之也，陽爲不敵，請盟，請亡，以緩公，而待兩家之援；公既出矣，請改事君，稽首叔孫，僞求復公；公之奔齊、晉也，則賂齊、晉；公之在外也，則車馬遺于外，齒及君，則憂恤之言不絶于口，君之左右，衣屨不絶于餽。是以内有逐君之實，而外連强大，結歡群小。昭公昏庸不斷，忠言不入，卒至大行而不返也，悲夫！

夏，四月，庚子，叔詣卒。

公不與小斂，亦書日，例之無稽明矣。

秋，七月。○冬，十月，鄆潰。

内亂曰潰。鄆潰，公遂去如晉，次于乾侯。《傳》不詳，其鄆人受指于季孫而倒戈于公乎？未可知也。昭公昏庸，不厭衆心，三家勢重，國人何賴孤主，而開罪于權門？當時民情變態可思也。嗟乎！公之出也，季孫不欲其歸，鄆人亦不欲其歸。季孫不欲其歸，篡也。鄆人不欲其歸，則公失人心矣，故書曰「鄆潰」。鄆潰，公安之？有千乘之國而措躬無地，《詩》云「無俾城壞，無獨斯畏」，昭公之謂矣。彼季孫，何足誅哉！

三十年〇春，王正月，公在乾侯。

正月必書公在，何也？春首歲，君首國也。國者，君之國；君者，國之君。未有有國無君，有君無國者。君不得有國，則必知君之所在，不敢干其器也。國不得事君，則必問君之所往，不敢忘其主也。不敢干其器，義也。不敢忘其主，仁也。《春秋》人倫之至，若之何游、夏能贊之？

夏，六月，庚辰，晉侯去疾卒。〇秋，八月，葬晉頃公。

冬，十有二月，吳滅徐，徐子章羽《公》作「禹」奔楚。

吳王僚之死也，其子掩餘奔徐，燭庸奔鍾吾，闔閭討之，二子遂奔楚。吳執鍾吾子，滅徐，徐子亦奔楚。楚封吳二子，處徐子于城父。

三十有一年〇春，王正月，公在乾侯。

季孫意如會晉荀躒立。《公》作「櫟」于適的歷晉地。

晉定公新立，將納公，范鞅止之，曰：「試召季孫，不來，則信不臣矣。」使私謂季孫曰：「必來，我受其無咎。」意如會荀躒于適歷，爲練冠、麻衣，跣行，伏而見晉侯，曰：「事君，臣所不得也，敢有異心？」晉侯信之，遂不納公。

夏，四月，丁巳，薛伯穀卒。

晉侯使荀躒唁公于乾侯。

公次乾侯四年，晉人若罔聞也。定公新立，使唁公，勸之歸，而趙鞅〔一〕、荀躒爲季氏中主，昭公畏懦不決，遂使如河之誓竟成客死之讖，悲夫！

秋，葬薛獻公。

冬，黑肱《公》作「弓」**以濫來奔。**

濫，邾邑，近魯。邾大夫黑肱以叛于魯，魯納之。二十七年納快，今納黑肱，不書邾，一之爲甚云爾。《左傳》曰：「邾黑肱以土地來，不求名，必書，謂之欲蓋而章。齊豹殺衛公縶，書『盜』，謂之求名不得。」〔二〕夫殺人，非以求名也，以土地叛，非爲欲蓋也，比類屬辭而已，與《公羊》「通

〔一〕「趙鞅」，據《左傳》所載，當爲「范鞅」，此或爲郝敬誤記。

〔二〕按此處爲意引《左傳》文。

濫」之説，譸張爲幻，皆《春秋》之稂莠也。

十有二月，辛亥朔，日有食之。

三十有二年〇春，王正月，公在乾侯。

取闞。

闞，亦邾邑，季氏取之。既納其亡臣叛土，又取其分邑，故經皆不殊邾，屢也，以表亡厭。

夏，吴伐越。〇秋，七月。

冬，仲孫何忌會晉韓不信、齊高張、宋仲幾、衛世《穀》作「大」叔申、鄭國參、曹人、莒人、薛人、杞人、小邾人，城成周。《公》「莒人」下有「邾婁人」，《穀》有「邾人」。

敬王以子朝之黨雜處王城，請晉城東郊，將遷居焉。是時，公在乾侯，魯無君，故大夫會；他國有君，亦大夫會，則同乎無君。故曰：「天下有道，政不在大夫。」

十有二月，己未，公薨于乾侯。

嗟夫！季孫之惡滔天矣，魯人不敢問，諸侯不能討，《春秋》焉得不作？史墨，當世所謂君子也，亦曰「季氏出其君而民服」。世衰道微，邪説横行，《春秋》焉得不作？

春秋直解卷十一終

春秋直解卷十二

郝敬　習

定公

定公名宋，襄公庶子，昭公弟，在位十五年。

元年

凡即位必于正月，此不書正月即位者，公即位後也。凡改元必踰年，未即位而先書元年者，昭公卒于去年十二月，踰年矣。定立之年，即定之元年也。

春，王三月〔一〕**，晉人執宋仲幾于京師。**

世儒以定元年書「春王三月」，爲之例曰：「定無正。昭公喪未至，定公未立，魯無君，故無正。」夫《春秋》二百四十年間，不書正，書「春，王三月」屢矣，前此昭公十八年、二十一年、二十八年，

〔一〕按三傳均以「元年春，王」絶句，郝敬與之不同。

襄四年、六年、十二年，成十一年皆然，非獨定耳。不書正月，無事也。二月無事，亦不書。三月，晉人執宋仲幾，書以誌晉之無王，非爲魯無君也。城成周，王事也，魏舒以諸侯大夫涖王事，僭也。仲幾一不受功而遂執之，以諸侯大夫執諸侯大夫于王所，不請王命而遂以歸，其陵暴無禮亦甚矣。數十年以前，天下惟知有晉君，數十年以後，天下惟知有晉臣，王綱不振，政逮大夫，説者猶曰「伯討」也。夫所謂「伯討」者，仲尼有是名乎？文、武有是舊章乎？譸張以文罪，而詭隨以揚功，故夫《公羊》者，《春秋》之楊墨也。

夏，六月，癸未，公之喪至自乾侯。○戊辰，公即位。

昭公薨于外七月矣，意如廢昭公世子衍及務人，而立昭公弟公子宋。遲回至六月始即位，季氏之謀也。

秋，七月，癸巳，葬我君昭公。

昭公之葬，季孫不使附于先君，窆于墓道之南。及仲尼爲司寇，始溝而合之。

九月，大雩。

旱也。九月，夏正之七月，百穀方實，若之何不雩？《穀梁》之説謬也。

立煬漾**宮。**

煬公，魯公伯禽子，其廟已毁。季氏逐昭公而禱焉，昭公不復，季氏以爲煬靈也〔一〕，爲之立廟。嗟夫！煬公豈亦淫昏之鬼與？

冬，十月，隕允**霜殺菽。**

十月，夏正八月，隕霜，異也。菽晚成，故殺菽。

二年○春，王正月。○夏，五月，壬辰，雉耻**門及兩觀**去聲**災。**

《記》曰：「魯庫門，天子皐門也。雉門，天子應門也。」禮，天子五門，自外而内，曰皐門、曰庫門、曰雉門、曰應門、曰路門。雉門有兩觀，中闕，兩觀高起，懸象于上以觀民，故謂之觀，天子之制也。諸侯三門，無兩觀，魯制非禮。《春秋》不直斥而因災表義，使議禮〔二〕者考焉，所謂「竊取之」也。若夫褒貶命討，世儒之妄説耳。

〔一〕「也」字，後印本無。
〔二〕「議禮」後，後印本添「制度」二字。

秋，楚人伐吴。

吴人誘而敗之。

冬，十月，新作雉門及兩觀。

新作，更新改作也。

三年〇春，王正月，公如晉，至河乃復。

公立三年始朝晉，晉人卻之。

二月《公》《穀》作「三月」，辛卯，邾子穿卒。〇夏，四月。〇秋，葬邾莊公。

冬，仲孫何忌及邾子盟于拔《公》作「枝」。

平也。

四年〇春，王二月，癸巳，陳侯吴卒。

三月，公會劉子、晉侯、宋公、蔡侯、衛侯、陳子、鄭伯、許男、曹伯、莒子、邾子、頓子、胡子、滕子、薛伯、杞伯、小邾子、齊國夏于召陵，侵楚。

楚令尹子常止唐成公，索肅霜之馬，止蔡昭侯，索佩裘，皆三年，得乃遣。蔡侯銜之，納質于晉，請伐楚。諸侯既集，荀寅徵蔡貨，不至，辭歸。

夏，四月，庚辰，蔡公孫姓生。《公》作「歸」**帥師滅沈，以沈子嘉歸，殺之。**

沈，楚屬也。晉以沈子不會召陵，使蔡人伐而滅之，虜其君歸，殺之。書，甚蔡也。蔡欲報楚，不克，故遷怒于沈。

五月，公及諸侯盟于臯鼬《公》作「浩油」。

定公立四年矣，《春秋》之事，不同盟，不成爲君，故因召陵求盟。不列諸侯，魯志也。

杞伯成《公》作「戊」**卒于會。○六月，葬陳惠公。○許遷于容城。○秋，七月，公至自會。**

劉卷卒。

劉卷即劉蚠，周卿士。魯主之，卒赴，故書。

葬杞悼公。

楚人圍蔡。

報滅沈也。

晉士鞅、衛孔圉《公》作「圄」**帥師伐鮮虞。**

往年鮮虞人敗晉師，晉報之。

葬劉文公。

魯會也。

冬，十有一月，庚午，蔡侯以吴子及楚人戰于柏《穀》作「伯」**舉**《公》作「莒」**，楚師敗績。**

楚囊瓦出奔鄭。

蔡昭侯困于楚，又不得志于晉，遂因伯嚭事吴，導之伐楚，敗楚師于柏舉。子常以貪賈禍，又不用司馬戌謀，敗，故書「奔」。禍始圍蔡，故主蔡侯。《詩》曰「莫予荓蜂，自求辛螫」，囊瓦之謂也。

庚辰，吴入郢《公》《穀》作「入楚」。

吴師乘勝遂入郢，楚子奔隨。楚大夫申包胥乞師于秦，以卻吴師。

五年〇春，王三月《公》作「正月」，**辛亥朔，日有食之。**

是年春，王人殺子朝于楚，説者以納子朝罪楚，非也。子朝、王猛、敬王皆非樹子也，而子朝爲長，敬王在位久，不得不絀子朝，非謂子朝必可殺也。使子朝有不赦之辜，如陳佗、州吁、欒盈，其見殺無不書者，不書，《春秋》之義可知。

夏，歸粟于蔡。

蔡饑，魯餽之。

於越入吴。

吴師入郢，越人乘虚亦入吴，莊生所謂「雕陵之鳥，見利而忘身」，吴人之謂也，故書「入」同。

六月，丙申，季孫意如卒。

子斯嗣，是爲桓子。君子曰：「果哉！《春秋》未嘗褒貶人也。仲尼而有筆削之斧鉞，意如死，何惜一字之誅，而亦書卒、書氏、書日？《春秋》是非在人心耳，人臣若季氏，貌以榮名，被以華衮，猶不免于世之誶詬，而奚事屑屑者乎？」

秋，七月，壬子，叔孫不敢卒。

不敢，叔孫婼之子。不敢卒，子州仇嗣，是爲武叔。

冬，晉士鞅帥師圍鮮虞。

前未得志也。

六年○春，王正月，癸亥，鄭游速《公》作「遬」**帥師滅許，以許男斯歸。**

許畏鄭，委其社稷，亡命四徙，五十餘年。而鄭猶未厭，乘楚亂滅其國，虜其君，何怨毒之深也。

楚昭王反國，乃復其後。

二月，公侵鄭。

王人殺子朝于楚，餘黨儋翩以鄭伐周，晉使魯侵鄭。

公至自侵鄭。○夏，季孫斯、仲孫何忌如晉。

季孫，獻鄭俘也。仲孫，陽虎所使報夫人幣也。報夫人而以卿往，家臣而使執政，魯事之失經也。

秋，晉人執宋行人樂祁犁。

晉趙、范交惡，宋樂祁犁使于晉，主于趙鞅，獻楊盾六十，趙飲之酒。范鞅譖于晉侯曰：「未致使而私飲酒，不敬。」遂執之，三年而後遣，死于途。

冬，城中城。

三家張，陽虎亂，公室懼而城中城。《詩》曰「宗子維城」，强宗内叛，雖有高墉百雉，難乎免矣。

季孫斯、仲孫忌帥師圍鄆。

初，齊取鄆居昭公，鄆遂貳于齊，魯人圍之。嗟夫！一鄆也，季、孟臨以兵而不服，仲尼一言而齊歸之，禮之服人，遠矣哉。

七年○春，王正月。○夏，四月。

是時，周儋翩作亂，天王處于姑蕕經年。不書，諱也。

秋，齊侯、鄭伯盟于鹹。齊人執衛行人北宮結以侵衛。齊侯、衛侯盟于沙《公》作「沙澤」。

是時，晉微而齊稍振矣，鄭人從齊，會于衛。衛侯亦欲從齊，諸大夫不可，衛侯私使齊執其行人，乃盟。君子曰：「齊、晉一轍也，齊衰則晉興，晉衰則齊興。其興也，以詐力先諸侯；其亡也，亦先諸侯。齊、晉亡，《春秋》畢。故孟子曰：『其事則齊桓、晉文。仲尼之徒無道桓、文之事。』此知《春秋》之備者也。諸傳獎齊、晉，大旨已悖，餘不足觀矣。」

大雩。○齊國夏帥師伐我西鄙。

魯不附也。

九月，大雩。○冬，十月。

八年○春，王正月，公侵齊。

報西鄙之役也。

公至自侵齊。○二月，公侵齊。

前未得志也。

三月，公至自侵齊。○曹伯露卒。

夏，齊國夏帥師伐我西鄙。

報再侵也。

公會晉師于瓦衛地。

晉救至也。

公至自瓦。○秋，七月，戊辰，陳侯柳卒。

晉士《公》作「趙」鞅帥師侵鄭，遂侵衛。

討即齊也。

葬曹靖公。○九月，葬陳懷公。

季孫斯、仲孫何忌帥師侵衛。

助晉也。

冬，衛侯、鄭伯盟于曲濮衛地。

拒晉也。

從如字**祀先公。**

先公，昭公也，生不得享國，死不得終于寢，葬不得合于祖，祭不得祔于廟，皆季氏爲之也。陽虎將討季氏，納昭公主，從祀大廟。家臣叛主，而講于禮事，是以仁義竊國也。周禮在魯，而賊臣脩秩祀，周公之典刑，不掃地乎？直其事，微其人，諱之也。

盜竊寶玉、大弓。

陽虎謀殺季桓子，詐享于蒲圃，桓子逃之孟氏。虎劫公伐之，孟氏宰公斂處父禦而敗之。虎入公宫，取夏后氏之璜、封氏之繁弱以行。二物，先王之分器也，故書。

九年○春，王正月。○夏，四月，戊申，鄭伯蠆釵去聲。《公》作「囆」**卒。**

得寶玉、大弓。

陽虎入讙、陽關叛，魯人伐之，歸寶玉、大弓，奔齊，齊人執而囚之，逃奔晉。夫一寶玉、大弓也，失則書，得則書，雖先王之命器乎，未重于土地人民與周公之詒穀也。寶玉、大弓之不能守，而况其重焉者乎？書，誌慨也。

六月，葬鄭獻公。

秋，齊侯、衛侯次于五氏晉地。

齊景公伐晉夷儀，衛靈公助之，同次于五氏。

秦伯卒。○冬，葬秦哀公。

十年○春，王三月，及齊平。○夏，公會齊侯于夾《公》《穀》作「頰」**谷。公至自夾谷。**

齊、魯之不相能久矣，遠附晉而近讐齊，非魯之利也。齊毆魯使歸晉，亦非齊之利也。二國親睦，則晉不得間，而東方以寧，故夾谷之會，仲尼爲輔行，其非失計可知。説者必欲以諸侯奉晉，則仲尼不當與于斯行矣。

晉趙鞅帥師圍衛。

報五氏之役也。

齊人來歸鄆、讙、龜陰田。《穀》「田」上有「之」字。

齊人歸三邑，以夾谷之會也。仲尼相禮于會，而齊人悦服，反侵地，此豈口舌之力與？諸傳競爲譽而説愈卑，非聖人所以感人動物之本。善乎子貢有言：「夫子得邦家，綏之斯來，動之斯和。」又曰：「夫子温、良、恭、儉、讓以得。」夫子之求，異乎人之求，諸傳所言，皆人之求也。

叔孫州仇、仲孫何忌帥師圍郈后**。○秋，叔孫州仇、仲孫何忌帥師圍郈**《公》作「費」。

郈，叔孫氏私邑。家臣侯犯以郈叛，州仇與何忌圍之，不克。秋，再圍之，侯犯奔齊。君子曰：「陽虎、侯犯，叔、季氏之叔、季也。未能事君，焉能使臣？再書，歎〔一〕也。」

宋樂大心出奔曹。

宋行人樂祁犂死于晉，晉人止其尸求成。宋公使樂大心往，大心辭以疾，祁子譖于宋公曰：「將

〔一〕「歎」字後原有一墨釘「■」，後印本無，據删。

爲亂。」大心奔曹。

宋公子地《公》作「池」**出奔陳。**

宋公寵向魋，取弟公子地之馬與之。子地抶叱而奪之，公閉門泣，地出奔陳。

冬，齊侯、衛侯、鄭游速會于安甫齊地。《公》作「䆉」。

三國成而晉勢衰矣。

叔孫州仇如齊。

侯犯以郈叛于齊，齊人以歸魯，州仇往拜。

宋公之弟辰暨仲佗駝、**石彄**寇平聲**出奔陳。**《公》《穀》「暨」下有「宋」字。

公子地之出奔也，辰寔使之，曰：「君必止子。」弗止，辰曰：「是我迋兄也。以國人出，君誰與處？」與仲佗、石彄奔陳，二子皆宋卿。

十有一年〇春，宋公之弟辰及仲佗、石彄、公子地自陳入于蕭以叛。

奔陳猶可，返國據邑叛，則惡矣。

夏四月。○秋，宋樂大心自曹入于蕭。

叛黨也。

冬，及鄭平。叔還旋如鄭涖盟。

魯自僖公以來，七世事晉，晉黨季孫，逐昭公，識者知晉之將失魯矣。及韓、范内鬨，同盟解體，齊張于東，衛、鄭先往，故魯有夾谷之會，然猶未顯與晉絶也。至是，魯、鄭同盟，四國之好成，而晉遂失諸侯，不復可收矣。

十有二年○春，薛伯定卒。○夏，葬薛襄公。

叔孫州仇帥師墮灰郈。

三家專魯，各殖私邑，孟氏有成，叔氏有郈，季氏有費，皆高城深池，大都耦國。三桓以此拒公室，家臣亦以此拒三桓，南蒯、陽虎、侯犯、公山弗狃接踵叛，而三桓亦自病矣。時仲尼爲司寇，子路仕季氏，教之毁三都，叔孫乃墮郈，季氏墮費。未幾，公伯寮愬子路于季孫，三桓疑，竟不墮成，子路遂去仕衛，而郈與費亦終不復歸公矣。夫子歎道之將行有命、將廢有命，以此。

衛公孟彄帥師伐曹。

季孫斯、仲孫何忌帥師墮費秘。

陽虎既去，公山不狃、叔孫輒相繼以費叛。季孫、仲孫帥師毀其城，從子路之請也。二子遂奔齊。

秋，大雩。○冬，十月，癸亥，公會齊《公》作「晉」**侯，盟于黄。**

魯始背晉。

十有一月，丙寅朔，日有食之。○公至自黄。

十有二月，公圍成。○公至自圍成。

三桓不信子路，用公斂處父計，不肯墮成，定公遂圍成。圍成則公之失計也，夫以季路忠諒，不能勝讒閒之口，定公綿弱，而欲鋤强梗之臣乎？克則可，不克則重自辱。書「公至自圍成」，悲國事弗濟，而憂公室之愈卑矣。夫三家專魯，非徒以三都也；魯公室弱，亦非盡由三都也。三子悔禍，墮之可，若其不墮，存此無傷。上下有禮，君臣輯睦，其孰非國之險與？不然，雖在同室，無城府乎？子路爲魯計，必有正本清源，施爲次第，而紛紛毁境内城郭何爲？諸傳好訣寡識如此。

十有三年〇春，齊侯、衛侯次于垂葭衛地。《公》作「瑕」，《穀》無「衛侯」。

齊、衛同伐晉河内。

夏，築蛇淵囿。

作無益，且不時也。

大蒐于比皮蒲。

衛公孟彄帥師伐曹。

前師未得志也。

秋，晉趙鞅入于晉陽以叛。〇冬，晉荀寅、士吉射入于朝昭歌以叛。「荀寅」下《公》有「及」字。

趙鞅殺邯鄲大夫午而圍邯鄲，荀寅、范吉射善午，爲伐鞅，鞅奔晉陽，圍之。荀躒、魏曼多、韓不信、范夷皋、梁嬰五人以晉侯伐寅、吉射，寅、吉射亦伐公，不勝，奔朝歌。晉陽圍解，趙鞅入于絳。去。《春秋》無所是非，同書「叛」，何也？蓋晉之强食諸侯數世矣，昭、頃以降，政出多門，而諸侯遂去。平丘耀武而齊去，召陵辭請而蔡去，沙鹹之盟鄭去，五氏之役衛去，夾谷之會魯去，而其執政大臣益招權市利。宋樂祁以楊楯六十，被執而死；蔡侯以荀寅責貨，不堪而從吳；魯昭公以范鞅受季孫之賂，死于乾侯；邯鄲午以衛貢五百家不入，囚而殺之，遂啓門庭之禍。故凡晉之叛人與人之叛晉，其孽久罅多，不待三子交攻而三子發難者耳。勢同、行同、叛同、禍晉同，故經皆書「叛」。君子曰：「晉之先諸侯亡也，宜哉！重耳狙詐立國，仲尼以一字按之曰『譎』。天道易簡，人道中庸，鬼神正直，譎非所託基也。其子孫襲之，貪淫奢侈，無復恭儉履謙之度，受降、納款、朝聘、貢贄，儼然王者，而身假仁義之名，盜竊威命，百有餘年。籠罩百世，學士大夫謂晉尊中國、攘夷狄；聲施到今，未有知其譎者。植本若彼，取盈若此，若何不重受傷也？據《春秋》所書，晉事什九，當人情者無一，故五霸罪之魁，而晉五霸之魁也。《春秋》畢，晉祚終，聖人知幾其神乎？」

晉趙鞅歸于晉。

三臣同叛而趙鞅獨歸，鞅黨衆而寅、士吉助寡也。語曰：「百足之蟲，三斷不蹶。」鞅歸而晉日危矣。

薛弒其君比。

《傳》不詳其故。

十有四年〇春，衛公叔戍來奔。衛《公》《穀》作「晉」趙陽出奔宋。

衛公叔戍謀去夫人南子之黨，夫人愬于公，公逐戍與其黨趙陽。

二《公》作「三」月，辛巳，楚公子結、陳公孫《公》作「子」佗人帥師滅頓，以頓子牂《公》作「牄」歸。

頓子事晉，絶陳背楚，楚滅之。

夏，衛北宫結來奔。

公叔戍之黨。

五月，於越敗吴于檇醉。《公》作「醉」李。〇吴子光卒。

闔閭驕于入郢之易而侮越人之蕞爾也，伐越，越王句踐迎擊之，闔閭被創死，斯亦可爲彊梁好勝之戒矣。卒也，二國交讐，夫差以父死報越而越敗，句踐以失國報吴而吴亡，爲千古怨毒之表，脩睚眦者喜稱焉。經于檇李之事書，于會稽之事不録，聖人欲偕天下于平康正直，無怨無惡，《春秋》之志也。説者謂「《春秋》大復讐」，果爾，伍員、夫差宜深嘉予，而何其泯泯邪？

公會齊侯、衛侯于牽晉地。《公》作「堅」，又作「掔」。○**公至自會**。

晉人圍范、中行于朝歌，齊、魯、衛三國共救之，以狄師襲晉，不克而還。

秋，齊侯、宋公會于洮滔。

謀救范氏也。君子曰：「晉之助人叛多矣，人亦助其叛，宜夫！」

天王使石尚來歸脤辰上聲。

魯不脩貢而王使歸脤，仲尼所爲跼蹐也。

衛世子蒯快**聵**外**出奔宋**。**衛公孟彄出奔鄭**。

衛夫人南子會宋朝于洮，靈公弗禁也。世子適齊，過宋，聞野人謡，惡之，謀弒南子，不克而逃。孟彄，其黨也，公逐之。

宋公之弟辰自蕭來奔。○**大蒐于比蒲**。

邾子來會公。

求好也。

城莒父及霄。

魯助范、中行而懼晉，故設備。是年不書冬，闕也。

十有五年〇春，王正月，邾子來朝。

鼷鼠食郊牛，牛死，改卜牛。

鼠食牛死，小滅大，異也。

二月，辛丑，楚子滅胡，以胡子豹歸。

初，楚有吳難，胡子盡俘楚邑之近胡者。至是，楚子滅胡，執其君以歸。

夏，五月，辛亥，郊。

郊，魯常祭也，牲牢具而無菑，卜從，舉以時，則不書。今年正月，鼠食郊牛死，五月郊，未幾公薨。《詩》曰「是享是宜，降福既多」，君子謂是享也，不宜。

壬申，公薨于高寢。

非正寢也。

鄭罕《公》作「軒」**達帥師伐宋。**

鄭、宋閒有隙地六邑，相與盟，棄之。宋子地奔鄭，鄭伐取三邑，居焉。

齊侯、衛侯次于渠《公》作「籧」**蒢。**

謀救宋，不果，故書「次」。

郳子來奔喪。

郳之事魯，過于恭矣。去年冬月會，今年正月朝，公喪，郳子來奔，惟君喪奔，君子恥于足恭也。是年冬，魯城漆，明年取郭東、沂西田，又五年入郳。〔一〕《詩》云：「有鳥高飛，亦傅于天。彼人之心，于何其臻。俾〔二〕予靖之，居以凶矜。」其郳事魯之謂與?

〔一〕按「郭」當作「漷」。又魯取漷東、沂西田在哀公二年，後五年（即哀公七年）入郳。

〔二〕「俾」，《詩·小雅·菀柳》原文作「曷」。按該詩上文另有「俾予靖之」文，或郝敬誤記。

秋，七月，壬申，姒《穀》作「弋」氏卒。

姒氏，定公之妾，哀公母。不書夫人，不薨，哀公未成君也。

八月，庚申朔，日有食之。〇九月，滕子來會葬。〇丁巳，葬我君定公，雨，不克葬。

戊午，日下昃《穀》作「稷」，乃克葬。

哀公幼，諸大夫不敏于事也。

辛巳，葬定姒。

冬，城漆。

漆，邾庶其之叛土，魯受而城之，誌貪也。《左傳》謂「不時告」，雖時告，其可乎？

春秋直解卷十二終

春秋直解卷十三

郝敬　習

哀公

哀公名蔣，定公子，在位二十七年。

元年〇春，王正月，公即位。

時甫四歲。

楚子、陳侯、隨侯、許男圍蔡。

報入郢之怨也。説者曰：「書『圍蔡』，仲尼恕楚也。」夫《春秋》書圍多矣，何獨此爲恕？導吴者，蔡人；入郢，毁宗廟，徙陳器，撻平王墓者，非蔡人，吴人也。楚不能報吴而肆毒于寡小之蔡，何爲恕之？

鼷鼠食郊牛，改卜牛。〇夏，四月，辛巳，郊。《穀》「郊牛」下有「角」字。

書異，且不時。

秋，齊侯、衛侯伐晉。

齊、魯、衛三國共伐晉，救范氏也，遂取棘蒲，不書魯，諱也。主少在喪，權臣背舊好而助叛人，非公命，故不書。

冬〔一〕，仲孫何忌帥師伐邾。

二年〇春，王二月，季孫斯、叔孫州仇、仲孫何忌帥師伐邾，取漷郭東田及沂西田。

邾之事魯，何以不免？三桓貪而自用，兼其地而非公有，盟其君而公不知。藐然三尺孤，無異寄生，仲尼所以憂之。

癸巳，叔孫州仇、仲孫何忌及邾子盟于句鉤繹。

〔一〕「冬」字原脱，據《春秋》經文補。

季孫不盟，志未厭也，明年遂復圍郈。胡氏謂以所得田酬二氏救難之功，可謂不悉季孫者。

夏，四月，丙子，衛侯元卒。○滕子來朝。

晉趙鞅帥師納衛世子蒯聵于戚。

初，蒯聵出奔，靈公欲立公子郢，子郢辭。公卒，夫人欲立之，又辭，乃立聵之子輒。聵因晉趙鞅，以兵入于戚。

秋，八月，甲戌，晉趙鞅帥師及鄭罕達帥師戰于鐵《公》作「栗」**，鄭師敗績。**

齊人輸范、中行粟于朝歌，鄭人送之。趙鞅禦之于戚，敗鄭師于鐵，獲粟千車，荀寅自朝歌奔邯鄲。

冬，十月，葬衛靈公。

十有一月，蔡遷于州來。蔡殺其大夫公子駟。

蔡與楚平而背之，從于吴，子駟不可。吴人襲蔡，蔡懼，殺子駟以説，而遷于吴州來。

三年〇春，齊國夏、衛石曼姑帥師圍戚。

蒯聵入戚，輒使石曼姑帥師圍之，告于齊，齊以師助之。君子曰：「輒非人子矣，齊不爲人父乎？其助人之子，以攻人之父也。書先齊，惡黨也。《公羊》謂輒爲父命〔一〕，故《公》羊者，《春秋》之楊墨也。」

夏，四月，甲午，地震。

五月，辛卯，桓宮、僖宮災。

諸侯五廟耳，魯自桓至哀，十一公矣。三家私其祖而不肯〔二〕祧桓，魯人頌僖而不肯祧僖，魯之廟多于天子矣，故因災誌之。

季孫斯、叔孫州仇帥師城啓《公》作「開」陽。

境内震，祖廟災，非時之役，不亦可已乎。

〔一〕按《公羊傳》言輒「以王父命辭父命」。

〔二〕「肯」，後印本作「敢」。

宋樂髡帥師伐曹。

討樂大心之亂也。

秋，七月，丙子，季孫斯卒。

季桓子死，無嗣，其妻南孺子有娠，以屬家臣正常曰：「男，則告而立之；女，則肥也可。」南氏生男，正常抱以告諸大夫于朝，曰：「夫子有遺言。」康子使人殺男，而殺殺男者，正常奔衛。

蔡人放其大夫公孫獵于吴。

子駟之黨。子駟非不忠于蔡者，吴爲政也。

冬，十月，癸卯，秦伯卒。

叔孫州仇、仲孫何忌帥師圍邾。

邾受盟矣，而又圍之，季孫所以不受盟也。盟不書季孫，非季孫志也；伐書叔、仲，非二子得主也。《春秋》之義，直而婉。

四年〇春，王二月，庚戌，盜殺《公》《穀》作「弑」蔡侯申。

蔡昭侯違諸大夫議，從于吴，吴人放殺諸大夫。公孫翩因昭侯之如吴也，射殺之，事隱，故書「盜」。嗟乎！一裘開釁，身死國遷，儒者貴報怨，竟何如矣！

蔡公孫辰出奔吴。

盜黨也。

葬秦惠公。

宋人執小邾子。

其故不可考。書「執」，惡宋也。

夏，蔡殺其大夫公孫姓生、公孫霍。

盜黨也。

晉人執戎蠻《公》作「曼」子赤，歸于楚。

戎蠻叛楚，楚圍之，子赤奔晉。楚軍于上雒以請，晉人執而歸之。稱「戎蠻」，夷之也。

城西郛。

不時也。

六月，辛丑，亳《公》作「蒲」**社災。**

社災，社屋焚也。禮，國有殷社，戒亡也。亡國之社則屋之。

秋，八月，甲寅，滕子結卒。○冬，十有二月，葬蔡昭公。○葬滕頃公。

五年○春，城毗《公》作「比」。

備晉也。

夏，齊侯伐宋。

討其伐曹也。

晉趙鞅帥師伐衛。

討助范氏也。先是，衛與齊助范氏據邯鄲，趙鞅圍降之，荀寅、士吉射奔鮮虞。鮮虞人與齊納荀寅于柏人，晉圍柏人，二子奔齊。

秋，九月，癸酉，齊侯杵《公》作「處」臼卒。

齊景公夫人燕姬無子，庶子六人，公愛子荼，立之，以屬國夏、高張，五子皆出奔。

冬，叔還旋如齊。○閏月，葬齊景公。

弔且會葬也。

六年○春，城邾瑕《公》作「葭」。

瑕，邾邑，魯人城之，以逼邾。

晉趙鞅帥師伐鮮虞。

討其納范氏也。

吴伐陳。

初，吴入楚，召陳懷公，辭。元年，吴侵陳，未得志，故再伐，楚子軍于陳父〔一〕救之。

夏，齊國夏及高張來奔。

齊陳乞謀廢立，搆諸大夫於高、國曰：「是將謀子。」又謂諸大夫曰：「高、國恃君，謀二三子。」諸大夫信之，與陳乞、鮑牧以甲入公室，逐二子，出奔魯。

叔還會吴于柤。

君子曰：「魯之事諸侯，其猶陽鳥與？燠則就之，寒則去之。」

秋，七月，庚寅，楚子軫卒。

楚昭王經喪敗之後，改紀其政。孔子去魯司寇，將往焉，陳、蔡人阻之，王興師迎之，欲封以書社地七百，子西不可，昭王遂卒。嗟夫！天欲平治天下，則子西之説不行，而昭王不蚤死矣。儒者强謂《春秋》擯楚，何居？

〔一〕「陳父」，據《左傳》，當爲「城父」。

齊陽生入于齊。齊陳乞弑其君荼《公》作「舍」。

齊公子陽生，荼之庶兄，而景公庶子也，陳乞立之，廢荼爲安孺子。陽生欲殺孺子，使朱毛私于乞，乞僞爲辭而泣，毛遂弑孺子于野幕之下。不書朱毛，受之陽生也；不書陽生，受之陳乞也。陽生殺弟，陳乞弑君，從弑君也。嗚乎！此一時也，衛輒兵父，陳乞弑君，陽生屠諸母，陳氏篡齊，三家據魯，六卿專晉，姦宄蠡賊，聚于一時。《詩》云：「莫赤匪狐，莫黑匪烏。」仲尼當吾衰之年，手障狂瀾，《春秋》安得不作也？

冬，仲孫何忌帥師伐邾。

貪無厭也。

宋向巢帥師伐曹。

樂髡未逞志也。

七年〇春，宋皇瑗院**帥師侵鄭。**

爲晉侵也。

晉魏曼多帥師侵衛。

衛從齊也。

夏，公會吳于鄫《穀》作「繒」。

吳子謀霸諸侯，魯人先往。吳徵百牢于魯，如數供之，召季康子，子貢辭[redacted]免。

秋，公伐邾。八月，己酉，入邾，以邾子益來。

季康子復欲伐邾，諸大夫不可。康子伐之，入其公室，晝夜剽掠，執邾子歸，獻于亳社，囚于負瑕。嗟夫！邾何所獲罪？肥何所奉討？而若此其甚也。卒使吳人克東陽，齊取二邑。强臣階禍，國受其殃，故經書「公伐」，尤魯之無君也。

宋人圍曹。○冬，鄭駟弘帥師救曹。

八年○春，王正月，宋公入曹，以曹伯陽歸。

曹遂亡。

吴伐我。

邾人以魯難愬于吴，吴爲伐魯，盟于城下而還，故不稱鄙，直也。君子曰：「國自伐而後人伐之，故書『伐我』。」

夏，齊人取讙及闡《公》作「僤」。○歸邾子益于邾。

初，齊五子之亂，悼公奔魯，季孫妻以妹，即位來逆，季魴侯通焉，不敢以歸。齊侯怒，稱邾來討，季孫乃賂齊以讙、闡之地，而歸邾子于邾。

秋，七月。○冬，十有二月，癸亥，杞伯過戈卒。

齊人歸讙及闡。

《傳》云：「齊侯逆季姬歸而遂嬖，返魯讙、闡。」君子曰：「非然也，我歸邾子，齊受賂無名，是以求全貴于改圖也。」

九年○春，王二月，葬杞僖公。

宋皇瑗帥師取鄭師于雍丘。

鄭聲公孌許瑕，欲邑之，取宋雍丘。宋皇瑗敗鄭師，盡俘以歸。

夏，楚人伐陳。

陳即吴也。

秋，宋公伐鄭。

報雍丘之役。

冬，十月。

十年〇春，王二月，邾子益來奔。

邾子反國，無道，吴人執而囚之。至是來奔，已又奔齊。益，齊出也。

公會吴伐齊。

初，齊悼公以邾故，召吴伐魯，及邾子歸，季姬嬖，而齊、魯平。吴人怒，更以魯伐齊。君子曰：「昔晉之得志于東方也，魯爲之。今吴得志于中國，又魯爲之。齊、魯脣齒也，納遠讐而樹近敵，則不智，棄親戚而長寇讐，則不仁。哀公幼昏，强臣專恣，《春秋》所以尤于魯之無君也，故書『公』。」

三月，戊戌，齊侯陽生卒。

《傳》謂齊人殺陽生以説于吴。嗟乎！陽生死已晚矣。子荼之立，父命也，而奪其國，既得國矣，又使朱毛殺之，是弑君也。逐鬻姒，殺胡姬，是弑諸母也。先君之愛子與愛姬，屠戮殆盡，是甘心于其父也。鮑牧立己，人言一愬，麇之境外，是背德而攜大臣之心也。召吴人伐魯，中道背之，還以自伐，是府國人之怨而借以報吴之名耳。積惡滅身，豈曰不宜？然則何不書弑君，齊人以「卒」赴也。猶鄭髡頑、楚郟敖，疑則傳疑，聖人之慎重也。説者謂不忍以夷秋之民加中國之君，迂闊之言也。

夏，宋人伐鄭。

前未得志也。

晉趙鞅帥師侵齊。

乘齊難也。

五月，公至自伐齊。

師于鄎，聞齊侯卒，吴子哭諸軍門外，而潛師由海入，齊人敗之，還。

葬齊悼公。

衛公孟彄自齊歸于衛。

蒯聵之黨也。

薛伯夷《公》作「寅」卒。〇秋，葬薛惠公。

冬，楚公子結帥師伐陳。〇吴救陳。

陳即吴也。吴公子扎年九十餘，帥師救陳，少壯執節，老耄伐國，不亦可已乎？楚書結，吴不書扎，爲賢者諱也。世儒謂仲尼與吴，夫吴與楚搆，救陳豈爲高誼？

十有一年〇春，齊國書帥師伐我。

報其以吴伐也。君子曰：「齊未嘗負魯也。邾子復，則讙、闡歸矣；與魯盟，則吴人辭矣。魯何爲又與吴伐之？書『伐我』，齊直也，故亦不書鄙。」

夏，陳轅《公》「袁」**頗出奔鄭。**

陳轅頗爲司徒，賦田嫁公女，而没其餘，國人逐之。此可爲簠簋不飭之戒。

五月，公會吴伐齊。甲戌〔一〕**，齊國書帥師及吴戰于艾陵，齊師敗績，獲齊國書。**

吴自艾陵之役，衡行中國，魯階之厲也。是役也，伍員欲圖越，諫伐齊，不聽，吴子予之劍，自殺。不書殺大夫，略之也。伍員，傾險士，背宗國而噬其主，如豺狼然，其謀吴僚也，如鬼蜮然。屬鏤之賜，天之假手，不足惜耳。

秋，七月，辛酉，滕子虞母卒。〇冬，十有一月，葬滕隱公。

衛世叔齊出奔宋。

衛世叔齊妻，宋朝之女也，而齊有妾嬖。衛亂，宋朝出奔，孔圉使齊出其妻，妻以女。齊私于前妾，

〔一〕「戌」，原作「午」，據《春秋》經文改。

圉以女歸，齊淫于外，圉使人奪其軒，獻于公，齊奔宋。君子曰：「夫婦，人道之始，春秋男女之際，殆于禽獸。比其敝也，諸侯而喪國，大夫而喪家，《詩》所以首二《南》也，故夫《詩》亡《春秋》作。」

十有二年〇春，用田賦。

魯税畝不足，作丘甲，丘甲又不足，用田賦，《傳》不舉其數而數可知。夫國猶家也，中人之家，始造必儉，事簡費省，産不多而用有餘；至子孫奢侈，不經之費浸廣，計産數倍于昔，而以狼戾暴飱，日憂不足，自然之數也。通乎此義者，可以經國制用，長保其富矣。

夏，五月，甲辰，孟子卒。

昭公之夫人，陳司敗所稱「吴孟子」也。昭公不得其死，二子廢，夫人薨而仲尼弔之。季氏不絻不經，無臣子居喪禮，故不書葬，不稱夫人薨，直也。

公會吴于橐皋。

尋鄫之盟。是會也，公不欲盟，蓋畏齊而悔之，顧無如吴何，使子貢辭，免。

秋，公會衛侯、宋皇瑗于鄖云。《公》作「運」。

吴徵會于衛。先是，衛殺吴行人，衛輒懼，不敢往，乞援于魯、宋而後行。吴人果止輒，魯使子貢説吴，免之。

宋向巢帥師伐鄭。

初，鄭取宋地，築嵒、戈、錫三邑，以居宋亡公子。至是，宋伐取錫，圍嵒，鄭罕達帥師救之。

冬，十有二月，螽。

夏正十月也。仲尼謂季孫曰：「火伏而後蟄者畢，今火猶西流，司曆過〔一〕也。」言司曆缺閏，是夏正九月耳。

十有三年〇春，鄭罕達帥師取宋師于嵒岩。

鄭罕達救嵒，敗宋師，盡俘之，墟其六邑。

夏，許男成《公》作「戌」**卒。**

〔一〕「過」，原誤作「遇」，據《左傳》及後印本改。

公會晉侯及吴子于黄池。

是會也，吴與晉争長，歃先吴。〔一〕説者謂「書先晉，夷吴」，非也。晉長于中國舊矣，吴、楚雖强，不以遠閒近、新閒舊，禮也。夫歃血，烏足以明禮？春秋之有霸也，聖人未嘗過而問焉。霸之有會，會之有盟，盟之有歃血，歃血之有先後，聖人尤未嘗過而問焉。豈以此差貴賤、定名實乎？

楚公子申帥師伐陳。

乘吴有黄池之役也。

於越入吴。

夫差信句踐之成，拒子胥之諫，進與諸侯争長于黄池。越人乘其虚入之，遂滅吴。《易》曰：「天道虧盈。」楚自熊虔暴虐，棄疾淫昏，昭王之季，吴入郢，辱及廟墓。吴自柏舉得志，强梁衡行，越人一舉，覆厥宗祀。履盈得禍，若此其烈也。故《春秋》書「入郢」「入吴」，先後一轍，吴亡而五霸盡矣。嗚呼！真萬世有國家者之龜鑑哉！

〔一〕按據《左傳》，晉先歃；據《國語·吴語》，吴先歃。

秋，公至自會。

是時，三桓專魯，哀公幼昏，每書公，尊君也。哀以前，國有長君，每書臣，誌專也。是故《春秋》有義無例。

晉魏曼多帥師侵衛。《公》「魏」下無「曼」字。

討助荀、范也。

葬許元公。○九月，螽。○冬，十有一月，有星孛佩于東方。○盜殺陳夏區甌。《公》作「彄」夫[一]。

陳大夫也。《傳》不詳其事。

十有二月，螽。

十有四年○春，西狩獲麟。

[一]「夫」字原脱，據《春秋》經文補。

《春秋》以魯事終，何也？魯史也，以魯事始，故亦以魯事終。終哀公，何也？魯至哀而公室小於三家，不可以國矣。《春秋》爲五霸作，五霸始隱，至哀而齊微、晉分、吴亡，五霸終矣。上下十二公，二百四十有二年，天行窮于十二，君取十二，週矣，年取二百四十，再週矣，以法天也。其終于哀十四年春，何也？是時，齊陳恒弑君，夫子年已七十有一，沐浴請討，三家不可，而公不能令，慮陳恒之事將及魯，而傷周公之後之不復振，故慷慨絶筆，終焉已矣。其終于獲麟何也？《春秋》感獲麟而作也。昔者商紂之末，麟趾兆而文王興，今周衰麟至，文王没矣，文不在兹乎？王者不作，二百餘年，天下芒繁紛拏，干戈相尋無寧日，不祥之人與不祥之事，生民以來未有者，二百年閒備矣。子弑父，臣弑君，弟謀兄，妻逆夫，夷猾夏，殺人父兄，毁人宗廟，徯人子女，滅人國家，人情之兇毒極矣。天子降而事諸侯，諸侯降而事大夫，大夫降而事家臣，支大于本，尾豐于腰，四分五裂，世道之阽危極矣。而又捐廉耻，壞大防，裂衣裳爲毛羽，貶人類爲鳥獸，倡獿下賤羞爲之事，王公薦紳冒昧嘗試而不耻。與人善，易室而處，與人不善，殺之而分其室，君淫臣婦于其家，卿大夫要寮友之妻于路，縱夫人宣淫于境外，率將士班處于人宫。甚者，如衛子頑之妻其母，宋襄姬之通其孫，齊諸兒之淫女弟，楚熊比之奪子婦，名教掃地，秉彝凋喪，三五流風餘脉，蕩然無復纖絲之維繫矣。嗟乎！天道沍寒而啓陽和，長夜昏漫而生朝曦，豈其鵂鶹晝鳴于灌莽，狐狸長嗥于通闤，而無嘉祥之來復乎？或曰：「七國之禍，慘于春秋。」夫七國之禍，春秋之餘孽耳，有五霸自有七王，濫觴于春秋，而滔天于七國。是故兵莫慘于人心，莫邪爲下；邪説之害，甚于洚水；人心之惡，毒于猛獸。迨乎漢、唐以後，《春秋》

之教行，六經炳焉同風，迄于今，家誦户説。雖田夫紅女，厮養下隸，莫不知仁義爲美，而名節凜然，寧以身膏蕭斧、蹈湯鑊，不敢輕以身爲蠻髦狗彘。學士大夫，彈冠振衣，立于天日清朗之下，貴以身爲聖賢，敦《詩》《書》，悦禮樂，無復有輕視檢押，敗壞廉節如春秋世者，則誰之功？人情貴耳賤目，耳聞三五，藐爲不可及，目覩清時，則薄爲叔季。顧漢、唐以來，士林之清議與英君哲后之崇奬，人懷姱節，揚芬來許，雖三五何以加焉。當其治世化行，無遜《詩》《書》所稱；比其亂也，名義相扶，不至如春秋之腐敗。嗟夫！是誰之功？三五帝王不能使其後無春秋，而仲尼能使千萬世不復爲春秋，三五帝王不能以其道行于死後，而仲尼能使其道明于萬世，故曰「生民以來，未有夫子」。《春秋》成而禎祥至，禎祥出而《春秋》終，大人者與天地合其德，非人之所能爲也，後世乃有續獲麟而再作者，愚以爲《春秋》不可再作矣。夫《春秋》非未就之緒也，寓其志，則不必具其事，裁其義，則不必舉其全，志苟明矣，義苟備矣，十二公足矣。今欲補少于定、哀之後，亦宜增多于桓、隱之前，畫蛇續貂，爲贅而已矣。《春秋》之義，不言而信，無毁譽而直。今人爲一説，家持一端，可否同異，尚未通曉，而徒勦襲聖人之辭，學步效顰，爲訛而已矣。仲尼謂文勝則史，故《春秋》之辭尚體要，立經不立傳，國史在，使人自考而是非可知。今自爲綱，自爲目，吾説我志，心口相證，爲私而已矣。聖人持世，不過五百，西周以前，有文、武、周公在，東周以後，自謂「竊取」，蓋澤過五世，遠不相及，《春秋》二百四十二年，以爲多矣。今欲盡取秦漢以來千餘年是非，包舉獨任，挾山超海，爲狂而已矣。春秋明王不作，而寓義斯文，良非得已，漢、唐、宋之興也，真主輩出，大業無遜湯、武。謂一切無明王，以比于五霸十二國之閏數，玉石俱焚，爲溷而已矣。《春秋》起隱公，下迄獲麟，十二公，世未遠也，仲尼猶慮見聞失真，斷自隱始，而且闕其疑。今悉憑簡策，闖然直決千餘年以上事，信爲得情，捉風捕影，爲誣而已矣。《春秋》雖寓是非，而寬厚微婉，直而不倨，正而有體。後世妄起凡例，褒貶黜陟，恣口舌，行胸臆，不顧君父之醜、曖昧之疑，譙讓詆訶，無異怒駡，爲亂而已矣。六經，名教之規矩，規矩一而方圓不可勝用，非盡方圓之器爲規矩也。今欲毛舉千百世亂臣賊子、奸雄隱慝，都爲一部，蘇洵氏所謂「雷霆轟轟然，日下求不孝子擊之」，爲褻而已矣。若使《春秋》爲殘緒，不可不續，昔者孟軻雄辯，願學孔子，即宜輟七篇而爲此。漢、唐以來，非乏博雅，寥然中斷者千五百年，士縮手結舌，待考亭氏出而後了此，是伯牙絃絶，子期再生，爲巧而已矣。夫抱聖人之道者，不遇聖人之窮；遭聖人之窮者，不求聖人之志；有聖人之志者，無聖人之才；有聖人之才者，無聖人之識；有聖人之才識者，無聖人碩德重望、卓然爲千萬世師，不敢作《春秋》。故夫楊雄《太玄》擬《易》、《法言》擬《論語》，王通續六經，朱元晦《綱目》續《春秋》之數子者，日月出而爝火然，爲僭而已矣。

春秋直解卷十三終

春秋直解卷十四

非左序

《春秋》本事，自當依《左》，舍《左》如夜行，茫不知所之矣。《公》《穀》尚例，無《左》，例〔一〕無稽，《左》言事，而例始有据，《左》言例，而人始争爲例耳〔二〕。故《左》〔三〕，諸傳之嚆矢也。其材富而辭〔四〕艷，弔詭而好奇，世人喜之，以爲〔五〕羽翼聖經，其實風影滅裂〔六〕，去道離經遠。惟〔七〕

〔一〕「例」字前，後印本有「則」字。

〔二〕「争爲例耳」，後印本作「競爲例矣」。

〔三〕「左」字後，後印本有「者」字。

〔四〕「辭」，後印本作「情」。

〔五〕「以爲」，後印本作「謂」。

〔六〕「其實風影滅裂」，後印本作「其寔風影猜度」。

〔七〕「惟」字後，後印本有「其」字。

假託丘明，人莫敢指，遇紕漏，寧呵護揜飾〔一〕，不知〔二〕其爲僞筆耳。《左傳》誠出丘明手，親炙先聖，同心之言，隻字不可易。隻字可易，即非丘明，而〔三〕况踳駁舛謬，不可勝數，豈親承尼父〔四〕，見而知之者乎〔五〕?漢〔六〕司馬遷首相推信，馬季長、鄭康成、杜元凱輩〔七〕唯然和之。末學承訛，至以《周易·文言》爲魯穆姜語〔八〕；《毛詩》古序爲附會《左傳》作〔九〕；臧宣叔媚晉卿權辭，引〔一〇〕爲《王制》；

〔一〕「寧呵護揜飾」，後印本作「寧掩飾呵護」。
〔二〕「不知」前，後印本有「而」字。
〔三〕「而」字，後印本無。
〔四〕「尼父」，後印本作「聖訓」。
〔五〕「乎」，後印本作「歟」。
〔六〕「漢」，後印本作「自」。
〔七〕後印本無「輩」字。
〔八〕「至以《周易·文言》爲魯穆姜語」，後印本作「乃至以《周易·文言》語出自魯穆姜」。
〔九〕「爲附會《左傳》作」，後印本作「謂附會《左傳》」。
〔一〇〕「引」，後印本作「以」。

論〔一〕夏父弗忌逆祀、諸侯祖天子，謂都家皆有祖〔二〕王廟；晉人得罪周室，極力崇獎〔三〕，使三王罪人，貌千古榮名。此類背理傷道，何可言！俗人耳食，難與口舌爭，今略舉其謬〔四〕，已〔五〕三百三十餘條，輒附〔六〕管見，題曰「非左」。或曰：「非《左》不非《公》《穀》，何居〔七〕？」曰：「《公》《穀》則誠《公》《穀》〔八〕，《左》實非丘明也。知《左》之非丘明者，與言《春秋》，幾矣。〔九〕」

皇明萬曆庚戌六月朔日 京山郝敬自序〔一〇〕

〔一〕後印本無「論」字。

〔二〕後印本無「祖」字。

〔三〕「晉人得罪周室，極力崇獎」，後印本改作「楚子納孔寧、儀行父，謂爲有禮。晉受諸侯朝貢，蔑視天子，極其崇獎」。

〔四〕「略舉其謬」，後印本作「摘其紕繆」。

〔五〕後印本無「已」字。

〔六〕「輒附」，後印本作「附以」。

〔七〕「居」，後印本作「也」。

〔八〕後印本句末有「矣」字。

〔九〕「與言《春秋》，幾矣」，後印本作「然後可與言《春秋》」。

〔一〇〕「自序」，後印本作「敘」。

春秋非左卷上

郝敬 習〔一〕

隱公 凡二十條

元年，夏，四月，費伯帥師城郎。不書，《傳》曰「非公命」，非也。凡内城書，重守也；其不書，舊史略也。如謂非公命不書，魯事非公命者多矣，晚年三桓爲政，非公命者什九，皆不書邪？

秋，七月，天王使宰咺來歸惠公、仲子之賵。《傳》曰「豫凶事」，非也。以天子而下賵諸侯之妾，失禮之大者，區區論豫凶事，猶舍放飯而問齒決也。

冬，十月，改葬惠公。「公弗臨，故不書」，非也。改葬非禮，古者不脩墓，況改葬乎？故不書，非以公不臨也。謂「公弗臨」者，以公攝政，不主喪也。既不主喪，又誰主改？然則謂公不臨亦非也。又曰：「太子少，葬有闕，是以改葬。」夫惠公葬甫逾年耳，太子豈遽長乎？亦非也。又曰：「衛侯來會葬，不見公，亦不書。」豈有攝國政、舉大事，賓至不會者？尤非也。此爲隱將讓桓附會之耳。

〔一〕「習」，後印本作「著」。

邾人私於公子豫，請師助鄭伐衛，盟于翼。「非公命，不書」，非也。已盟而終不果助，故不書。新作南門，「非公命，不書」，亦非也。豈有國門新作，公不知者？凡役，非禮、失時則書，常事不書。

公子益師卒，《傳》曰「公不與小斂，則不書日」，非也。不書日，史闕也；其書日，史詳也。大抵入春秋初，世遠，事多闕，襄、昭以後，世近史詳，經據史耳。漢司馬遷作《三代世表》，曰「疑則傳疑，蓋其慎也」，本此。

二年，紀子伯、莒子盟于密。「伯」上當有闕文，《傳》蒙上文「紀裂繻來逆女」，以繻訓帛，改伯從帛，謂裂繻字子帛〔一〕。夫裂繻，紀大夫，終《春秋》未有書大夫先諸侯者，豈以裂繻先莒子乎？非也。

三年，鄭莊公爲平王卿士，怨王之貳於虢也，質王子，又取周之禾麥。其狂悖無禮已甚，而《傳》且曰「信不在質」，非也。雖信在質，烏乎可？又曰「周、鄭交質」「周、鄭交惡」，夫周、鄭無等，豈《春秋》立言之法？

宋宣公卒，舍子與夷，立弟穆公。穆公卒，亦舍子馮，立與夷，是爲殤公。子馮奔鄭，殤公與鄭搆兵十年，至于身死國危。此小讓之害義，非《春秋》所予也。而《傳》曰「宣公命以義」，烏在其

〔一〕按「裂繻字子帛」係杜注之義，《左傳》未明言此。

爲義也？又曰「其子饗之」，烏在其能饗之也？

晉曲沃莊伯伐翼，王命虢公伐曲沃，立哀侯。六年，翼人立鄂侯。皆不書，史略也。經未嘗以爲霸國加詳，而《傳》特爲補苴鋪張，唯恐失之，其奉晉也，如雷霆鬼神，屈天子諸侯事之，大旨謬矣。故愚疑是書，三晉辭人作耳。

六年，鄭伯侵陳，大獲。先是，鄭伯請成于陳，陳侯不許，陳五父諫，不聽。《傳》謂陳侯「長惡不悛，遂自及也」。夫不與鄭平，非惡也；不聽賊子計，非不悛也。陳侯見弒，非以不平鄭也。《傳》欲附會陳桓公被弒，爲偏曲之論耳。

京師來告饑，不書。公爲請糴于宋、衛、齊、鄭，《傳》以爲禮，非也。天子告饑于諸侯，諸侯爲天子請糴于鄰國，卑矣，諱，故不書。以爲禮，是何禮與？

七年，滕侯卒。《傳》曰「不書名，未同盟」，非也。按宣公九年、成十六年及此，三書滕子卒，皆不名，年遠史闕也。昭公以後，四書滕子卒，皆名，近故詳也。盟，《春秋》所賤也，豈以同不同爲例？未同盟而卒名者，如桓十年曹伯終生卒、十一年衛侯晉卒之類，昭以後尤多，考之非盡同盟也。

陳五父如鄭涖盟，歃如忘，洩伯謂「必不免」。此因五父將弒君見殺附會之。《傳》凡人死，必爲兆，讖緯之陋習也。

八年，秋，七月，庚午，宋公、齊侯、衛侯盟于瓦屋。《傳》稱鄭伯以齊人朝王爲有禮，非也。

夫諸侯不朝，霸者以之朝，又不以諸侯朝，以其人入見，不敬莫大乎是，何禮之有？

九年，冬，北戎侵鄭，鄭伯大敗戎師，不書，《傳》不言所以。如以不告不書爲例，經書侵伐多矣，未必皆因告；如以告，鄭莊首霸，有四夷功，無不告者矣。

十年，夏，鄭與魯伐宋，取防、郜二邑與魯。《傳》曰：「鄭莊公可謂正矣，以王命討不庭，不貪其土。」非也。夫鄭之伐宋，假王命，報私怨，非真王命也。牽帥魯人助己，取地酬之，非真不貪也。凡《春秋》之義黜霸，而《傳》皆譽霸也。

齊人、鄭人入郕。《傳》曰「討違王命」，非也。鄭以私怨伐宋，郕不助鄭，非不共王命也。霸者之口實，可以解經乎？

十一年，秋，七月，壬午，公及齊侯、鄭伯入許。《傳》稱鄭莊公使大夫百里奉許叔居許東偏爲有禮，非也。無故而分人之國，逐人君，出君弟于其鄙，又使私人監之，何禮之有？

周桓王以蘇忿生十二邑之田易鄭四邑。《傳》曰：「己不能有而以與人，人之不至，不亦宜乎？」此言非所論於天子也。《詩》云「普天之下，莫非王土」，周室雖衰，《春秋》之義不衰王室，何爲其不能有乎？

《傳》曰：「鄭伯以虢師伐宋，大敗宋師。宋不告，故不書。凡諸侯有命，告則書，不告則否。」未知此爲仲尼之例乎？其舊史之例乎？如仲尼之例，隱、桓遠矣，告不告，仲尼不知也。如舊史之例，《傳》

何以冒爲舊史也？《傳》非舊史，又非爲舊史作傳，何爲守舊史之例？守舊史之例，又焉用仲尼爲也？然則如何？曰：「魯史書不書，或因告不告；仲尼書不書，實非因魯史告不告也。史不告不書者，《傳》詳之，故知《傳》非舊史，世儒誤也。」

桓公 凡十九條

《傳》二年，晉曲沃武公伐翼，不書，不言其義。

三年，公會齊侯于嬴。《傳》曰「桓公與文姜成昏于齊」，非也。此因文姜不淑，臆度而甚之。經書「公子翬如齊逆女」，稱「女」，未成婦也。

齊侯、衛侯胥命于蒲。《傳》曰「不盟」，而不詳其事。芒昧若此，何以爲丘明？此類甚多。

四年，春，正月，公狩于郎。《傳》稱「書時，有禮」，非也。《春秋》聖人傷時失禮而作，以時以禮則不書。「狩于郎」，譏遠也。

五年，春，正月，甲戌、己丑，陳侯鮑卒。《傳》曰「再赴」，非也。是時陳佗弑太子，《春秋》于弑逆未有不書者，「甲戌」下有闕文，當云：「陳佗殺世子免。己丑，陳侯鮑卒。」《傳》謂爲再赴，一人之死，焉有兩期？紕漏若此，而託之丘明，千餘年人不察，可哂也。

天王使仍叔之子來聘。《傳》曰「書，弱」，非也。弱何足書？蓋卿大夫子弟未爵而奉使者，世官非古，因事以表義耳。

六年，北戎伐齊，齊乞師于鄭，鄭太子忽帥師救齊，大敗戎師。不書，《傳》不言其故，以不告爲例，非也。是役也，諸大夫皆在，魯爲齊饋餼，後鄭，來戰于郎，何待告？蓋鄭莊始霸，好戰亟功，隱九年突敗戎，今年忽又敗戎，二子恃功争國，禍及累世，故不書，不齒其功也。

七年，夏，穀伯綏來朝，鄧侯吾離來朝。《傳》曰「書名，賤之」，非也。穀、鄧，近楚小國，東距魯千里，來朝非無事，而《傳》不知，《公》《穀》謂爲失國之君，似也。禮不臣寄公，何爲賤之？然則書名，何也？凡魯事多僭，小國諸侯來，史書名、書朝，尊内也，經因之，直也，所以謂之「吾誰毁譽」也，《傳》不達。

冬，曲沃伯誘晉小子侯，殺之。此大事，不書，史闕，《傳》不言其故。

八年，春，正月，己卯，烝。夏，五月，丁丑，又烝。皆無傳。按五月，夏正三月也，四時之祭，冬烝夏禴，禴簡，烝備物。夏用冬祭，失禮，故書，此烏可無傳？

楚武王伐隨，《傳》載其事甚詳。是時楚始稱王，經不書，《傳》亦不及。經以告不告爲例，《傳》豈亦以告不告爲例乎？經之不備也以史，史之不備也以不告，《傳》又不及，安在其爲輔經乎？

十年，王師伐虢，爲虢大夫詹父伐其君也。不書，《傳》不言其義。

四年，秦人執芮伯，十年，納芮伯。經皆不書，其皆以不告邪？大抵秦、楚、晉遠，隱、桓間又遠，故事多闕，齊、衛、宋、鄭諸國近，記聞較詳耳。

十一年，楚屈瑕盟貳、軫，敗鄖人于蒲騷，不書。十二年，瑕又伐絞，爲城下之盟。十三年，伐羅，兵敗自縊死。俱不書，《傳》皆不言其義。按此類事非要，故不書，即《傳》亦可以無贅矣，而他事經書者，《傳》反缺，詳略往往失中。

十四年，秋，八月，壬申，御廩災。乙亥，嘗。《傳》曰「書，不害」，非也。夫御廩，藉田所供粢盛之藏，災矣，猶謂不害乎？不害，則何書？周八月，夏六月也，嘗，不時也。燼餘之粟以供粢盛，不敬也。

十六年，冬，城向。《傳》曰「書，時」，非也。凡城書，重守也，大都耦國，亂之本也。

十七年，十月朔，日有食之。《傳》曰「不書日，官失之」，非也，史闕耳。官雖誤，何遂不日？事不日多矣，豈盡官失邪？

鄭高渠彌弑昭公忽，此大事，不書，《傳》不言其義。按《傳》稱忽爲世子救齊，有功；辭昏，有禮；惡高渠彌，有智。若是，則賢世子哉！而詩存《狡童》《褰裳》《蘀兮》《有女同車》，皆刺之；《春秋》于見逐，不書世子；已立，不書鄭伯；被弑，不書弑君。大似不滿焉，則《傳》言未盡信耳。

齊襄公執鄭高渠彌，轘之，不書。弑君無書，故殺賊亦不書，蓋世遠史闕，而《傳》影響湊合，故鄭事始終可疑，若使丘明作《傳》，豈茫昧如此？

莊公 凡三十三條〔一〕

元年，不書即位，《傳》曰「文姜出」，非也。父死于外，嗣君在喪，不朝正即位，則不書。《傳》因前年書公之喪至，疑姜留齊。今年三月，夫人孫于齊，是姜已歸而再往也。前後八往，往書，歸皆不書，歸，常也，《傳》不達。

三月，夫人孫于齊。《傳》曰「不稱姜氏，絶不爲親」，非也。《春秋》無此等隱僻之例，禍先公而孫齊者，有二夫人乎？故氏可省也。前書「公與夫人姜氏如齊」，此蒙前之文耳。

秋，築王姬之館于外，《傳》以爲知禮，非也。莊公有親喪而主齊昏，王不當命，魯亦不當受命。父母之讐，不枕戈而反爲讐人役，曾是爲知禮乎？

《傳》四年，楚武王伐隨，將齋，入告夫人鄧曼曰「余心蕩」，鄧曼曰「王禄盡矣」，行，遂卒于樠朗木之下。夫齋而能不蕩者，其唯心齋者乎？且何以知王禄之必盡也？《傳》之迂誕，多此類。

五年，秋，郳犂來來朝。《傳》曰「稱名，未王命」，非也。按郳，海濱附庸之國。犂來，其君名。小國諸侯來，稱朝、稱名，史尊内也，非以無爵。無爵，何以朝？且春秋諸侯有爵，誰其有王命者乎？不獨一郳犂來耳。

〔一〕「凡三十三條」，後印本同。按實三十四條，且諸條年月順序有錯亂，疑後有改動。

六年，王人子突救衛，《傳》曰「君子以二公子之立黔牟爲不度」，非也。按王師救黔牟，而齊、魯、宋、陳、蔡五國之師共逐黔牟，立朔，殺公子洩、公子職，是王師挫衄于五國而力詘于救衛也。書「王人子突救衛」，不言敗，諱之也。《傳》釋此不講，而罪二公子之不度，豈不悖與？

七年，夏，四月，辛卯，夜，恒星不見。夜中，星隕如雨。《傳》曰：「恒星不見，夜明也。星隕如雨，與雨偕也。」非也。常謂之恒，常見之星忽不見而星隕落如雨，書異也。

秋，無麥苗。《傳》曰「無麥苗，不害嘉穀」，非也。周之秋，夏之五月也，大水爲災，麥傷，又無五穀之苗，今云「不害嘉穀」，是以苗即麥也。五月而麥尚爲苗乎？二十八年冬，書「大無麥禾」，豈禾亦麥乎？蓋無麥有苗、無苗有麥非大菑，麥、苗俱無，饑甚，故書，而《傳》之紕漏，甚矣。

八年，正月，甲午，治兵。《傳》曰「治于廟」，非也。師次于郎，治兵即于郎耳。謂爲禮，尤非也。治兵，將與齊伐郕，黨仇人伐同姓，雖治于廟，又豈禮乎？

夏，師及齊師圍郕，郕降于齊師。《傳》曰「君子是以善魯莊公」，非也。按是時，慶父與齊争功，欲伐之，公辭以脩德，故《傳》稱善。抑不思黨讎人，伐兄弟，不善之大者，懼不敢争而詭云「脩德」，何爲善之？

十一年，公敗宋師于鄑（ㄗ）。《傳》曰「凡師，敵未陳曰『敗某師』」，非也。經書敗多矣，豈敵皆未陳者邪？又曰：「皆陳曰『戰』，大崩曰『敗績』，得儁曰『克』，覆而敗之曰『取某師』，京師敗曰『王師敗績于某』。」凡此類，文義隨宜，豈可局以爲例？

秋，宋大水，魯使往弔，宋人對曰：「孤實不敬，天降之災，又以爲君憂，拜命之辱。」此對行人常語，臧文仲何遽以湯、武〔一〕比之？聞其爲公子御説之辭，曰「宜爲君」，于義何取？此因宋將立御説附會之。

十二年，秋，八月，甲午，宋萬弑其君捷。按《傳》，萬奔陳，宋人請而醢之。《春秋》于弑君之賊見殺，如州吁、陳佗類，無不書者。殺人而醢，非祥刑，昔者商紂用之，文王歎息，衛蒯聵用之，孔子盡覆其家醢。刑之不祥，不可以訓，《傳》不達。

十四年，鄭厲公突自櫟歷侵鄭，《傳》「瑕弑子儀而納突」。不書，《傳》不言其故，鄭事始終未見了然。

鄭南門，外蛇與内蛇鬭，内蛇死，六年而厲公入。此委巷之譚，後世讖緯符命之作俑也。

十六年，僖王使虢公命晉曲沃伯以一軍爲諸侯。不書，蓋曲沃篡晉而王命獎亂，故諱不書。齊桓、晉文受命爲侯伯亦不書，即此意。《春秋》黜奸權而薄榮寵，志在撥亂耳，一切以不告爲例，鶻突甚矣。

十八年，公追戎于濟西。《傳》曰「不言來，諱之」，非也。書「追」，則其來可知，何諱之有？

十九年，楚鬻拳諫楚文王，不聽，臨之以兵，懼而從之，拳遂自刖。《傳》謂「鬻拳愛君」，非也。夫人臣事君盡禮，不可則止，何得迺爾？

〔一〕「湯、武」，按《左傳》原文臧文仲所云爲「禹、湯」。

夫人姜氏如莒，明年，又如莒。莒非父母之邦，再如，必有故，無傳。

二十年，周五大夫以王子頹作亂，鄭厲公以惠王歸，處于櫟。二十一年，厲公與虢公納王，殺子頹及五大夫，王錫鄭地虎牢以東。皆不書，《傳》不言其故，豈盡以不告邪？《傳》稱王子頹之篡立也，以樂享五大夫，鄭突聞之，知其將死。惠王反國，亦以樂享鄭伯，原伯見之，知鄭伯將死。何奇中哉？附會之説也。

二十二年，陳人殺其公子御寇。《傳》謂「殺太子」，非也。御寇非太子也，若晉殺世子申生，宋殺世子痤，則直書「世子」矣。是時，公子完奔齊，是爲田齊之祖，顧經義不在陳完奔齊，而在宣公殺子。《傳》置殺子不言，侈譚陳完辭爵與懿氏之卜、周史之筮，緣飾繇辭，以神其占，皆術士之説耳。

是年夏五月，不書事，無傳。按經無事紀時，必首孟月，「五月」下必有闕文，《傳》不知。

七月，丙申，及齊高傒盟于防。必有故，《傳》不知。

二十有三年〔一〕，公及齊侯遇于穀。十二月，甲寅，公會齊侯，盟于扈。俱無傳，竟不知何事。

二十五年，春，陳侯使汝叔來聘。《傳》曰「嘉之，故不名」，非也。《春秋》大夫不名多矣，名者亦多矣，豈名者皆賤之而不名者皆嘉之？此類無大義，因舊史，非例也。

〔一〕「二十有三年」，原作「三十有三年」，後印本同，據《春秋》經文改。

二十六年，春，公伐戎。夏，曹殺其大夫。秋，公會宋人、齊人伐徐。俱無傳，顧汲汲譚晉事不休，知有霸而已矣。

二十七年，王使召伯廖賜齊桓公命，爲侯伯。不書，如以不告爲例，桓公之始爲侯伯也，豈有不告者哉？不書，是不齒其爲侯伯也。不齒其爲侯伯，而《傳》汲汲尊霸，非也。

二十九年，春，新延廄。《傳》曰「新作」，非也。《公羊》謂爲「脩舊」，是也。凡創造曰作，脩舊曰新，改作曰新作。成公三年新宮災，謂脩飾舊廟，祔新王耳，魯廟多矣，故不創，亦不必改。定公二年新作雉門兩觀，毁于火，改作也。僖公二年，新作南門，亦謂改作。新延廄不書作，故《公羊》説是也。孰謂丘明不如《公羊》乎？

冬，城諸及防。《傳》曰「書，時」，非也。是年秋有蜚，去年大無麥禾，告糴于齊，國非其國矣，而築郿、城諸、城防，焉得時？

三十二年，春，城小穀。《傳》曰「爲管仲」，非也，魯自城耳。經惟内事不稱國，《傳》誤于管仲邑穀，而不知穀與小穀異。穀，齊；小穀，魯也。時桓公方厚施諸侯，豈勞諸侯城齊？管子亦必不以私邑役諸侯人，可知也。

夏，宋公、齊侯遇于梁丘。《傳》曰「宋公請先見齊侯」，非也。梁丘去齊八百里，齊桓遠來，非宋往見之。蓋齊之霸，宋與有力焉，諸侯從齊，宋爲先。齊盟江、黄，宋預謀，故二國最親。梁丘之遇，桓有謟于宋，故書先宋，豈宋公請見而桓反暱就之乎？

二十五年，六月朔，日有食之，鼓，用牲于社。秋，大水，鼓，用牲于社、于門。世俗以日食爲陰蝕陽，社，陰主，故求于陰；土制水，秋祀門，故求于社與門。皆委巷之禮。而《傳》曰：「天災，有幣無牲。非日月之眚，不鼓。」是何禮與？《雲漢》之詩曰「靡愛斯牲」，非天災與？《十月》之雅，非日食與？脩省而已，不聞鼓也。

是年秋〔一〕，有神降于虢之莘，虢公享之，神賜虢公土田，周史過、虢史嚚皆知虢將亡。此因晉將滅虢附會之。

閔公 凡三條

元年，《傳》曰「不書即位，亂故」，非也。禮，新君踰年而改元，朝正于廟，即位于朝，始成爲君。時閔公甫八歲，内亂不行即位，故史無書，如《傳》言，則是公即位，而經以繼弑君不請命削之耳。夫位，大寶也，體元正始，君父之大事也，仲尼輒以胸臆舞文，詭稱貶削，豈垂世之訓與？

季子來歸，《傳》曰「嘉之」，非也。仲尼未嘗曰「我書字，則嘉之」，皆世儒臆説耳。魯季氏之始，何嘉之有？

〔一〕按此爲莊公三十二年事。

晉獻公滅魏，以賜畢萬，卜偃謂萬爲盈數，魏爲大名，占其後必大。此市兒觀枚拆字語，因魏後爲七國附會之，故愚疑《傳》，戰國時晉人作耳。

僖公 凡四十條

元年，春，《傳》曰「不稱即位，公出」，非也。國君踰年改元，往年八月，成季以公適邾，慶父奔莒，成季以公入，立之。冬，齊高子來盟，公入久矣，何謂公出？又曰「公出復入，諱國惡，不書」，亦非也。哀姜、慶父之惡不諱，公出復入何諱乎？然則何以不書？不朝正即位，史無書也。

夏，六月，邢遷于夷儀。齊師、宋師、曹師城邢。《傳》曰「侯伯救患、分災、討罪」，非也。方狄師困邢，桓公以諸侯之師觀望不進，安在其爲救患也？邢滅，未聞齊以一旅問狄，何爲討罪？邢人奔師，乃以之遷，因敗爲功，霸者好名之事。不書救邢而書「次于聶北」，誌慢也。其遷也，書「邢遷」，其城也，書諸侯，不與齊功也。昭公十三年，楚子復陳、蔡，亦書「蔡侯歸蔡」「陳侯歸陳」，不言楚復，義正同。《春秋》貴至公，不録私惠，後儒言《春秋》，諛五霸，皆自《傳》始也。

八月，公會齊侯、宋公、鄭伯、邾人于檉稱。《傳》曰「謀救鄭」，非也。七月，楚伐鄭，八月，鄭伯在會，楚師退久矣，何救之有？蓋謀報楚耳。

冬，十月，壬午，公子友帥師敗莒師于酈歷，獲莒挐女平聲。《傳》曰「嘉獲之」，非也。季友獲莒挐，公賜之費及汶陽田，季氏之强自此始，奈何又嘉之？

二年，冬，十月，不雨。三年，春、夏不雨，六月乃雨。《傳》曰「不書旱，不爲災」，非也。三時不雨，猶不爲災乎？不災，何書？

四年，夏，許男新臣卒。《傳》曰「許穆公卒于師，葬之以侯禮」，非也。是時諸侯從桓公伐楚，侵蔡，蔡近許，許男病，歸而卒于國也。何以知之？凡諸侯卒于外，必書地，宣九年晉侯卒于扈，成十三年曹伯廬卒于師，襄十八年曹伯負芻卒于師，二十六年許男甯卒于師，昭二十三年蔡侯東國卒于楚，定四年杞伯成卒于會，皆書地。許男不地，故卒于其國也。《傳》又曰「凡死王事，加二等，于是有以衮斂」，亦非也。《春秋》諸侯，焉知王事？用禮焉知等？死内死外，總之僭而已矣。

五年，春，晉侯殺其世子申生。《傳》曰「晉來告」，非也。告書，不告無書，爲史臣例則可，爲經義則不可。申生之死，自縊也，告則謂世子自縊，縊而曰「殺」，仲尼閔實之義，非所告也。獻公無道，嬖庶釀亂，豈爲告而書與？

夏，公孫兹如牟。《傳》曰「娶焉」，非也。大夫娶，未有書者。

秋，八月，諸侯盟于首止。《傳》曰「謀寧周」，非也。是時，惠王欲易太子，太子不得于王而與諸侯盟，是脅父也。諸侯無王命，私盟太子，是要君也。《春秋》人倫之至，豈以要脅君父爲寧乎？與稱鬻拳愛君同謬。

冬，晉人執虞公。《傳》稱晉之伐虢也，圍上陽，問于卜偃，偃據童謡知虢亡在九、十月之交。

凡《傳》所載歌謠、繇冑辭，窮奇極怪，皆脩飾爲之。

《傳》稱虞公以道假晉，宮之奇諫，不聽，以族行，曰：「虞不臘矣」。按歲終獵取禽獸祭先祖、五祀曰臘，夏曰清祀，殷曰嘉平，周曰蜡，秦曰臘。左丘明先秦，宮之奇又先丘明，安得預稱秦制？其爲後人語可知。

六年，夏，諸侯伐鄭，圍新城。《傳》曰「鄭所以不時城」，非也。夫伐鄭以首止逃盟，非以不時城也。地名新城，非城新築也，伐鄭以夏，非必城作于此時。宋亦有新城，文公十四年爲新城之會，豈亦不時城邪？

秋，七月，禘于太廟，用致夫人。《傳》謂「致哀姜主于廟」，非也。哀姜薨七年矣，豈至是始祔？不稱氏與謚而稱夫人，即公夫人，始歸而廟見也。吾聞以祭而廟見者，未聞因廟見而祭者也。魯禘非禮，七月禘非時，《傳》不達。

九年，秋，七月，乙酉，伯姬卒。伯姬未聞適人而書卒，其故不可考，《傳》不及。

十年，晉世子見神于狐突。此因晉惠公將有韓之敗而附會之。

十一年，周襄王使內史過賜晉惠公命，受玉惰，史過知其不長世。此本子貢料魯定公執玉事而演之。王子帶召戎伐京師，王討子帶，子帶奔齊。齊桓公不能正其罪，又爲之請入，居齊六年[一]，歸

[一] 按據《左傳》，王子帶奔齊在僖公十二年，歸周在僖公二十二年，是居齊十年，此或郝敬誤記。

而復有狄后之亂。不書，《傳》不言其義，一切以不告爲例，可乎？

十四年，春，諸侯城緣陵。《傳》曰：「遷杞。不書其人，有闕也。」經有闕而《傳》不知，何稱素臣？或曰：「舊史闕也。」史闕遂書「諸侯」，凡書諸侯者，皆以史闕與？

六月，季姬及鄫子遇于防，使鄫子來朝。《傳》曰：「鄫季姬來寧，公以鄫子不朝，怒。季姬遇于防，使朝。」非也。夫季姬既爲鄫夫人，則宜書鄫季姬，季姬既歸鄫，明年九月不宜又書「季姬歸鄫」，《傳》言妄也。《公》《穀》謂季姬與鄫子謀于防，使來請己，胡安國謂僖公愛女，使自擇配，是也。孰謂丘明不如《公》《穀》乎？

十五年，《傳》稱秦穆公將伐晉，使卜徒父筮，卦遇《蠱》，占知必勝，遂虜晉惠公于韓。晉獻公嫁伯姬于秦，使史蘇筮，遇《歸妹》之《睽》，并懷公死高梁事，皆見于繇。凡《傳》所載繇辭，類漢焦貢《易林》，占與經不合；蓍策老變，亦後世筮家之法，不見于經。世儒據《左》解《易》，正墮其雲霧中耳。

十六年，六鷁退飛，過宋都。《傳》曰「風」，非也。風則凡鳥皆退，何獨六鷁？書，誌異也。

冬，十一月，乙卯，鄭文公殺其世子華。不書，《傳》不言其故。按七年甯母之會，華背君父賣國，當誅，故不書，《傳》不及，豈亦以不告邪？

衛旱，卜有事于山川，不吉。甯速曰：「周饑，克殷而年豐，請伐邢。」師出遂雨。豈其然乎？此因衛將滅邢附會之。

二十二年，秦、晉遷陸渾之戎于伊川，以逼王室。經不書，《傳》不言其故，而稱平王初年，辛有適伊川，見被髮祭于野者，知百年後有戎，是舍明法而譚隱怪也。

二十三年，冬，十一月，杞子卒。《傳》曰「書『子』，杞夷」，非也。夫杞，神禹之裔，始封陳留雍丘，何謂之夷？豈東遷近徐、淮，遂變先代之舊乎？必不然矣。又曰「不書名，未同盟」，尤非也。諸侯不同盟而卒名者，不可勝數，既告卒，焉得不通名？不同盟不告名，于義何居？有之，亦衰世之禮，《春秋》不由也。

二十四年，王以狄人伐鄭，富辰諫王，引《詩·小雅·常棣》，謂召穆公思周德之不類，而作是詩。非也。按《詩序》，《天保》以上皆文、武之雅，周公相成王，致太平，作禮樂，《常棣》其燕兄弟之樂歌也。召穆公相宣王，當周末，詩宜次《江漢》《常武》間，焉得與《天保》《采薇》同什？《傳》惑于周公殺管、蔡之説，而《國語》又謂爲公作，無卓識可知，丘明而若此與？

鄭殺子華之弟子臧，是九年内殺二子也。不書，《傳》不言其故。初，子華誅，子臧奔宋，是同甯母之謀者，有罪當誅，子華不書，故子臧亦不書。《傳》謂其好聚鷸冠，不衷自災，非也。一冠何遂殺身，而君子尤之？

二十五年，宋殺其大夫，無傳。殺大夫非無故，何以無傳？坐不知耳。

晉重耳納襄王，誅叔帶，王予之陽樊、温、原、欑茅之田。不書，非以不告可知，《傳》不及。

二十六年，齊人侵我北鄙。《傳》稱魯使展喜犒齊師，受命于展禽，辭稱周公、太公。此老生常譚，師何遂得寢？齊知魯有備，非以辭耳。

二十七年，春，杞子來朝。《傳》曰「用夷禮，故曰子」，非也。杞，聖王之後，以其東遷，遂謂之夷，則齊、魯不在東海之濱邪？凡《傳》云「用夷禮，則貶之」之説，皆非也，豈有中諸侯而顧用夷禮者與？

《傳》稱子犯治晉，始入教民，三年〔一〕，欲用之，曰「民未知義」，于是乎出定襄王。「民未知信」，于是乎伐原以示之信。「民未知禮」，于是乎大蒐以示之禮，然後用之。出穀戍，釋宋圍，一戰而霸，文之教。此言非也。重耳以魯僖公二十四年反國，二十八年救宋，與楚戰于城濮，倥偬五載間，補葺枝梧，朝不及夕。孔子謂善人教民七年，僅可即戎。子犯之教，抑何速化也？夫納王非教民之事，伐原非肆信之舉，重耳殘忍刻薄，焉知禮、義、信？聽臣訟以囚君，而假定王以明義；攜曹、衛以間楚，而借伐原以市信；要會盟以召王，而託大蒐以習禮。所謂不能三年而察緦功者也。子云：「上好禮、義、信，天下襁負其子至。」豈僅博一戰之利？道聽塗説，以獎霸功，曾丘明而爲此言與？

楚子玉治兵于蔿，孫叔敖父蔿賈尚幼，料其必敗。此因明年子玉死于城濮附會之。《傳》欲屬文辭，每事撰先兆，爲照應聯絡，與經義無涉。

二十八年，四月，晉敗楚師于城濮。《傳》稱晉侯夢與楚子搏，楚子伏己而盬其腦，子犯占，謂

〔一〕《左傳》原文作「二年」。

楚伏罪，晉柔之。子玉爲瓊弁玉纓，夢河神求，不與，遂及禍。皆迂誕無稽。

五月，晉盟諸侯于踐土。《傳》稱王來會踐土，享重耳醴，命爲侯伯，錫弓矢、車服、秬鬯、虎賁。經皆不書，《傳》不言其義。夫使《春秋》而奬晉，則此類無不書者矣，不書，則仲尼之待晉可知，而《傳》過爲揚詡，非也。

踐土之會，王在不書，諱也。諸侯朝王不書，晉召王朝，故不書也。書魯朝，以君舉書，非以朝也。《春秋》之義了然，《傳》皆貿貿爾。

冬，天王狩于河陽。《傳》謂爲明德，非也。重耳何德，而《春秋》明之？以臣召君，猶謂之德，豈丘明而悖謬若此與？

三十一年，衛遷于帝丘。《傳》稱衛成公夢康叔曰「相奪予享」，成公命祀相。以帝丘本顓頊之墟，夏后相之祖，故附會之。奪享，似沙門因果語，何當解經？

三十二年，晉侯重耳卒。《傳》稱柩出絳，有聲如牛，卜偃使大夫拜，曰：「君命，將有西師過，擊之，必大捷。」此因明年敗秦師于殽附會之，而誕罔尤甚。

三十三年，狄侵齊。《傳》曰「因晉喪」，非也。中原無歲不苦狄，重耳在而狄滅衛，其亦晉喪乎？

文公 凡三十條

元年，春，天王使叔服來會葬。《傳》稱公孫敖聞叔服能相人，見其二子，叔服曰「穀也食子，難也收子」。此爲八年公孫敖奔莒，死于外附會之。

二年，夏，六月，公孫敖會宋公、陳侯、鄭伯、晉士穀，盟于垂隴。《傳》曰「書士穀，堪其事」，非也。大夫書名，常耳，是役也，伐衛，士穀爲將，故名，豈爲堪其事乎？

丁丑，作僖公主。《傳》曰「書，不時」，非也。是年冬大袷，將躋僖公于閔公上，別作主，書，逆祀也。僖公葬已十月，非今始爲主，何謂不時？

秋，八月，丁卯，大事于太廟，躋僖公。《傳》曰：「禮無不順。宋祖帝乙，鄭祖厲王，猶上祖也。是以《魯頌》曰：『春秋匪解，享祀不忒。皇皇后帝，皇祖后稷。』君子曰禮，謂其后稷親而先帝。」非也。禮，諸侯不敢祖天子，大夫不敢祖諸侯。公廟設于私家，由三桓始耳。自成王以王禮祀周公，其後嗣郊天、禘祖，夫子傷之，故脩《春秋》。世儒不達《春秋》之義，以宋郊爲天子之事守，本《傳》「祖帝乙」之意，宋後殷，而鄭非後周也，并以祖厲王爲上祖，世遂謂諸侯、大夫都家皆有祖王廟。若是，則魯郊禘非僭，而周公不爲衰矣。《魯頌》誇誕，季孫行父、史克從臾爲之。夫子删《魯風》，存《魯頌》，即《詩》亡之意，非以《魯頌》爲有禮也。諸侯祀天、祖天子，至亡等也，而以先尊後親爲禮，曾是丘明而謬若此與？

冬，晉人、宋人、陳人、鄭人伐秦。《傳》曰：「卿不書，爲穆公故，尊秦，謂之崇德。」非也。德雖三五，《春秋》不崇，何也？《春秋》非頌德之書，其何有于秦穆？卿大夫書人多矣，何獨此爲尊秦？

公子遂如齊納幣。《傳》謂「君即位，脩婚姻，娶元妃以奉粢盛，謂之孝」，非也。夫君娶誰不納幣者，而不盡書，豈皆爲不孝乎？僖公以前年十二月薨，猶在兩期之初，而議婚，非禮也，書以誌急欲。

三年，夏，五月，王子虎卒。《傳》以弔如同盟爲禮，非也。同盟赴名，《傳》例耳，非經之義。翟泉之盟，謂王人即子虎，亦《傳》臆度耳，非經有明據也。王官與諸侯同盟者多矣，何獨卒一子虎，其魯之私交與？弔則書，非爲同盟也。

夏，秦人伐晉。《傳》稱晉人不出，秦取王官，封殽尸而還，遂霸西戎，以用孟明故。非也。夫孟明三敗博一勝，得不補亡，而是役也，晉堅壁清野，秦師空還，何足以雪三敗之耻？穆公稱霸在定夷吾、納重耳之時，不待取王官之後矣，豈孟明之功與？

秋，雨螽于宋。《傳》曰「墜而死」，非也。死不爲災則不書，謂螽飛集，如雨之多爾。

四年，逆婦姜于齊。《傳》曰「卿不行，貴聘而賤逆」，非也。與前書納幣，皆直公之急欲耳。

七年，公會諸侯、晉大夫，盟于扈。《傳》曰「公後至，故不敍國與人，避不敏」，非也。後至不敏，世儒尊霸之例，《春秋》賤霸、羞盟，豈以後至爲諱？書「諸侯、晉大夫」，惡晉以臣盟君也，豈爲其避不敏乎？

按《傳》，晉襄公卒在六年秋，秦康公送子雍、令狐之戰在七年夏，是時，趙盾始立靈公。豈晉經年無君乎？既稱先蔑如秦逆子雍，且至，又稱先蔑將下軍敗秦師。豈晉有二先蔑乎？先蔑既敗秦，又奔秦，皆不可曉。

八年，春，晉使解揚歸衛匡、戚之田與所取封公壻池之地，皆還之。趙盾新政，以此睦諸侯，告可知，而經不書，小惠近名，不足録也，《傳》爲趙盾揚勵耳。

乙酉，公子遂會雒戎于暴。《傳》曰「書『公子遂』，珍之」，非也。受盟于戎，何珍之有？慶父出奔亦書「公子」，豈賊臣亦珍之邪？

宋人殺其大夫司馬，宋司城來奔。《傳》曰「書皆以官，皆貴之」，非也。宋昭公欲盡去群公子，而以子卬爲司馬，昭公嫡祖母襄夫人率戴氏之族殺昭公之黨、大夫司馬，皆非端人。司城者，蕩意諸也，出奔未幾而求復，遂及于禍，亦不知止者。此二子烏足貴乎？

九年，楚人伐鄭，公子遂會晉人、宋人、衛人救鄭。《傳》曰「緩不及楚師，故諸卿不書名，以懲不恪」，非也。《春秋》書人多矣，無此例。

十年，秋，七月，及蘇子盟于女栗。《傳》曰「頃王立故也」。《春秋》之事，同盟則爲君，天子立而求諸侯盟，《春秋》傷之，《傳》若以爲當然爾。

楚范巫矞似知楚成王、子玉、宜申皆將强死，其後成王果遇弒，子玉死城濮，宜申謀弒穆王誅。巫言禍福，有之，未必中，即中，于經奚取？而《傳》亟稱之，多此類。

十二年，正月，郕伯來奔。《傳》謂郕世子以邑夫鍾、郕邽圭奔魯，公以諸侯禮逆之，故書「伯」。

非也。此郕君避難自奔魯耳，豈有子叛父，以土地獻他人，仲尼反進稱伯者乎？

子叔姬卒。《傳》曰：「不言杞，絶也。書叔姬，言非女也。」然則何以稱子？從夫之義，《傳》不備。

十四年，春，頃王崩，不書，《傳》謂王室有王孫蘇之難，不告，故不書，懲不敬也。夫天子崩，豈待告然後書？不告不書，是喪亦不會也，如是則魯自不敬，將誰懲？且所謂懲者，其舊史懲之乎？其仲尼懲之乎？舊史懲之，不可以言《春秋》；仲尼懲之，當時告不告，仲尼不知也。天子崩，不下告，不爲不敬。今不以諸侯不奔喪爲不敬，而以王不告喪爲不敬，倒也。則何以不書？周不告，魯不會，故史無書，經亦無書，而魯之不敬可知。懲不敬，懲魯可也。

秋，七月，有星孛入于北斗。《傳》稱周内史叔服占曰：「不出七年，宋、齊、晉之君皆將死。」此爲宋弑昭公、齊弑懿公、晉弑靈公而附會之也。

十五年，三月，宋司馬華孫來盟。《傳》曰「貴之」，非也。按華孫，華督之孫，督弑君而其孫猶爲司馬，蓋昭公之黨也。國亂，自託于魯，仲尼之不貴此等人明矣。

夏，曹伯來朝。《傳》曰「諸侯五年再相朝，以脩王命，古之制」，非也。夫朝者，臣見君也，諸侯五年一朝天子，無諸侯自相朝之禮。五霸强僭，始朝同列，故小國來，皆書朝，史文也，經因之，直也。後儒遷就其説，遂謂諸侯世相朝，此在齊、魯比鄰則可，若偏千八百國，日亦不足，而況五年而再乎？《傳》爲晉朝諸侯地，不知其謬矣。

單伯至自齊。《傳》曰「貴之」，非也。按單伯奉王命，爲魯請叔姬于齊，齊人執之，以晉故然後得釋，至辱也，而反以爲貴，豈不謬與？

冬，十有一月，諸侯盟于扈。《傳》曰：「諸侯會，公不與，不書，諱君惡。」非也。夫五霸假會盟，要脅諸侯，《春秋》未嘗以盟爲善，豈以不盟爲惡？甚違仲尼之意。

齊侯侵我西鄙，遂伐曹。《傳》曰：「討其朝魯。齊討有禮，謂之反天。」非也，伐曹固齊之罪，朝魯亦非曹之禮。

十六年，冬，宋人弑其君杵臼。按《傳》，襄夫人使昭公田孟諸，將殺之，公知之，載其寶以行。蕩意諸請公出奔，公曰：「不能于其大夫、祖母，人誰納我？」盡以其寶賜左右而死。非也。蓋是時，昭公欲逃不克，賂左右而不得免耳。又謂襄夫人使蕩意諸去公，意諸對曰：「臣之而逃其難，若後君何？」遂死之。亦非也。意諸八年奔魯，十一年復求歸，歸六年而難作，鄙夫患失，死非其志，不得已耳。又曰：「書『宋人弑其君杵臼』，君無道。」尤非也。《春秋》明大義，雖以桀、紂之虐，湯、武不能掩放殺，而況其餘乎？君弑矣，猶數其罪以謝亂賊，《春秋》無是也。然則何以名其君？蓋事至此之謂不諱，惟明惟允，惟審惟直，以告諸天下後世而已。且君而若夫已氏者，何可以弗別也？名以別之，不獨名一杵臼耳。

十七年，冬，公子遂如齊。《傳》稱遂歸，言齊君語偷，將死。因明年商人遇弑附會之。

十八年，春，齊懿公將伐魯，有疾，醫言其將死。魯聞其來伐，使楚丘卜，惠伯令龜，楚丘知公與惠伯亦將死。此因懿公遇弑、魯文公薨、襄仲殺惠伯附會之。

宣公 凡二十六條

二年，秋，晉趙盾弑其君夷臯。《傳》稱孔子曰：「趙盾，古之良大夫，爲法受惡。」非也。夫弑君何等事，豈盾不弑君妄加之？其必不然矣。《傳》言靈公無道，趙盾驟諫，至盾所以出奔與趙穿弑君之故，紕漏不詳。第云趙穿攻靈公于桃園，宣子未出山反；竟不言宣子何以出，穿攻公，何以正當宣子出時。聞君死即反，反不討賊，其何辭以解？故書「趙盾弑君」，實録也。不然，弑逆之惡，可以誣良大夫乎？既書弑君矣，又稱良大夫，是非不譸張乎？至謂越竟乃免，則愈小人之腹矣。因啓世儒責備之例，君子無求備，豈《春秋》而獨不然乎？餘詳《解》。

三年，晉伐鄭，及郔，鄭及晉平。不書，《傳》不言其故。蓋是時，晉趙盾弑君專國，晉政卑矣，楚莊王賢而脩政，故楚事詳，晉事略，《傳》不達。

楚子伐陸渾之戎。《傳》稱王孫滿對楚子問鼎之辭，非也。過周郊，問九鼎，人情好異耳，援天命國祚以美文辭，而世儒遂蔽楚子之罪，以附合尊周攘夷之例，未見其允也。陸渾害王室，爲晉私人，諸侯不敢問。楚子此舉，無功即無罪，王使人來勞，蓋亦喜之，故其書法甚堂堂。《傳》不與其功，而反加之罪，豢戎者無罪而伐戎者罪之，豈至當之論乎？

《傳》謂鄭穆公母燕姞夢蘭，生穆公，事或有之。至謂穆公有疾，刈蘭而公遂卒，則怪誕甚矣。此因穆公名蘭附會之。

四年，六月，乙酉，鄭公子歸生弑其君夷。《傳》曰：「凡弑稱君，君無道也；稱臣，臣之罪。」非也。果若此，其君無道，其臣遂無罪乎？顧天下安■得有道之君弑之？甚矣，其説之謬也。

鄭靈公遇弑，國人立子良，子良辭，立子堅，是爲襄公。春秋諸侯之子弟讓國者多矣，鄭子良、宋子魚、曹子臧、吴季扎、楚子西、衛子郢之類，皆不書，何也？五霸詐力成風，父子兄弟相傾，智者視其國如巖牆然。其讓也，皆利害私情，一身完名而禍延累世，《春秋》不取也，《傳》不及。

七年，夏，公會齊侯伐萊。《傳》曰：「不與謀。凡師出，與謀曰及，不與謀曰會。」非也。經書會多矣，同伐、同盟，皆稱會。是役也，公夏往秋歸，焉得不與謀？凡《傳》例無端，類此。

冬，公會晉侯、宋公、衛侯、鄭伯于黑壤。《傳》謂晉人以公久不朝，不與盟，故諱不書盟。非也。不盟何足諱？不朝不盟，未有得免者，晉人止公，責賂乃得盟，故諱也。《傳》甚貴盟，未知《春秋》本賤盟也。

八年，晉獲秦諜，殺諸絳市，六日而甦。非也。殺人而尸諸市，離其身首矣，六日復蘇，理所必無。

冬，十月，己丑，葬我小君敬嬴。雨，不克葬。庚寅，日中而克葬。《傳》謂「卜葬先遠日，辟不懷也。雨，不克葬，禮也。」非也。《傳》以不葬爲懷親，夫送死大事，不夙戒而因雨廢，其慢甚矣。謂爲懷親，則無雨克葬者，皆爲忘親乎？禮雨霑衣失容廢者，如諸侯朝見之類，倉卒失備。葬卜日，皆備矣，何有于雨？若曰可易，何必卜？禮不違卜筮、不犯日月，敬嬴庚寅日中、定公戊午日昃，違卜，皆慢也，何得謂禮？禮疑而筮，則弗非也，日而行事，則踐之。

城平陽。《傳》曰「書時」，非也。是時冬十月，夏正八月耳，城焉得時？前此六年螽，七年大旱，是年葬敬嬴，旱無麻，用葛絻，歲儉可知，而城焉得時？

九年，陳殺其大夫洩冶。《傳》謂孔子引《詩》云「民之多辟，勿自立辟」譏之，非也。陳靈公君臣宣淫，洩冶進諫，孔子何以致譏？與譏齊鮑牽同謬，皆非孔子之言。

冬，楚子伐鄭，晉郤缺帥師救鄭。《傳》稱鄭伯敗楚師于柳棼。經不書，是《春秋》未嘗專重晉、鄭而黜楚也，《傳》知有晉而已。

十年，夏，四月，己巳，齊侯元卒。齊崔氏出奔衛。《傳》曰：「崔杼有寵于惠公，高、國畏其偪，公卒而逐之。」非也。按魯成公十七年，齊靈公始命崔杼爲大夫，是後此二十五年也；魯襄公二十五年崔杼弒君，後此五十年也。計齊惠公時，崔杼始生，遂已擅君寵，逼高、國乎？崔氏世卿，何止一杼？而《傳》紕漏如此。又曰：「書『崔氏』，以族來告。」亦非也。《春秋》大夫出奔多矣，如以告，豈崔子獨氏，他人皆名乎？告大夫無不名者，書「崔氏」，挈族行耳。崔氏已去齊，崔杼不知以何年反，《傳》亦不詳。

楚子伐鄭。《傳》曰：「晉士會救鄭，逐楚師于潁北。諸侯之師戍鄭。」此晉人之功，不書，是《春秋》未嘗專予晉也。

鄭子家卒，鄭人討靈公之亂，斲子家之棺，逐其族。子家即歸生也，四年書「鄭歸生弑君」，此國人公論，而《傳》謂事由子公。故《傳》譸張難信，信經而已。

十一年，楚子納公孫寧、儀行父于陳。《傳》謂「有禮」，非也。二子淫惡，從臾以亡君，既不與徵舒同誅，又從而納之，何謂有禮？

十四年，公孫歸父會齊侯于穀。《傳》謂歸父見齊晏桓子，而稱魯樂洛，高固知歸父將亡。此因魯將逐歸父附會之。

十五年，晉滅赤狄潞氏。《傳》稱晉侯復立黎侯而還。黎侯，即《詩》所爲賦《旄丘》者也。不書，《傳》不言其故。

夏，秦人伐晉。《傳》稱晉魏顆敗秦師于輔氏，獲秦武士杜回。初，顆父犨病且死，欲以所愛妾殉，顆不從。及輔氏之戰，妾父化爲鬼物，結草于路以亢杜回，遂獲之，夜見夢于顆。此沙門因果語，非仲尼不語之教。

秋，仲孫蔑會齊高固于無婁。《傳》不詳其事。按此大夫與大夫會之始，烏可無傳？

冬，蝝生。飢。《傳》曰「幸之」，非也。《春秋》書飢三，皆窘急乃書，反曰「幸之」，竊所未解。

晉使趙同獻狄俘于周，不敬。劉康公曰：「不及十年，必有大咎，天奪之魄矣。」爲魯成公八年晉殺趙同附會之。

十六年，夏，成周宣榭火。《傳》曰「人火曰火，天火曰災」，非也。焚即是災，何天人之異？

十七年，晉與諸侯爲斷道之會。《傳》稱郤克以齊婦一笑之恨執齊使，苗賁皇爲説于晉侯，免之。語與哀公十二年子貢爲衛侯説吴太宰嚭語相似，脩辭常套也。

冬，公弟叔肸卒。《傳》曰：「公母弟也。凡太子之母弟，公在曰公子，不在曰弟。凡稱弟，皆母弟。」非也。按禮莫尊于父，同母得稱弟，而異母不得稱弟，是重母反輕父也，父死，禮亦稱公子，則是無此例也。

春秋直解卷十四終

春秋直解卷十五

郝敬　習

非左卷下

成公 凡二十九條

元年，三月，作丘甲。《傳》不詳，由不知耳。若使丘明爲《傳》，此類自當曉然。

二年，四月，丙戌，衛孫良夫帥師及齊師戰于新築，衛師敗績。《傳》謂衛伐齊，非也。新築，衛地，衛師未出境而與齊戰，何爲伐齊？蓋齊來伐衛耳。齊既侵魯，乘勝及衛，故戰于衛地。不書齊伐，蒙上伐我之文，而戰于新築，則齊師過魯，入衛境可知。

十一月，丙申，公及楚人、秦人、宋人、陳人、衛人、鄭人、齊人、曹人、邾人、薛人、鄫人盟于蜀。《傳》曰：「不名，匱盟也。于是乎畏晉而竊與楚盟，故曰匱盟。」非也。十國大夫在而皆名，則瑣矣，他會皆然，何獨此爲畏晉？畏非《春秋》所惡也。是會也，楚共王幼，不行，使陳、蔡二君行，二君亦幼，强冠之，乘楚子戎車爲左右。經不書陳、蔡，未與盟也。《傳》謂乘楚車謂之失位，不得列于諸侯，鑿也。

成公二年，晉敗齊師于鞌，齊使賓媚人賂晉，曰：「五霸之霸也，勤而撫之。」按成公時，去桓、文未遠，五霸未終，不應豫稱五霸，此爲後世語甚明。杜元凱遠引夏商豕韋、昆吾等解，而終不悟《傳》爲後人作也。

晉侯使鞏朔獻齊捷于周，定王與之宴而私賄之，且告之曰：「非禮也，勿藉。」夫周自平王東遷，其威命不及魯、衛之君，以禮假人，不知其幾，獨此兢兢自愛乎？無是也。

三年，楚歸晉智罃，楚共王問罃：「何以報我？」罃對與重耳對楚成王語同，脩辭熟套也。

冬，十有一月，晉侯使荀庚來聘，衛侯使孫良夫來聘。《傳》曰：「公問諸臧宣叔曰：『中行伯之於晉也，位居三。孫子於衛爲上卿，誰先？』對曰：『次國上卿當大國之中，中當其下，下當其上大夫；小國上卿當大國下卿，中當其上大夫，下當其下大夫。古之制也。晉爲盟主，宜先。』丙午，盟晉。丁未，盟衛。」《傳》以爲禮，非也。禮序昭穆，衛，文之昭，而晉，武之穆也；序爵，良夫上卿而荀庚下卿也。則當先衛。今舍周班而較叔季之强弱，豈禮與？孟子敘周爵，公、侯、伯、子、男，凡五等；卿，大夫，上、中、下士，亦五等。故《書》言「列爵惟五」，五禮、五玉、五器，唐、虞時已然，中外之爵未有過五等者。漢博士作《王制》，因襲《傳》語，則是五等之中又有中卿、下卿、上大夫，共爲八等，豈古之制與？蓋誤以《傳》爲丘明作，而不深思耳。

晉作六軍。不書，《傳》不言其故。唯天子六軍，晉作，僭也。《春秋》于諸侯僭亂之事不毛舉，言不順也，惡極于弑君、亡國，包舉也，《傳》不達。

四年，公如晉。《傳》稱晉侯見公，不敬，季文子知晉侯必不免。爲後十年晉景公陷厠死而附會之。

五年，晉放趙嬰于齊，嬰夢天神索祭，祭之，明日見放，故免于死。此沙門道士誑愚俗語。

六年，鄭伯如晉，拜成，授玉，過于楹東。晉士貞伯曰：「鄭伯其死乎？視流而行速。」爲是年六月鄭悼公卒附會之。

取鄟。《傳》曰「言易」，非也。經書取多矣，其皆易邪？

九年，秋，晉人執鄭伯，欒書帥師伐鄭。《傳》稱鄭使伯蠲行成，晉人殺之。書執鄭伯而不書殺伯蠲，豈亦以不告邪？《傳》不言其故。

五月，公會齊侯、宋公、衛侯、曹伯伐鄭。按《傳》，鄭伯之見執也，鄭公孫申謀曰：「我別立君，以示不急，晉必歸君。」遂立太子髡頑，晉人果伐鄭而歸鄭伯。鄭伯歸，討立君者，殺叔申與弟叔禽，皆不書。夫急君難而故棄之，是以君儌倖也；因夫人謀得歸而又殺之，是誅有功也；鄭既有君而後歸君，是歸不爲德也。事皆反覆傾險，不可以訓，後世有用此立功，其得禍相似。始信《春秋》慮遠識深，非聖人不能作，故曰「言之必可行」，《傳》不及。

丙午，晉侯獳卒。《傳》稱晉景公疾，趙同、趙括之祖爲厲也，公夢疾化爲二豎，伏膏肓之間，小臣夢負公升天而以爲殉。皆附會不經之譚。

凡《春秋》書事，據實而已，未嘗好爲隱語也。是年五月，晉景公將伐鄭而病，立太子州蒲爲君，以會諸侯伐鄭。父在子立，父將死而預外事，皆非禮，然亦即書晉侯，此類不待貶自見，其何有于隱？

十二年，春，周公出奔晉。《傳》曰「凡自周無出」，非也。夫經既書「出奔」矣，又云「無出」，變幻譸張，啓後儒穿鑿，皆此類。

十三年，春，晉侯使郤錡己來乞師。《傳》稱將事不敬，孟獻子知郤氏亡。以一人容止決一族之禍，雖聖知不及，此因晉將誅三郤附會之。獻子如周，周劉康公以成肅公受脤于社不敬，亦料其將死，果死。習誕爲常，甚覺其厭。

十四年，秋，叔孫僑如如齊逆女。《傳》曰「稱族，尊君命」，非也。九月，僑如以夫人婦姜氏至自齊。《傳》曰「舍族，尊夫人」，亦非也。前書「叔孫」，後蒙前之文耳，尊君則書族，尊夫人則不書，于義何居？

十五年，晉三郤譖伯宗及欒弗忌，殺之，伯州黎〔一〕奔楚。經不書，《傳》不言其義。凡殺大夫未有不書者，如以不告爲例，他大夫書，未必盡因告，舊史備不備耳。

鄢陵之戰，敘事支誕，士燮佐中軍，業已爲將而戰惟恐勝，是豈人情？蓋因三郤將敗、晉政將衰而附會之，其實晉臣無此識量也。晉侯筮，遇《復》，繇明言射楚王中目。魏錡夢射月，退入泥，戰死。

〔一〕「黎」，《左傳》作「犁」，下同。

皆因事附會之。兩壘相拒，必非甚邇，伯州黎登巢車望晉軍，何其了然也？臨陣矢石交接，楚子以弓問郤至，郤至免冑，從容致辭；欒鍼執榼飲子重，子重飲而復鼓。皆夸飾之誕說也。

十七年，鄭子駟侵晉，不書，衛爲晉侵鄭則書。鄭與楚盟，楚戍鄭，不書，晉伐鄭則書。《春秋》不直晉曉然，豈謂屏楚、專尊晉耳？

晉士燮自鄢陵歸，以戰勝君驕祈死。夫君苟無道，雖不戰勝，且得免乎？未亂祈死，非人情，而果死，然乎？魯昭公出，叔孫婼亦祈死，果死。《傳》之熟套耳。

齊靈公母聲孟子私慶封，恨鮑牽言之于朝，公刖之。《傳》謂仲尼曰：「鮑莊子之智不如葵，葵猶能衛其足。」此調笑語，不似聖人法言，與譏陳大夫洩冶同謬。

魯聲伯夢涉洹（桓）水，食瓊瑰，盈懷。此因聲伯將死而含用珠玉附會之。又云「三年不敢占，占之夕死」，怪誕尤甚。

晉殺其大夫郤錡、郤犫、郤至。十八年，春，正月，晉殺其大夫胥童。《傳》曰：「民不與郤氏，胥童道君爲亂，故皆書『殺大夫』。」非也。有如民與郤氏、胥童不道君亂，不書殺大夫，將何書乎？經無此等例。

十八年，齊殺其大夫國佐。《傳》曰：「棄命，專殺，以穀叛故。」非也。《傳》意以書名爲有罪之例，不知陳大夫洩冶、衛大夫孔達名，又何罪焉？後儒記禮，遂以殺大夫爲義，皆《傳》誤之。

楚子、鄭伯伐宋，宋魚石復入于彭城。《傳》曰：「凡去其國，國逆而立曰入，以惡曰復入。」

非也。魚石以宋臣逃楚，復入于宋，文義自爾，何足爲例。

公至自晉，晉侯使士匄來聘。《傳》曰：「拜朝也。君子謂晉于是乎有禮。」非也。魯朝晉屢矣，晉不加禮焉，諸侯朝而大夫報聘，何禮之有？《傳》之尊晉類此。

襄公 凡五十七條

元年，春，仲孫蔑會晉欒黶、宋華元、衛甯殖、曹人、莒人、邾人、滕人、薛人圍宋彭城。《傳》曰「非宋地，追書」，非也。按彭城本宋地，後併于楚，而時尚未定屬楚也。去年夏，楚子伐，入之，今年春，晉遂圍之，其不當書楚甚明，何謂追書？苟非宋地，經豈誑言乎？或曰：「《春秋》書邑，皆不繫國，此繫宋，何也？」夫不繫國者，盟會于某地之類，若攻圍，未有不繫國者。昭公二十一年書「宋華亥等自陳入于宋南里以叛」，南里繫宋，又何例乎？

九月，辛酉，天王崩，無《傳》。邾子來朝，《傳》曰「禮也」。冬，衛侯使公孫剽來聘，晉侯使荀罃來聘，《傳》又曰「禮也」。皆非也。夫以天王之喪，諸侯不奔，而友邦私相朝聘，《春秋》之義了然，謂之禮，豈不悖哉？

二年，《傳》曰：「齊侯伐萊，萊人賂齊寺人夙沙衛以索牛馬，皆百匹，齊師乃還。君子是以知齊靈公之爲『靈』也。」夫諸侯之爲靈者，非一君；招權納賄者，非一臣。其弑君篡國皆以賂免，孰多于晉？而何獨于齊發此？

夏，五月，庚寅，夫人姜氏薨。《傳》稱季文子取成公母穆姜之櫬葬之，謂之「非禮」，且曰：「虧姑成婦，逆莫大焉。」引《詩》「其維哲人，順德之行」譏季孫。夫魯千乘之國，豈乏一櫬？用于婦未遂缺于姑，細事何足以定季孫之不哲？何遂爲莫大之逆？季孫逆與不哲〔一〕不在此。

四年，七月，戊子，夫人姒氏薨。《傳》稱匠用季孫所樹檟爲櫬，曰「多行無禮，必自及」，意謂季孫用穆姜之櫬葬齊姜，人亦用其檟葬定姒。夫七尺之木，何遽當無禮之及？其言偏曲，不關大義。即此類，亦可無贅矣。

冬，公如晉。《傳》曰：「聽政，因請屬鄫，以助魯之賦，晉許之。」按諸侯于晉有常貢，子産壞晉館垣以納車，即貢幣之車也。其賦重，故魯請鄫爲助，晉許之。八年，公復如晉，聽朝聘之數，是晉受諸侯朝貢，無異天子。而《傳》若以爲當然，可怪也，故愚疑《傳》本晉人作耳。

是年冬十月，邾人、莒人伐鄫。臧紇救鄫，侵邾，邾人敗之于狐駘台。死者多，國人不備凶服，髽撾以逆喪。其敗衄已甚，不書，諱也，《傳》不及，豈亦爲不告邪？

五年，王使王叔愬戎于晉，晉人執王叔，使士魴如京師，言王叔貳于戎也。夫天子之卿士不忠使命，有天子在，晉焉得遂執之？此其助戎，託辭以辱天子，不書，諱之，《傳》不及。

〔一〕「哲」字後原有「■■」，後印本無，據删。

楚殺其大夫公子壬夫。《傳》曰：「君子謂楚共王于是不刑。」非也。壬夫執政，貪以蒙誅，雖無■盆水加劍之禮，亦賢于官邪寵賂之章。晉六卿貪饕不法，所以亡。謂此舉不刑，刑將安施？

六年，春，王三月，壬午，杞伯姑容卒。《傳》曰：「始赴以名，同盟故。」非也。初，桓公十二年，盟杞侯于曲池，比卒，亦不名。魯、杞婚姻，何必同盟？《春秋》無此例也。前所以不名，世遠史闕耳。

八年，正月，公如晉。《傳》曰：「如晉朝，且聽朝聘之數。」夏，季孫宿會晉侯、鄭伯、齊人、宋人、衛人、邾人于邢丘。《傳》曰：「命朝聘之數。」夫諸侯惟朝貢天子有常數，東遷以來，未聞諸侯貢王，五霸主盟，未聞率諸侯貢周。此晉責諸侯朝聘于晉耳，《傳》侈譚，不以爲僭，豈《春秋》之義？又曰：「大夫不書，尊晉侯也。」夫晉已侈矣，何爲又尊之？公如晉，鄭伯會而公不與，與季孫，重臣卑君，是誨季孫無君也，《春秋》所以惡晉，何爲反尊之？

九年，春，宋災。《傳》敘宋諸臣救災甚譸張。閭閻失火，何至舉國倉皇？晉士弱謂宋居商丘，爲火正閼伯之墟，是多火災，悠謬之譚也。

夫人姜氏薨。《傳》稱姜以僑如之亂，徙東宮，筮，卦遇《隨》，引《易》：「元，體之長也；亨，嘉之會也；利，義之和也；貞，事之幹也。體仁足以長人，嘉會足以合禮，利物足以和義，貞固足以幹事。」此孔子《乾卦·文言》，名理奥義，姜焉及此？而姜之徙在成公十六年，孔子尚未生，晚贊《易》，作《文言》，距姜徙時已八十餘年，姜安所得此語而稱之？則《傳》之爲後人作甚明。宋歐陽脩謂《文言》引用穆姜語，楊儀因詆「元者，善之長」爲害道。朱元晦謂古有是語，穆姜與孔子皆引之。寧詘《文言》而不敢議《傳》，退孔子而遷就左丘明，千古耳食，賢愚共蔽，可笑也。

是年，秦侵晉。不書，史不備也。《傳》謂秦使士雃（牽）乞師于楚伐晉，子囊曰：「晉官不易方，舉不失選，六卿相讓，晉不可敵，事之而後可。」此非子囊之言，《傳》譽悼公之言也。是時晉、楚交構，晉招吴人撓楚，楚連秦人脅晉，吴近故詳，秦遠故闕耳。謂子囊辭秦，非也。

戲之盟，襄公歸自晉。晉悼公宴于河上，問襄公年，對曰：「十有二歲矣。」晉侯命之冠，季孫請及兄弟之國而假備焉，行及衛，冠于成公廟。夫衛去魯近矣，不歸醮于廟而假備鄰國，《傳》以爲禮，非也。禮，諸侯未冠，除喪服入見天子，天子賜冕服于太廟，歸設奠，服賜服，於斯乎有冠醮，無冠醴。晉欲以天子自處，以諸侯視魯，而季孫爲此以悦晉侯，何禮之有？

《傳》稱晉悼公能息民，三駕而楚不能與之争，非也。三駕，謂十年師于牛首，十一年師于向，其秋觀兵于鄭東門，鄭服也。晉悼公之世，楚共王當國，子囊爲政，晉、楚争鄭，鄭以犧牲、玉帛待于二境，楚來從楚，晉來從晉。牛首之役，鄭方從楚，晉以諸侯救之，遇楚師，不敢戰而退。十一年六月，晉以諸侯師于向，圍鄭。七月，鄭人受盟于晉，楚子囊以秦師伐鄭，鄭使良霄、石㚟（綽）辭楚，楚人執之。是年九月，晉以諸侯之師至鄭，鄭又與晉盟，秦人伐晉救鄭，敗晉于櫟。此所謂三駕也。晉未嘗勝，楚未嘗敗，鄭人往來晉、楚閒，如陽鳥，何爲楚不能與争？猶《穀梁》稱齊桓「兵車之會四，衣裳之會十一」，皆諛霸之陋説，讀者信以爲丘明語，不加察耳。

十年，諸侯會于柤（查）。《傳》稱齊高厚相太子光，不敬，士莊子知高厚、太子光皆將不免。此爲十九年齊殺高厚、二十五年光遇弑附會之。不敬不免，竟成常套。

宋公享晉侯以《桑林》之樂，晉侯見舞師題旌夏，懼，遂疾，卜桑林爲祟，禱而愈。意謂《桑林》，殷先王樂，宋所以事神，故爲祟，其悠謬已甚。

《傳》晉人滅偪陽，俘偪陽子以歸，居其族于霍。《傳》謂爲「有禮」，非也。無故滅人國、俘人君而以居族爲禮，其爲晉人護短類此。

楚公子貞、鄭公孫輒帥師伐宋，遂侵魯，還，克蕭。孟獻子曰：「師競已甚。鄭其有災，其執政之二三士乎？」此爲鄭尉止將殺子耳、子駟、子國附會之。《春秋》師競者多矣，何獨知此有災？

楚使鄭人侵衛，衛孫文子卜追之，獻兆于定姜，云：「有夫出征，而喪其雄。」姜曰：「征者喪雄，禦寇之利。」遂追之，而獲鄭皇耳。亦附會之説。

冬，戍鄭虎牢。《傳》曰：「書『戍鄭虎牢』，非鄭地，言將歸焉。」非也。蓋因二年冬戚之會，書「城虎牢」不繫鄭，遂謂仲尼不以虎牢與鄭，謂虎牢爲華夷之防也。夫堂宇之間而以限華夷，謬矣。況天王既以予鄭，仲尼焉得而奪之？且何待仲尼而後歸之也？不書鄭，則爲奪，書鄭，則爲將歸，世儒以爲天子之事云爾，而其誣仲尼甚矣。蓋晉悼之季，中原擾攘，諸侯無歲不役，《詩》云「匪兕匪虎，率彼曠野」。書「戍」，蓋傷之，奈何更侈譚之也？

十二年，冬，公如晉。《傳》曰：「朝，且拜士魴之辱，禮也。」非也。魯以諸侯朝于諸侯，晉以大夫報諸侯朝，而又往拜辱，足恭，何可爲禮？

十三年，春，公至自晉。《傳》以孟獻子書勞于廟爲禮，非也。襄公十一年，魯從晉會諸侯于蕭魚，鄭服于晉，魯何勞之有？十二年夏，晉士魴來聘，秋，公如晉報之，碌碌奔走爲人役，何勞之足書？仲尼豈以是爲禮與？

夏，取邿詩。《傳》曰：「書『取』，言易也。用大師曰滅，弗地曰入。」非也。狄人入衛，衛遂以遷，是入亦地耳。凡《傳》例，皆本無强作也。

《傳》稱晉侯蒐于綿上，士匄辭中軍帥，讓于荀偃，六卿皆讓，晉國之民是以大和，諸侯遂睦。非也。夫晉六卿不相能久矣，明年伐秦，卿帥不睦，諸侯不整，爲遷延之役，以至欒鍼死敵，欒黡逐士鞅。自是以後，諸卿日侈，遂底于亡。而曰「晉國以平，數世賴之」，豈非妄語邪？

冬，城防。《傳》曰「書，時」，非也。防，臧孫氏之私邑。大夫城私邑，書以譏之，非爲時也，時不書。

楚子囊請歸鄭良霄，曰：「使歸而怨其君，以疾其大夫，而相牽引，不猶愈乎？」〔一〕此爲三十年鄭人殺良霄附會之。

十八年，晉荀偃將伐齊，夢與晉厲公訟，不勝。厲公以戈擊偃首，墜地，偃奉以走。問于梗楊之巫，巫夢亦然。偃果死于伐齊之役，怪誕不根，何足述？

〔一〕按據《左傳》，此實係石臭説子囊之言。

楚公子午帥師伐鄭。《傳》稱晉師曠云：「不害。吾驟歌北風，又歌南風，南風不競，多死聲，楚必無功。」此術士風占之譚。

十九年，《傳》稱晉伐齊之師還，荀偃疽發于首，目出口噤，以其未卒事于齊也。欒盈撫尸誓之，乃瞑，受含。此爲是年晉欲再伐齊附會之，豈弑君之賊而急公事若此與？

衛石買卒，其子石惡不哀，孔成子曰：「是蹷其本，必不有其宗。」此爲二十八年石惡出奔附會之。

二十年，衛甯殖疾，將死，屬其子喜納獻公。賊臣逐君，焉知悔？時剽在位已十年，又使納衎，何以處剽？是明教其子弑君耳。何情之迫也，非實録。

二十一年，晉會諸侯于商任。《傳》稱齊、衛二君不敬，叔向知皆不免。此因二十五年齊弑光、二十六年衛弑剽附會之。

二十四年，王城大水，齊人城郟。是時齊方背晉，欲市德于周，《春秋》以爲齊事耳，不書，《傳》不及。

二十六年，公會晉人、鄭良霄、宋人、曹人于澶淵。《傳》曰：「趙武不書，尊公。」非也。是役也，晉人疆衛田與孫林父，書，惡之。名不名，史闕也，且書人何必盡大夫？苟大夫也，君前臣名。不名尊公，於義不類。

衛獻公如晉，晉人執而囚之，齊侯、鄭伯爲請，不釋。衛侯納其女于平公，遂釋之。皆不書。《春秋》于諸侯貪淫敗禮事，除弑逆、會盟、征伐外不毛舉，言不順，皆諱之，寬仁博大之至也，《傳》不達。

鄭簡公與齊景公同如晉，爲衛獻公請，既而得釋。鄭伯歸，復使子西入晉謝，《傳》稱其「善事大國」。夫以晉侯貪淫無禮，而鄭爲足恭，何爲善之？《傳》亟于尊晉如此。

二十七年，晉、楚諸大夫會于宋，爲弭兵也。楚令尹子木欲衷甲赴會，伯州犂不可，子木曰：「苟得志，焉用信。」伯州犂知子木不及三年必死。此爲明年子木卒附會之。

秋，七月，辛巳，豹及諸侯之大夫盟于宋。《傳》謂季孫以君命命豹曰「魯視邾、滕」，豹盟，視宋、衛。不書族，以違命故。非也。豹不族，諸大夫亦不名，皆蒙前會于宋之文耳，事同、人同，故從省。如謂魯以違命，諸大夫何以乎？是盟也，楚人先歃，《傳》謂「書先晉，晉有信」，亦非也。晉長于諸侯舊矣，禮不以新閒舊，終《春秋》，未嘗以楚先齊、晉，非獨此耳。

二十八年，魯梓慎以歲星過次，淫于子，知宋、鄭飢。鄭裨竈以歲星過次，占周、楚君亡。爲是年八月旱、大雩，明年天王崩、楚子昭卒附會之。

蔡侯朝晉歸，過鄭，鄭伯享之，不敬。子産知蔡侯不免，曰：「淫而不父，恒有子禍。」此因三十年蔡世子弒君附會之，子産焉知其將淫子婦也？

宋之盟，晉、楚之屬諸侯交相見也。是年，宋公、陳侯、鄭伯、許男皆如楚，不書，然則朝楚與朝晉等耳，皆不足書也。《春秋》未嘗以朝楚爲事夷狄可知，如以中國事夷狄，雖外諸侯，未有不書者，《傳》不達。

鄭伯使游吉聘楚，及漢，楚辭，鄭伯親往。游吉謂楚子貪昧逞願，將死，君其送葬歸。夫《春秋》

諸侯，誰非貪昧者？何獨楚子爾？此因楚子將卒而附會之。

十有二月，甲寅，天王崩。《傳》曰：「癸巳，天王崩。未來赴，亦未書，禮也。」則是靈王崩後二十有二日，聞赴乃書，經据史耳。天子喪，不赴不書，于禮何居？經存其誤，以直不恪。不書葬，以見魯之不會，《傳》妄語也。

公如楚。《傳》稱公過鄭，鄭良霄迎，勞公，不敬，穆伯知良霄必有大咎。此爲三十年鄭殺良霄附會之。

二十九年，春，王正月，公在楚。《傳》曰「釋不朝正于廟」，非也。每歲首公在，既不書朝正，公不在，何必釋不朝？昭公十六年正月在晉，不書，知此非爲不朝正，爲楚止公送葬、强公襚。書，甚楚耳。

城杞之役，齊高止、宋華定與晉荀盈相見，司馬侯相禮，知二子不免。爲是年秋高止出奔燕、昭公二十年華定出奔楚附會之。

吴季扎聘魯，知叔孫穆子不得其死。因將有豎牛之禍附會之。誦《詩》觀樂，而知德之隆替與國之興亡如燭照，果爾，則季扎賢于仲尼遠矣。仲尼學琴師襄，在齊聞《韶》，必假以時月，而扎立譚懸解，豈其有神慧與？按扎聘在魯襄公二十九年，孔子哀公十一年自衛反魯，正樂，然後《雅》《頌》得所。季扎先五十九年觀樂，《雅》《頌》次第，一一脗合，其爲後人附會甚明。而世以《傳》爲丘明作，蔽而不察耳。

三十年，五月，宋災。《傳》云：「或叫于宋大廟，曰：『譆譆！出出！』烏鳴于亳社，如曰『譆譆』。甲午，宋遂災。」委巷之譚也。

鄭良霄出奔許，自許入于鄭，鄭人殺良霄。《傳》云：「不稱大夫，言自外入。」非也。非大夫則已，苟大夫也，豈以外入削之？蓋上書鄭良霄出奔復入，下不得更加大夫，尋常文義，以鑿求之。

冬，諸侯大夫會于澶淵，宋災故。《傳》謂魯叔孫豹在會，不書，以賑宋失信諱，非也。伯姬，魯女，魯自賑之，七月，叔弓已如宋，澶淵之會，魯實不與耳。

三十一年，叔孫豹自晉歸，告孝伯曰：「趙孟語偷，將死。」又以孝伯語益偷，知孝伯亦將死。爲是秋孝伯卒、明年趙孟卒附會之。

夏，六月，辛巳，公薨于楚宮。《傳》謂公自楚歸，作楚宮，穆叔謂公欲楚矣，必死是宮，六月果薨。此附會之尤誕者。

冬，十月，滕成公來會葬。《傳》謂滕成公惰而多涕，子服惠伯料其將死。爲後三年書滕子卒附會之。

鄭子皮使印段如楚，告適晉。欲朝晉而畏楚，稟命也，《傳》以爲禮，何禮之有？

莒人弒其君密州。《傳》謂密州已立其世子展輿，廢之，展輿因國人弒父，書「莒人」，言罪在密州。非也。子弒父而猶云罪在父，豈《春秋》之義？

昭公 凡五十五條

元年，諸侯之大夫會于虢，趙孟過雒汭，王使劉定勞之，指洛水，嘆禹功以獎趙孟。趙孟曰：「吾儕偷食，朝不謀夕。」劉子歸，語王曰：「趙孟不復年矣。」是年冬，趙武卒。夫朝不謀夕，孜孜汲汲，恒言有之，何遂當死，容非誕邪？

秋，莒展輿出奔吴。《傳》謂展輿立，奪群公子之秩，群公子逐之，立其弟去疾，君子謂莒展之不立以棄人。非也。弑父之子，雖不奪人之秩，且得長世乎？《傳》言偏蔽，多類此。

鄭子産將放游楚于吴，問於游吉，對曰：「周公殺管叔而蔡蔡叔，夫豈不愛？王室故也。」按周公遭兄弟之謗，避位居東二年，成王殺管叔，公實不預，《詩》《書》具在可考，而其誣起于《古書·蔡仲之命》。《書》有古文，猶《傳》有左丘明也，而《傳》又取徵焉，是何足徵乎？

二年，韓起聘于魯，觀書于太史氏，見《易象》與《春秋》，曰：「周禮盡在魯，吾乃今知周公之德與周之所以王。」夫《易象》作自周公，是矣，《春秋》于時猶魯史耳。孟子曰：「魯之《春秋》，晉之《乘》，楚之《檮杌》，一也。」何國無史？而《春秋》獨能重魯。苟不經聖裁，周公其衰，而何德之足知？此後人因孔子推重《春秋》，甚明也。

三年，鄭游吉如晉，送葬平公妾少姜，晉張趯與言晉如火中，將退矣。齊晏平仲與叔向言陳氏將有齊，叔向亦數晉公室將卑。夫與外臣言而揚國惡，非禮也，三子必不然。《傳》欲附會其先見，而反以彰其薄，非《春秋》諱過之義。

秋〔一〕，楚子帥諸侯之師伐吴，執齊慶封殺之。《傳》稱慶封辱楚子，蓋緣飾之辭，其實殺慶封亦一義舉也，經以討賊及之。

十二月，乙卯，叔孫豹卒。《傳》謂叔孫豹死于家臣豎牛之手，與庚宗婦人遇而夢天壓己，號牛。其事甚怪。又稱穆子初生，父莊叔筮，遇《明夷》之《謙》，卜人楚丘預知有豎牛。皆悠謬之譚也。

楚子求婚于晉，晉使韓起、叔向送女于楚，楚子謀刖韓起、宫叔向，欲以辱晉，薳啓疆止之。〔二〕夫晉女于楚，使二卿送，其事楚備矣，新婚而辱人使，何爲？此惡楚虐横而甚之，事未必有。

六年，鄭子産鑄刑書，晉士伯曰：「鄭其火乎！火未出而作火以鑄刑器，不火何爲？」是年六月鄭遂火。亦附會之譚。

七年，春，王正月，暨齊平。《傳》謂燕與齊平，非也。誤蒙前文「齊侯伐北燕」爲一事，遂云燕人歸燕姬，賂以瑶甕、玉斝，此他事牽入。《春秋》惟魯省國書「及」，定公十年「春，王三月，及齊平」，十一年「冬，及鄭平，叔還如鄭涖盟」，皆魯及也。「正月，暨齊平」，「三月，叔孫婼如齊涖盟」，與十一年書同，若齊伐燕與平，當云「暨燕平」，何爲反主燕而暨齊乎？是時昭公善楚，

〔一〕按第六、第七條所言係昭公四年事。

〔二〕按此係昭公五年事。

娶于吴，齊畏魯求平而魯暨之平，故公如楚，使叔孫往盟。《傳》無稽强説，世以爲丘明，不察耳。

夏，四月，甲辰朔，日食。晉侯問士匄：「誰當之？」對曰：「衛君、魯上卿。」此爲是年八月衛侯卒、十一月季孫宿卒附會之。

晉人來治杞田，季孫遂以成邑與之。失地不書，此正所謂「非公命」者也，《傳》反不及。

鄭子産聘于晉。晉平公有疾，夢黄熊入寢，子産曰：「鯀也。」此術士厭魅之譚，子産既知人道邇，豈作此解？又鄭伯有死，見夢曰：「壬子，將殺駟帶。壬寅，殺公孫段。」如期死。子産云：「伯有生而取精多、用物弘，族大而憑厚，强死爲厲。」夫《春秋》大族强死者多，而皆爲厲，則厲鬼滿人間矣，豈聖人民義之教？

八月，戊辰，衛侯惡卒。《傳》謂衛襄公長子孟縶足不良，次子元立，爲靈公。靈公未生，孔圉之祖孔成子與史苟之父史朝，兩人同夕夢康叔命立元，使圉與苟相之。至是，孔成子立靈公焉。此類游言無稽而刻意造作，其識甚卑。聖人脩辭立誠，《春秋》之義而有是與？殆於左丘明耻之者矣。

八年，春，晉有石言于魏榆。平公問師曠，對曰：「作事不時，怨讟動于民，則有非言之物而言。」此因平公築虒祈宫成，蕘，附會之。

冬，十月，楚師滅陳。晉史趙曰：「陳，顓頊之族，歲遇鶉火而滅，遇析木而復。」又明年四月，陳地災，鄭裨竈以水火之數推之，知五年陳將復，復五十二年而亡。此星士緯度之言，果爾，君之存亡、國之興廢惟星惟度，而人道無權矣，豈聖人成《春秋》之意？

楚殺陳孔奂。無傳，竟不詳其故。

九年，晉與周人争閻田，晉率陸渾之戎伐周。不書，《傳》不言其故。

冬，築郎囿。《傳》曰「書，時」，非也。魯之不競甚矣，猶作無益，故書，豈謂其時乎？

十年，正月，有星出于婺。鄭裨竈言于子産曰：「七月戊子，晉君將死。」此爲晉平公將卒附會之。

十一年，五月，甲申，夫人歸氏薨。大蒐于比蒲。《傳》曰：「非禮也。」仲孫貜會邾子，盟于祲祥。《傳》又曰：「禮也。」夫國有大喪而講武、預會盟，皆非禮，豈蒐則非而會盟則是乎？

秋，諸侯大夫會于厥憖。《傳》稱周單子視下而言徐，晉叔向知其將死。此爲十二月單子卒附會之。

魯昭公送母葬，不慼，晉史趙聞之，知昭公不歸。此以昭公客死附會之。

十二年，楚靈王伐隨，次乾(千)谿，與右尹子革言，甚侈。子革歌《祈招》之詩諷之，王至饋不食、寢不寐者數日。楚虔剛愎，何感悟乃爾？亦脩飾之辭。

十四年，春，意如至自晉。《傳》以不書族、尊晉罪己爲禮，非也。不書族，蒙前執季孫意如之文省耳。《春秋》未嘗尊晉，意如未嘗罪己，何禮之有？

晉叔向弟叔魚攝理，納雍子之女而蔽罪邢侯，邢侯殺雍子于朝。韓宣子問于叔向，對曰：「三人同罪。」晉遂殺叔魚〔一〕。《傳》曰：「叔向，古之遺直也。三數叔魚之惡，不爲末減。平丘之會，

〔一〕按據《左傳》，叔魚實爲邢侯所殺。

數其賄；歸魯季孫，稱其詐；邢侯之獄，言其貪。殺親益榮，義也。」嗟乎！仁人之于弟也，殺之而以爲榮乎？謂其爲義，豈仲尼之旨？

十五年，十二月，晉荀躒、籍談如周，會王后、太子之葬，王宴之而索晉彝器。二子歸，以告叔向，叔向曰：「王樂憂，其不終乎？」夫索器，何以知其不終？此因二十二年王室亂附會之。

《傳》稱：「十六年，春，王正月，公在晉。不書，晉人止公，諱。」非也。去年冬書「公如晉」，今年夏書「公至自晉」，留晉者半年，不言止而止可知。如謂諱之，襄公二十九年楚止公送葬，亦踰年，正月書「公在楚」，又何以不諱也？不諱，所以甚晉，故凡如晉、至自晉必書。

齊景公伐徐，徐人行成，郯人、莒人皆受盟于齊。魯叔孫招曰：「諸侯之無伯，害哉！」是時晉衰而齊振，魯人忌之，故云爾。然晉霸而魯何嘗息肩？《詩》云：「四國有王，郇伯勞之。」無明王，焉有賢伯？《春秋》所以惡于霸，《傳》不達。

十七年，冬，有星孛于大辰。魯梓慎占，知宋、衛、陳、鄭災。爲明年四國災附會之。

十八年，春，王三月，曹伯須卒。按《傳》同盟例書名，曹平公與魯昭公未同盟，亦名，《傳》例非也。

夏，五月，壬午，宋、衛、陳、鄭災。《傳》稱子産救火，與襄公九年宋災、哀公三年魯災語雷同。夫拯焚可也，舉國張皇甚無謂。告于諸侯可也，陳不救火、許不來弔，二國遂先亡，非謬與？

十九年，夏，五月，戊辰，許世子止弒其君買。《傳》曰：「悼公瘧，飲太子止之藥，卒。」太子奔晉。書曰『弑其君』。君子曰：『盡心力以事君，舍藥物可也。』」《公》《穀》因之，遂謂許止孝子，與稱趙盾良大夫同謬。

二十年，夏，曹公孫會自鄸出奔宋。無傳。凡書「出奔」，必有事，昭公世近而《傳》不知，豈丘明之筆？

十有一月，辛卯，蔡侯廬卒。蔡平公未同盟，亦書名，《傳》例非也。

二十一年，周景王將鑄大鐘，泠州鳩謂鐘大則摦化，摦則不容，其生心疾死。此爲明年景王崩附會之。

七月，壬午朔，日食。《傳》謂叔輒哭日，昭子知其將死，八月果卒。夫日食何哭？哭日何預死事？誕也。

宋華亥、向寧、華定自陳入于宋南里以叛。《傳》謂居華里而助公者，既戰，脱甲于公乃歸，居于公里助華者，亦脱甲于華氏歸，言無私争也。豈其然乎？

二十四年，婼至自晉。《傳》以不稱族爲尊晉，非也。蒙前「晉人執我行人叔孫婼」省文耳。晉倚强大，辱諸侯使臣，何尊之有？

夏，五月，乙未朔，日有食之。梓慎曰：「將水。」昭子曰：「旱也。日過分而陽猶不克，克必甚，能無旱乎？」因是年秋大雩附會之。

秋，八月，丁酉，杞伯郁釐卒。杞平公亦未同盟，赴名之例非也。

王子朝用成周之寶珪于河，津人得諸河上，將賣之，珪變爲石。周大夫陰不佞取之，玉也，以獻于王，得邑。〔一〕夫玉焉能變？怪誕不根，如貨郎作賺眼法虹小子，豈〔二〕可譚經乎？

二十五年，春，叔孫婼如宋，宋樂大心與語，自卑其大夫而賤其宗。此主人對客常語，而婼謂「無禮必亡」，爲定公十年心出奔附會之。又宋公與婼飲酒，語泣，樂祁謂君與叔孫皆將死。爲是年冬宋公、叔孫俱卒附會之。

有鸜鵒來巢。《傳》曰「書所無」，非也。世謂鸜鵒不踰濟，濟水在魯，鸜鵒非絶無。一名鴝鳩，性不能巢，而孚子穴中，故以名司空。時〔三〕居鵲巢，故《詩》云：「維鵲有巢，維鳩居之。」以比國君夫人無成有終。妻道，臣道也，而來巢，是無成知始，臣擅君象〔四〕，非爲書所無耳。《傳》又謂文、成世有童謡，昭公出奔、死乾侯，定公繼立，皆詳之。按文、成去昭，百有餘年矣，豈童謡先若此其明告邪？蓋脩飾附會之辭。

〔一〕按《左傳》原文作：「冬十月癸酉，王子朝用成周之寶珪于河。甲戌，津人得諸河上。陰不佞以温人南侵，拘得玉者，取其玉，將賣之，則爲石。王定而獻之，與之東訾。」敘事與此有異，或郝敬誤記。

〔二〕「豈」，後印本作「耳」，則屬上讀。

〔三〕「時」，後印本作「寄」。

〔四〕「象」字前，後印本擠刻添「之」字。

冬，十月，戊辰，叔孫婼卒。《傳》例，大夫卒，公與小斂則書日。是時昭公在外，亦日，例非也。

二十六年，九月，庚申，楚子居卒。楚平王未與魯同盟，亦書名，《傳》例非也。

二十六年，《傳》稱齊有彗星，景公使禳之，晏子止之。齊、魯甚近，豈齊見而魯不見？不書，何也？杜預謂在齊分野，然則凡書星變者，盡在魯分野乎？非也。不書，蓋史闕耳。《傳》不及，豈亦以不告爲例乎？

二十七年，冬，十月，曹伯午卒。按曹未同盟，亦書名，《傳》例非也。

二十八年，夏，四月，丙戌，鄭伯寧卒。秋，七月，癸巳，滕子寧卒。二君未同盟，皆書名，昭公世近，史詳，非由例也。

二十九年，夏，四月，庚子，叔詣卒。是時公在外，不與小斂，亦書日，《傳》例非也。

有龍見于晉郊。魏獻子問古豢龍氏于蔡墨，「舜世有董父，能畜龍；夏后氏有劉累，能擾龍。官宿其業，其物乃至」。夫龍，神物，焉可畜？謂古可畜，今不可畜，窮于辭矣，於是引五行之官爲証。夫五行陰陽之氣，非官所得司，少皡之四叔，顓頊、共工、烈山之三子，人邪？鬼邪？鬼則何以事人，人則不能司神。悠渺之譚，非民義之教。

《傳》稱晉賦鐵鑄鼎，以著范宣子所爲刑書。仲尼曰：「晉其亡乎？失其度矣。貴賤不愆，所謂度也。文公作執秩之官、爲被廬之法，以爲盟主。今棄是度而爲刑鼎，民在鼎矣，何以尊貴？」按此非仲尼之言也。晉文公執秩、被廬之法與范宣子刑書不可考，要皆衰世苟且之令，非先王之典刑，仲尼何爲貴之？晉之亂政多矣，其亡也豈在刑鼎？

三十一年，夏，四月，丁巳，薛伯穀卒。《傳》曰「同盟，故書」，非也。前此不同盟書者比比矣，赴則書，不赴則不書。

冬，黑肱以濫來奔。黑肱，邾大夫，不書邾，以二十七年邾快來奔，魯人納之，今年又納黑肱，蒙前事再而甚魯也。《傳》曰：「以地叛，雖賤書名，謂之欲蓋名章。」非也。叛臣亡子，人共知共惡，名何足懲？不名何足芘？《春秋》微婉之義不在此。

趙簡子夢童子贏而歌，明日遂日食，史墨謂爲後六年吳入郢之兆。入必以庚辰，迂誕之甚。

定公 凡九條

元年，諸侯大夫會，城成周，齊高張後至。晉女叔寬曰：「周萇弘、齊高張皆不免。萇弘違天，高子違人。」意謂天厭周，而萇弘欲遷都存周，是謂違天，高張後至，是謂違人，以此料二子死。因哀公三年周殺萇弘、六年高張來奔附會之。

四年，春，王正月，癸巳，陳侯吴卒。按陳、魯未同盟，亦書名，《傳》例非也。

衛靈公將爲昭陵之會，何預知與蔡争長，使祝佗從？因佗有口才附會之。

五年，春，王人殺子朝于楚。世儒以楚納子朝爲大惡，然經不書殺，是未嘗以亂賊律子朝也。景王太子早死，子朝爲長庶，王猛、敬王皆其弟也，敬王在位久，爲天下共主，故尊之，非以子朝爲可必殺也，《傳》不達。

十年，夏，公會齊侯于夾谷。《傳》稱孔丘相，齊以萊兵刼公，孔子以公退，辭却之。此欲譽孔子而不知其謬也。夫魯既與齊平矣，何爲又刼之？兵既集，孔子以公退，退將焉往？齊人謀之積日而以口舌解之，臨事未可幾也。又謂齊將詐享公，孔子言于梁丘據，免。夫齊不刼公則已，刼公而失之于萊兵，又謀于飲酒，不已拙乎？見幾不早，先事不備，以至狼狽虎口求小人免，智者不爲，而况聖人乎？凡《傳》無識，類此。

十二年，叔孫州仇帥師墮郈，季孫斯帥師墮費。《傳》云仲由爲季氏宰，將墮三都，於是仲孫墮郈，季孫墮費，不詳始末。未知子路勸二子使墮邪？抑威之使不敢不墮邪？又謂孟氏宰公斂處父不肯墮成，然則子路之力何能伸于仲孫、季孫，而獨詘于孟孫也？其後成不可墮，不知既墮之郈、費作何狀？《傳》皆不詳。《論語》云：「公伯寮愬子路于季孫，季孫惑志于公伯寮。孔子謂道之將行、將廢有命。」即此事也。若使左丘明作《傳》，當時目擊，自然親切，豈茫昧如此？

十三年，薛弑其君比，無傳。此大事，烏可無傳也？大抵《傳》于凡小國之事，皆略不載，非《春秋》之義。

十五年，九月，丁巳，葬我君定公，雨不克葬。戊午，日下昃乃克葬。《傳》以雨不克襄事爲禮，非也。大事不戒，作而且輟，其慢已甚，焉得爲禮？詳宣公八年葬敬嬴。

冬，城漆。《傳》曰「書，不時告」，非也。漆，邾庶其之叛土也，魯人納之，遂城之，爲盜主藏，故書。

哀公 凡十三條

元年，吴王夫差敗越于夫椒，報檇李也。經不書，《傳》謂吴不告敗〔一〕，非也。當是時，吴求霸甚亟，敗越豈有不告者？夫差彊梁自用，殺謀臣、信奸邪，以覆泰伯之宗，皆驕於夫椒之一勝。昔者齊、晉之霸也，一戰而强，吴之霸也，一勝而滅，故夫椒之捷不與召陵、城濮同。齊、晉遞衰而吴先亡，五霸之業，足以觀矣，《傳》不達。

三年，五月，辛卯，桓宫、僖宫災。《傳》敘諸臣救火事，與昭公九年鄭災〔二〕、襄公九年宋災類，皆脩飾之辭。又謂孔子在陳，聞火曰：「其桓、僖乎？」此因桓、僖二廟宜毁不毁附會之。

八年，十二月，癸亥，杞伯過卒。按杞伯未同盟，亦書名，《傳》例非也。

十年，夏，薛伯夷卒。未同盟，亦書名，非夷狄，亦不月，《傳》例非也。

十一年，秋，七月，辛酉，滕子虞母卒。未同盟，亦名，時事詳也，《傳》不達。

〔一〕「吴不告敗」，「敗」字或當作「慶」。《左傳》原文作「吴不告慶，越不告敗」。

〔二〕按鄭災在昭公十八年。昭公九年陳災，敘事與其他二災不同。

吴子夫差不用伍員計，舍越伐齊，員知吴將亡，屬其子于齊鮑氏。吴子賜員劍自殺。經不書殺大夫，何也？蓋伍員叛宗國、辱故主、弑王僚，以殘險導君，而欲保其身，難矣。當時奇其蹟，後世惜其死，而《春秋》不録。吁！所以爲《春秋》與？《傳》不達。

十二年，夏，五月，甲辰，孟子卒。《傳》曰：「昭公娶于吴，故不書姓。死不赴，故不稱夫人。不反哭，故不言葬小君。」非也。蓋季氏不以昭公爲君，生不歸國，葬不附祖，廢其二子，又何有于其妻？仲尼弔，季氏不絻不絰，是不以爲君夫人也。不以爲君夫人而書君夫人，則孟子蒙虚名而季氏揜無君之惡。《春秋》無毁譽，傳信而已，不稱夫人，不言葬小君，直也。

衛侯會吴子于鄖，吴人止衛侯。魯使子貢往説曰：「衛君來之緩也，其臣之黨吴者欲之，讐吴者不欲也。今執之，是墮黨而崇讐也。」與宣公十七年苗賁皇説晉侯語同，脩辭活套也。

十三年，夏，許男成卒。不同盟，亦書名，非夷狄，亦不月，何例之有？

於越入吴。按吴與越，猶唯與阿耳，吴敗越不書而越入吴書，何也？《春秋》卑五霸，二百四十年間，五國興亡盡矣，其儵忽莫如吴。《詩》云：「雨雪浮浮，見晛曰流。如蠻如髦，我是用憂。」其霸者之事與？仲尼之徒所以羞稱，《傳》不達。

十四年，春，西狩獲麟。《公》《穀》謂《春秋》終獲麟，是矣。今《傳》終哀公二十七年，經終哀公十六年夏四月己丑孔丘卒，豈卒之日始絶筆乎？則信終于獲麟矣。終于獲麟，則不宜獲麟後復有經，説者謂爲舊史，然何簡約肖經之甚也？經文簡，恃舊史詳，經必不準舊史，今謂獲麟後三年所書即舊史，則獲麟前十二公之文皆舊史矣，又焉用仲尼筆削爲也？正月書王，此新義也，獲麟後亦正月書王，其非舊史甚明。蓋《傳》以孔子本獲麟作經，欲以經終孔子，故續經至哀公十六年孔子卒，而《傳》直至哀公二十七年止，將自成一家之書，非專爲輔經作也。使丘明輔經作《傳》，經終《傳》止，何爲汎濫于獲麟之後乎？左丘明姓名出《論語》，子云「左丘明耻之，丘亦耻之」，殆先輩，而夫子嚴事之，故稱名以附之，猶竊比老彭云爾。假使年相若，夫子卒于哀公十六年，七十有三矣，《春秋》絶筆于先二年，《傳》絶筆于哀公二十七年，後孔子卒又十二年，則是八十有五歲矣，八十五尚作《傳》，當以何年卒？是必年少于孔子，與游、夏齒乃可。既與游、夏齒，則當在弟子列，而七十子中無左丘明，是爲孔子先輩、不爲孔子作《傳》，又甚明也。司馬遷謬信之，杜預因之，後世遂謂左丘明親見夫子，其言必可信，以至牽强附合，求通其説，而其誣《春秋》、誤後學多矣，故不得不辨。

左丘明見《論語》，而《論語》寔孔子傳神之筆，其曰：「子不語怪、力、亂、神。」此孔氏家法，六經典刑，《春秋》之繩尺也。今據《傳》語，皆犯此四者。如蛇鬭、石語、人死六日復生、玉變爲石、柩作牛聲之類，此語怪也。如魯秦堇父，狄虒彌，齊殖綽、郭最，晉州綽，邢蒯輩，麤悍武夫，《傳》皆枚舉其人，此語力也。《春秋》雖爲亂臣賊子作，于弑君賊父事皆詳審精確，如不得已而後書，有疑寧闕、寧從輕，如鄭子駟、楚子圍弑君之類，皆書君卒，而《傳》皆執信不疑；其他貪淫黷亂，諸委瑣事，經不及而《傳》津津喜譚。此好語亂也。至于神降、鬼厲、卜筮、童謡、夢兆，種種杜撰連篇，不一而足，此又好語神也。爲後世讖緯方術之濫觴。凶邪讒諂之徒，託占象以誤忠良，造符命以媚亂賊，借《春秋》爲嚆矢，皆《傳》啓之。經術不明，流毒罔極，聖人之慮，豈不深遠哉？故夫編年指事，其功不可泯，而粉飾誇誕過情，其瑕疵甚多，學者惟徵其事，勿溺其辭，超然遠覽，乃可與言《春秋》矣。

或問曰：「《左》則非矣，《春秋》何爲而作也？」曰：「爲絀五霸而作也。天下無天子，五霸假方伯，擅征伐，挾輔王室，以令諸侯，其名正而事假，其實争利，自爲强大耳。謀王室少而自謀多，安天下少而亂天下多，如晉朝同列、受貢幣，無異天子，所少，改正朔、稱王號耳。天下見吴、楚稱王，以爲僭；見齊、晉不稱王，以爲義。見其東征西伐，以爲方伯，名其爲霸，王降而霸，無王不可無霸，號爲仲尼之徒者亦云。不知天下有天子而後有方伯，《詩》曰「四國有王，郇伯勞之」，無天子則方伯何所受命？而自以胸臆會盟、征伐，是大亂之道也。故孔子曰：『天下有道，則禮樂征伐自天子出；天下無道，則禮樂征伐自諸侯出。自諸侯出，十世希不失矣；自大夫出，五世希不失矣；陪臣執國命，三世希不失矣。天下有道，則庶人不議。』故夫《春秋》者，庶人議之者也，故曰：『丘竊取之，罪我者惟《春秋》。』莊周謂《春秋》經世，議而不辯〔一〕，此也。逮乎孔子没，經義亡，諸傳紛紛穿鑿，其旨愈晦。惟孟子知之，曰：『《春秋》，天子之事。世衰道微，臣弑其君，子弑其父，孔子懼，作《春秋》。春秋無義戰。五霸者，三王之罪人。天子討而不伐，諸侯伐而不討。五霸，摟諸侯以伐諸侯者也。仲尼之徒不道桓、文之事。』此《春秋》明鏡指掌。而諸傳顧謂《春秋》尊五霸，獎齊、晉，

〔一〕「辯」，原作「論」，據後印本及《莊子》改。

是何其蒼素倒置也？學者審乎此，則十二公文義迎刃可解。今不信孔、孟而信諸傳，不由坦然明白正大之路而紆曲穿鑿，謂《春秋》有隱。嗟乎！世儒自隱，仲尼無隱乎爾。」曰：「請問無隱。」曰：「可枚舉也，最大者弑君父，其次叛亡，其次僭竊，其次滅人國，其次擅侵伐，其次會盟，其次私朝聘，其次專殺大臣，其次妄興作，其次昏喪，其次菑異，如斯而已矣。雖其旨涵蓄不盡，而其是非了然在人心目，故曰：『直道而行，無所毀譽。』其他非禮委瑣事，一切不書，故《春秋》包荒如天地，寬仁博大之至也。或云刑書，或云命討，或云褒貶，諸如此類，後儒之鑿説，《春秋》無是也。」

春秋直解卷十五終

萬曆丙辰仲夏京山郝氏刊刻